孟 子

全 编

道纪居士◎主编

海潮出版社
Haichao Press

图书在版编目（CIP）数据

孟子全编／道纪居士主编. -- 北京：海潮出版社，
2016. 2

ISBN 978－7－5157－0818－8

Ⅰ．①孟…　Ⅱ．①道…　Ⅲ．①儒家　②《孟子》—研究
Ⅳ．① B222. 55

中国版本图书馆 CIP 数据核字（2015）第 140972 号

书　　　名：孟子全编

作　　　者：道纪居士
责任编辑：王惠平
封面设计：靳黎莹
出版发行：海潮出版社
社　　　址：北京市西三环中路19号
邮政编码：100841
电　　　话：（010）66969738（发行）66969736（编辑）66969746（邮购）
经　　　销：全国新华书店
印刷装订：北京天宇万达印刷有限公司
开　　　本：710mm×1000mm　1/16
印　　　张：20
字　　　数：228千字
版　　　次：2016年2月第1版
印　　　次：2016年2月第1次印刷
ISBN 978－7－5157－0818－8
定　　　价：39.80元

（如有印刷、装订错误，请寄本社发行部调换）

精要阅览

1. 首先，你要了解孟子

孟子（约公元前372—前289年），名轲，字子舆。鲁国邹（今山东省邹城市）人，他是中国战国时期伟大的思想家、政治家、教育家，儒家学派的代表人物。孟子继承并发扬了孔子的思想，成为仅次于孔子的一代儒家宗师，有"亚圣"之称，与孔子合称为"孔孟"。他提倡仁政，提出了"民贵君轻"的民本思想，对后世产生了重要的影响。

2. 其次，你还要了解《孟子》

《孟子》是战国时期孟子的言论汇编，大约成书于战国中期，记录了孟子与其他诸家思想的争辩，对弟子的言传身教，游说诸侯等内容，由孟子及其弟子共同编撰而成。《孟子》记录了孟子的治国思想和政治主张，是儒家重要经典之一，南宋时朱熹将《孟子》与《论语》《大学》《中庸》合在一起称为"四书"。

3. 再次，你要了解《孟子》的艺术特色

《孟子》行文气势磅礴，感情充沛，雄辩滔滔，极富感染力。其中大量使用排偶句、叠句等修辞手法来增强文章的气势，使文气磅礴，若决江河，沛然莫之能御。这种风格源于孟子人格修养的力量。具有这种浩然之气的人，能够在精神上压倒对方，能够做到藐视政治权势，鄙夷物质贪欲，气概非凡，刚正不阿，无私无畏。

4. 最后，你要了解《孟子》所产生的影响

《孟子》作为儒家的重要典籍，其思想学说对中国两千年来的政治、思想、文化产生了深远影响，宋代以后更是成为文人雅士的必读书。《孟子》内涵丰富，其

中的性善论、仁政思想、民本论等思想观念被历代文人学士所吸收，成为其安身立命的思想资源。从先秦的荀子到汉代的韩婴、董仲舒、扬雄、王充、赵岐，从魏晋的徐干、傅玄到唐代的韩愈，宋代的朱熹、陆九渊，再到清代的戴震、焦循、康有为等，都基于其时代感受对《孟子》进行了不同的认识、理解和阐发，构成了一部波澜壮阔的"中国孟学史"。

前 言
Preface

在我国悠久的文化长河中，有一个和孔子一样光耀千古的名字——孟子。

相传，孟子是鲁国没落贵族的后裔，他出世时家道已经衰落。孟子的父亲在他很小的时候就去世了，由母亲将其抚养成人。孟母很重视对孟子的教育，历史上广泛流传着"孟母三迁"和"孟母断机杼"的故事，足见其培养儿子的良苦用心。

据《列女传》和赵岐《孟子题辞》记载，孟子曾受教于孔子的孙子子思。但从年代上来推算，似乎不太可信。而《史记·孟子荀卿列传》中说他"受业子思之门人"，这倒是有可能的。其实无论孟子是否直接受业于子思，他的学说都受到了子思的影响，所以荀子把子思和孟子列为一派，这就是后世所称儒家中的"思孟学派"。孟子作为孔子的第四代弟子，继承并发扬了孔子的思想，成为仅次于孔子的一代儒家宗师，有"亚圣"之称，人们将他与孔子合称为"孔孟"，将他和孔子所宣扬的主张称为"孔孟之道"。

和孔子一样，孟子也曾带领学生周游列国，企图推行自己的政治主张，但他的主张始终得不到重用，所以便回到家乡聚徒讲学，与学生万章等人著书立说。《孟子》记录了孟子的治国思想、政治观点和政治行动，有七篇传世，分别为：《梁惠王》上下；《公孙丑》上下；《滕文公》上下；《离娄》上下；《万章》上下；《告子》上下；《尽心》上下。其学说出发点为性善论，提出"仁政"，主张德治。南宋时，朱熹将《孟子》与《论语》《大学》《中庸》合在一起称"四书"。自此，《孟子》就成了家传户诵的书，就像今天的教科书一样，一直到清末，

孟子全编

都是科举的必考内容。

　　《孟子》是继《论语》以后最重要的儒家经典，对发扬光大儒家思想起着举足轻重的作用。对于《孟子》的解读，历来就具有鲜明的时代特征——为读者所处的社会需要服务。在深化改革的今天，我们更需要了解儒家思想，学习优秀的传统文化。

　　所以，我们精心编写了《孟子全编》一书，分别从原典欣赏、玄义注释、白话翻译、义理评析和跟进解读五个方面对这部儒学经典进行了全面而新颖的阐释。其中，玄义注释主要针对一些较为难懂的字词进行重点解释，结合各种注译版本，去粗取精，去伪存真；白话翻译以直译为主，意译为辅，基本不背离原文的思想精神；义理评析通过简洁的语言对原典中所包含的政治、哲学主张进行了精确把握；跟进解读则采用讲道理和摆事实相结合的方式来激发读者的发散思维，进一步加深人们对孟子思想的理解。

　　本书力求以全新的解读方式和通俗易懂的语言去接近孟子，使孟子的思想精神与现实生活相结合，从而让每位读者都能一窥两千多年前圣贤先哲的深邃智慧，并从中得到启发。

编者

2015 年 5 月

目录contents

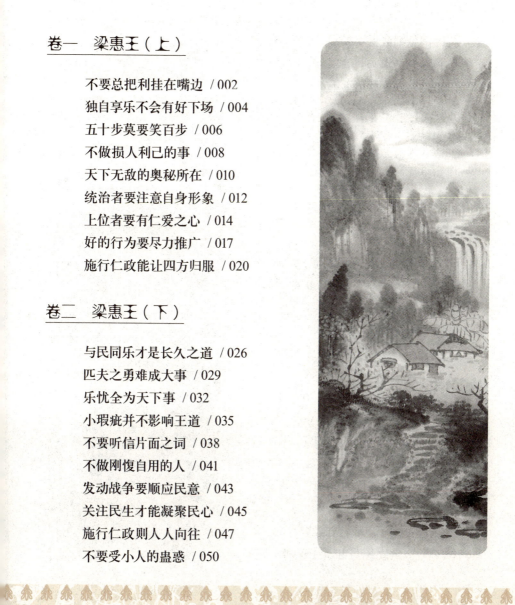

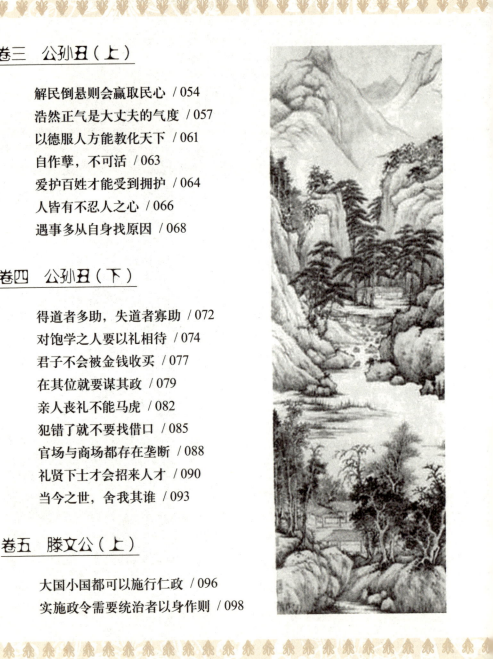

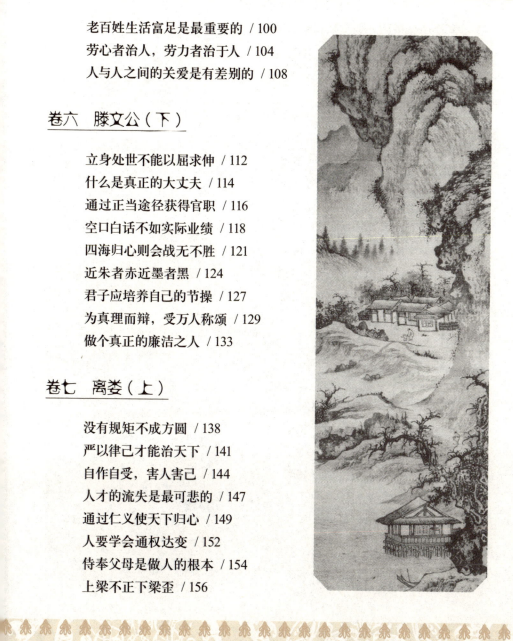

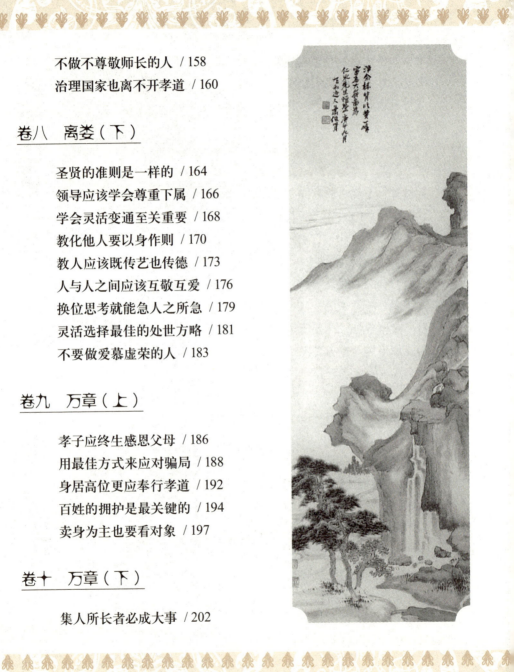

卷一 梁惠王（上）

本卷围绕为政者应施行王道，反对暴政，一切施政措施都要符合仁义准则展开。

各章所记对话不离『仁政』的话题，具体包括反对攻伐、发展生产、减轻刑罚赋敛，使老百姓过上丰衣足食的生活等，在此基础上以孝悌之义教导百姓，便可以抵御外侮，从而使天下归服。孟子指出在思想上，要树立起『不忍人之心』，要树立起仁爱的观念。有了『不忍人之心』，才能有『不忍人之政』，亦即仁政。

孟子虽把『义』放在『利』之上，但他所谓的『义』，主要内容却是人民的『利』，凡政策由此出发，做法与此相合，便是『义』。否则不然。同时，高度赞扬『与民同乐』的古圣，又尖锐批评『率兽食人』的今王。

不要总把利挂在嘴边

孟子全编

【原典欣赏】

孟子见梁惠王①。王曰："叟！不远千里而来，亦将有以利吾国乎？"孟子对曰："王！何必曰利？亦有仁义②而已矣。王曰：'何以利吾国？'大夫③曰：'何以利吾家？'士、庶人曰：'何以利吾身？'上下交征利而国危矣。万乘④之国，弑其君者，必千乘之家；千乘之国，弑其君者，必百乘之家。万取千焉，千取百焉，不为不多矣。苟为后义而先利，不夺不餍⑤。未有仁而遗其亲者也，未有义而后其君者也。王亦曰仁义而已矣，何必曰利？"

【玄义注释】

①梁惠王：即战国时魏惠王，"惠"是其死后的谥号。②仁义："仁"是对各种善的品德的一个总概括，是儒家的一种含义广泛的道德观念，其核心指人与人相互亲爱；"义"在儒家学说中是指思想行为符合一定的准则。③大夫：先秦时代职官等级名，国君之下有卿、大夫、士三级。④乘（shèng）：量词，一车四马为一乘。⑤餍：满足的意思。

【白话翻译】

孟子去拜见梁惠王。梁惠王说："老先生，您不辞劳苦远道而来，将会带来什么有利于我的国家的吗？"孟子回答道："大王，您为什么一定要说利呢？只要仁义就够了。大王说：'怎样使我的国家获利？'大夫说：'怎样使我的封邑获利？'士人、平民说：'怎样使我自身获利？'如果上上下下都互相争夺利益，那国家可就危险了。在拥有万辆兵车的国家，杀掉国君的一定是国内拥有千辆兵车的大夫；在拥有千辆兵车的国家，杀掉国君的一定是国内拥有百辆兵车的大夫。在拥有万辆兵车的国家里，这些大夫拥有千辆兵车；在拥有千辆兵车的国家里，这些大夫拥有百辆兵车，不能算是不多了。如果轻义而重利，那么他们不夺取国君的地位和利益是不会满足的。没有仁义之心的人会遗弃自己的父母，没有行义之举的人会不顾及自己的君主。大王只要讲仁义就行了，为什么一定要谈利呢？"

【义理评析】

君子重义而轻利是传统的儒学观点。孟子认为，如果人人都只求个人利益，总是站在自己的立场上考虑问题，那国家就危险了。只有加强仁义修养，摈弃个人私利，才能使社会安定。其实从长远来看，孟子所求之义才是是真正的利，是长久的大利；而那些目光狭隘之人所追求的个人私利，只是短暂的蝇头小利而已。

【跟进解读】

重义往往能换来大利

鲁肃出身富豪家族，但祖辈无人出仕为官。他出生后不久，父亲就去世了，由祖母抚养长大。董卓之乱时，鲁肃卖掉土地，以财赈济宗族乡亲和结交朋友，博得了"仗义疏财"之名。而当时的周瑜还在袁术部下为官，被任命为居巢长，也就是一个小县的县令。

有一次，周瑜所管辖的地方发生的饥荒，兵乱间又损失不少庄稼，粮食问题日渐严峻起来。百姓没有粮食吃，就吃树皮、草根，军队也因饥饿而失去了战斗力。周瑜作为父母官，看到这悲惨情形急得心慌意乱，不知如何是好。后来得到了鲁肃的慷慨资助，

这时有人前来献计，说附近有个乐善好施的财主鲁肃，他家素来富裕，想必囤积了不少粮食，不如去向他借点粮，于是周瑜带上人马登门拜访鲁肃，二人遂结成挚友。

后来，周瑜离开袁术，投奔孙策，当上了将军。他牢记鲁肃的义举，将他推荐给孙权，鲁肃由此得到了一展身手的机会。

鲁肃慷慨赠粮，帮助周瑜解决了粮食短缺问题，救济了很多穷苦百姓，他的义举为自己后来的出仕铺平了道路，最终实现了自己的人生抱负，这充分体现了孟子重义轻利，实现长远利益的观点。

独自享乐不会有好下场

【原典欣赏】

孟子见梁惠王。王立于沼上，顾鸿雁麋鹿，曰："贤者亦乐此乎？"孟子对曰："贤者而后乐此，不贤者虽有此，不乐也。《诗》①云：'经始灵台，经之营之，庶民攻之，不日成之。经始勿亟，庶民子来。王②在灵囿，麀鹿攸伏，麀鹿濯濯，白鸟鹤鹤。王在灵沼、于牣鱼跃。'文王以民力为台为沼，而民欢乐之，谓其台曰灵台，谓其沼曰灵沼，乐其有麋鹿鱼鳖。古之人与民偕乐，故能乐也。《汤誓》③曰：'时日害丧，予及女④偕亡。'民欲与之偕亡，虽有台池鸟兽，岂能独乐哉？"

【玄义注释】

①《诗》：即《诗经》，是我国最早的诗歌总集，共三百零五篇，大抵是周初至春秋中期的作品。此章所引来自《大雅·灵台》。②王：这里指周文王姬昌，周朝的奠基者，其子武王伐纣，灭殷。③《汤誓》：《尚书》中的一篇，记载了商汤讨伐暴君夏王桀时的誓师词。④女：同"汝"，你。

【白话翻译】

孟子去拜见梁惠王。惠王站在池塘边上，观赏着鸿雁麋鹿，说："贤德之人对此也会感到快乐吗？"孟子答道："只有贤德之人才能感受到这种快乐，不贤贤德之人纵然拥有珍禽异兽，也感受不到真正的快乐。《诗经》上说：'文王想筹建灵台，基址方位细安排，百姓踊跃来相助，灵台很快就建成。文王劝说不要急，百姓干活更踊跃。文王巡游到灵囿，母鹿悠闲又自在。母鹿长得肥又壮，白鸟熠熠振羽毛。文王游观到灵沼，鱼儿满池喜跳跃。'文王虽然依靠民力建造了高台深池，但老百姓却高高兴兴，把他的台叫做灵台，把他的池沼叫做灵沼，为他能享有那些麋鹿鱼鳖而高兴。古代的贤君能够与民同乐，所以能享受到真正的的快乐。而《汤誓》中说：'夏桀啊！你什么时候坠毁？我们宁愿与你同归于尽！'人民要跟他同归于尽，纵然他拥有高台深池、奇鸟异兽，难道能独自享受到快乐吗？"

【义理评析】

独自享乐不但得不到真正的快乐，还会让自己陷入孤家寡人的境地，孟子的这个观点不仅适用于当政者，对于我们每个人立身处世也具有非常积极的意义。有的人通过奋斗取得了事业的成功，可是晚景凄凉，没有知心的人来与自己分享，结果了无生趣；相反，很多穷家小户尽管并不富裕，却能体会到一家人和和美美、其乐融融的天伦之乐，这就是"独乐乐不如众乐乐"的道理。

【跟进解读】

独自享乐等于自取灭亡

夏桀是夏王朝最后一位君主，相传夏桀也算是一个有才智、有勇力的人，但他性情暴躁、残忍嗜杀，喜欢饮酒作乐，经常喝醉酒后拿人当马骑着玩，所喝的酒必须是清澈的，如果混浊，就残忍地杀死厨师。

夏桀在位时，曾发动大军攻打有施氏，有施兵败求和，献出他们的牛羊、马匹、美女，其中包括妹喜。夏桀得到妹喜后，对她非常宠爱，从此不理朝政。妹喜是为覆国而来的，她变着花样来使夏桀浪费民力财力，使民怨沸腾。但夏桀对她的要求百依百顺，样样照办。

由于夏桀昏庸荒淫、残酷暴虐、独自享乐，终于引起了天下人的不满，最终在商汤的领导下揭起了反夏的大旗。不久，夏朝就灭亡了，夏桀本人被俘后死在流放地，得到了应有的下场。

五十步莫要笑百步

【原典欣赏】

梁惠王曰："寡人之于国也，尽心焉耳矣。河内^①凶，则移其民于河东^②，移其粟于河内。河东凶亦然。察邻国之政，无如寡人之用心者。邻国之民不加少，寡人之民不加多，何也？"

孟子对曰："王好战，请以战喻。填然鼓之，兵^③刃既接，弃甲曳兵而走。或百步而后止，或五十步而后止。以五十步笑百步，则何如？"

曰："不可，直不百步耳，是亦走也。"

曰："王如知此，则无望民之多于邻国也。不违农时，谷不可胜食也；数罟不入洿池^⑤，鱼鳖不可胜食也；斧斤以时入山林，材木不可胜用也。谷与鱼鳖不可胜食，材木不可胜用，是使民养生丧死无憾也。养生丧死无憾，王道之始也。

五亩之宅，树之以桑，五十者可以衣帛矣。鸡豚狗彘^⑥之畜，无失其时，七十者可以食肉矣。百亩之田，勿夺其时，数口之家可以无饥矣。谨庠序之教^⑦，申之以孝悌之义，颁白^⑧者不负戴于道路矣。七十者衣帛食肉，黎民不饥不寒，然而不王者，未之有也。狗彘食人食而不知检，途有饿莩^⑨而不知发；人死，则曰'非我也，岁也'，是何异于刺人而杀之，曰'非我也，兵也'。王无罪岁，斯天下之民至焉。"

【玄义注释】

①河内：指黄河以北的今河南省沁阳、济源、博爱一带。②河东：指黄河以东的今山西省西南部。③兵：兵器。④走：逃跑的意思。⑤数罟不入洿池：数罟（cù gǔ）：密密麻麻的网。洿（wū）池：大的池塘。⑥鸡豚狗彘：豚（tún）：小猪。彘（zhì）：猪。⑦庠（xiáng）序：古代地方所设的学校，商代叫做"庠"，周代叫做"序"。⑧颁（bān）白：颁，通"斑"，斑白的意思。⑨莩（piǎo）：指饿死的人。

【白话翻译】

梁惠王说:"我对于这个国家,真是尽心尽力了。河内遇到了灾荒,我就把那里的一部分百姓迁移到河东去,把河东的一部分粮食运到河内去。河东遇到灾荒我也会这么办。考察邻国的政务,没有能比我更为百姓操心的了。但邻国的人口并不减少,而我国的人口并不增多,这是为什么呢?"

孟子回答道:"大王喜欢打仗,请让我拿打仗来作个比喻。战鼓擂得咚咚响,刀刃剑锋相碰,有士兵丢盔弃甲拖着兵器逃跑。有的士兵一口气逃了一百步才停下来,有的士兵逃了五十步就停住了脚。如果凭着自己只逃了五十步就嘲笑那些逃了一百步的人,怎么样?"

惠王说:"不可以,只不过还没有逃到一百步罢了,但同样也是逃跑呀?"

孟子说:"既然大王懂得这一点,那就不要指望您的百姓会比邻国多了。不耽误农时,粮食就吃不完;不用细密的渔网在大池塘捕捞,鱼鳖就吃不完;按照时令采伐山林,木材就用不完。粮食和鱼鳖吃不完,木材用不尽,就能使百姓生养死丧没有什么怨言了。百姓生养死丧没有什么怨言,这才是王道的开始。

五亩田的宅地,房前屋后都种上桑树,五十岁的老人就能穿上丝棉袄了。鸡、猪和狗之类的家畜,不错过它们的繁殖时节,七十岁的老人就能吃上肉了。一百亩的田地,不要妨碍它的生产,几口人的家庭就可以不饿肚子了。用心办好学校教育,反复向年轻人灌输孝顺父母、敬爱兄长的道理,头发斑白的老人就不必肩扛头顶着东西赶路了。七十岁的人穿丝棉袄吃上肉,百姓不挨饿不受冻,做到这样却不能称王于天下的,是从来没有过的。现在富贵人家的猪狗吃着百姓的粮食却不加制止;道路上有饿死的尸体却不知开仓赈济;老百姓死了,却说'这不是我的责任,是收成不好',这跟把人刺死了,却说'不是我杀的人,是兵器杀的',又有什么两样呢。大王不要怪罪于年景不好,这样天下的百姓就会纷纷来投奔您了。"

【义理评析】

在孟子看来,梁惠王的做法只是给老百姓小恩小惠,还不是治国的根本大计,和邻国相比,只不过是"五十步"与"一百步"之差,并没有本质上的区别。其实,我们在现实生活中也经常遇到类似的情形:自己跟别人有同样的缺点或错误,只是程度上稍微轻一点,却毫无自知之明地去讥笑别人。这种人并未认识到自己所犯错误的严重性,也未认识到从主观上找自己的原因并去改正它,所以很容易犯同样的错误。

不要重蹈他人的覆辙

东汉末年，权臣董卓久闻蔡邕大名，欲逼其为己所用。于是给了他两个选择：要么来朝里当官，要么等着被灭族！蔡邕为了一家老小的性命安危，只好上朝做官。

董卓倒行逆施，终于招来群雄的联合讨伐，落了个悲惨的下场。当听到董卓被杀的消息时，蔡邕正好和王允在一起。当时，蔡邕感到很突然，想起董卓平时对自己不错，不由得轻轻叹了一声，结果触怒了踌躇满志的王允，被投进了大狱。

作为诛杀国贼的首要功臣，王允得到了朝廷的嘉赏。可他却因此有些飘飘然起来，而居功自傲起来。慢慢地，群臣也不再像以前那样推崇他了。

蔡邕入狱后，朝廷里有许多大臣都来替他求情，请求王允网开一面，使得蔡邕能够继续编汉史，皆被拒绝。此时的王允已经被娇纵的心理所淹没，他的回答证明了他对董卓残暴行径的指责不过是五十步笑百步。

于是，蔡邕就这样死在狱中。大家一看，走了个跋扈的董太师，又来了个骄横的王司徒，渐渐地更没人愿意和王允亲近了。

后来，董卓的余党李傕、郭汜、樊稠等率军攻破长安，矛头直指王允，王允孤立无援，当场被处死，时年 56 岁。

这个故事告诉人们，要懂得适时审视自我，学会从别人的失败中吸取教训，避免让自己落入"五十步笑百步"的可悲境地。

不做损人利己的事

梁惠王曰："寡人愿安承教。"

孟子对曰："杀人以梃与刃，有以异乎？"曰："无以异也。""以刃与政，有以异乎？"

曰："无以异也。"

曰："庖有肥肉，厩有肥马，民有饥色，野有饿莩，此率兽而食人也。兽相食，且人恶之；为民父母，行政，不免于率兽而食人，恶在其为民父母也？仲尼曰：'始作俑者，其无后乎！'为其象人而用之也。如之何其使斯民饥而死也？"

【白话翻译】

梁惠王说："我很乐意听您的指教。"

孟子回答说："用木棒打死人和用刀子杀死人，这其中有什么不同吗？"

梁惠王说："没有什么不同。"

孟子又问："用刀子杀死人和用政治害死人，这其中有什么不同吗？"

梁惠王回答："没有什么不同。"

孟子于是说："厨房里有肥肉，马房里有健马，可老百姓面带饥色，野外有饿死的人，这等于是率领着野兽吃人啊！野兽自相残杀，人们尚且厌恶；作为老百姓的父母官，处理政务，却免不了率领野兽来吃人，那又怎么能够做老百姓的父母官呢？孔子说：'最先采用土偶木偶来殉葬的人，该是会断子绝孙吧！'这不过是因为土偶木偶很像活人却用来殉葬而已。又怎么可以使老百姓活活地饿死呢？"

【义理评析】

孟子认为，用木棒杀人和用刀杀人没有什么区别，用刀杀人与用政治杀人的道理也一样。执政者作为老百姓的父母官，让人民生活幸福是其基本的职责。相反，如果自己过着锦衣玉食的生活，而人民群众却在挨饿受冻，那简直就像是率领野兽吃人一样，是极大的罪恶。

【跟进解读】

损人利己必将走向败亡

君主巡游可以体察民情，有时还带有特定的政治意图，原本无可非议。但隋炀帝杨广却把巡游当成纯粹的娱乐，讲排场、纵奢侈、爱炫耀，而且出动频繁。致使举国上下劳民伤财，百姓不堪其扰。由此，动摇了隋王朝的统治基础。

杨广生性好动，享乐游玩，纵情无度。为了能坐船去江南游玩，他广征民力，修建运河，搞得怨声载道。每次出巡排场大得惊人，杨广下令，沿途500里以内的州县，都得为他献上珍贵的食品。那些州县的官员，就逼着百姓置办酒席送去。有些地方的官员，向杨广献上了精美的食品，而有的地方献不上好吃好喝的，杨广"赏罚分明"，就给献食精美的官员升了职，把那些献食不合他意的官员降职处分。这样一来，郡县的官吏就争着向他供奉食品，又多又精，却把沿途的百姓们害得倾家荡产，十分悲惨。

杨广在游玩北境时，又征发百姓100多万人修建长城，加上连年规模巨大的到处巡游，给百姓带来了沉重的劳役和难以承受的赋税。由于种种暴行，引发了后来大规模的农民起义运动，致使隋王朝昙花一现，顷刻间就灰飞烟灭了。

如果把国家比作大厦，那么老百姓就是这座大厦的基石。基石如果受损了，那么整个大厦就会有倾塌的危险。杨广的种种恶行，严重伤害了人民大众的利益，动摇了国家的基石，这正是亡国的根源所在。

通过以上案例回头看，《孟子》的这章内容是"民本主义"思想教育的现代蓝本，尤其是对历代"率兽而食"的官员会起到以儆效尤的作用。

孟子全编

天下无敌的奥秘所在

【原典欣赏】

梁惠王曰："晋国[①]，天下莫强焉，叟之所知也。及寡人之身，东败于齐，长子死焉[②]；西丧地于秦七百里；南辱于楚。寡人耻之，愿比死者壹洒之[③]，如之何则可？"

孟子对曰："地方百里而可以王。王如施仁政于民，省刑罚，薄税敛，深耕易耨[④]，壮者以暇日修其孝悌忠信，入以事其父兄，出以事其长上，可使制梃以挞秦楚之坚甲利兵矣。彼夺其民时，使不得耕耨以养其父母。父母冻饿，兄弟妻子离散。彼陷溺其民，王往而征之，夫谁与王敌？故曰：'仁者无敌。'王请勿疑！"

【玄义注释】

①晋国：韩、赵、魏三家分晋，被周天子和各国承认为诸侯国，称三家为三晋，所以，梁（魏）惠王自称魏国也为晋国。②东败于齐，长子死焉：这里是指公元前342年的马陵之战，齐威王派田忌、孙膑率军队救韩伐魏，大败魏军于马陵。魏将庞涓自杀，太子申被俘。③愿比死者壹洒之：壹：全，都。洒：同"洗"，洗雪。④耨（nòu）：除草。

【白话翻译】

梁惠王说："魏国，以前天下没有比它更强大的了，这是老先生您所知道的。可传到我的手中，东边败给了齐国，我的长子也牺牲了；西边又丧失七百里的土地给了秦国；南边又被楚国欺侮。我对此深感耻辱，想要为死难者洗恨雪耻，该怎么办才好呢？"

孟子回答道："只要有方圆百里的土地就可以使天下归服。大王如果对老百姓施行仁政，减免刑罚，少收赋税，深耕细作，及时除草；让年轻人在耕种之余学习孝亲、敬兄、忠诚、守信的道理，在家侍奉父兄，在外敬重尊长，这样可以让他们拿起木棍打赢盔甲坚硬、刀枪锐利的秦楚两国军队了。因为那些秦国、楚国的执政者剥夺了他们老百姓的生产时间，使他们不能够深耕细作来赡养父母。父母受冻挨饿，兄弟妻儿各自逃散。他们使自己的百姓陷入了痛苦之中，如果大王前去讨伐他们，谁能跟大王对抗呢？所以说：'施行仁政的人是无敌于天下的。'请大王不要疑虑！"

【义理评析】

在本节中，孟子直截了当地提出了他的仁政主张，其中包含了物质生产和精神文明建设两个方面。在物质生产方面，孟子强调了三个方面，包括减轻刑罚，二是少收赋税，三是深耕易耨；在精神文明建设方面，孟子强调的是"孝、悌、忠、信"。只要这两手都抓住了，国无论大小都可以发展壮大，小国甚至可以打败大国，弱国也可以战胜强国。因为，施行仁政的人是无敌于天下的。

【跟进解读】

施行仁政才能国富民强

西汉建国初期，秦末皇帝无道，天下大乱，先是发生了陈胜吴广起义，紧接着楚霸王项羽和关中王刘邦展开了长期的楚汉之争，受漫长战争的影响，国内经济非常混乱，人民生活异常艰难，常常吃不饱、穿不暖。

刘邦统一天下后，建立了汉朝。他大力施行仁政，恢复和发展农业生产，减少赋税，不敛财，也不动用民力，尽量减少国家开支，带头奉行节约的原则。这样的政策实施下去后，国家慢慢富庶起来。

汉文帝刘恒和汉景帝刘启继位以后，继承了刘邦的治国之术，继续推行仁政，鼓励农民耕作，加大粮食产量，加快商业发展。这样经过了几十年以后，收到了很好的成效。

到了汉武帝时期，国家已经相当富裕，国库里堆满了粮食和钱币，以致穿钱的线都霉烂了，钱币散落一地；粮仓里的粮食更是陈粮压着陈粮，仓库都放不下了，只好晾晒在外面；老百姓也过上了衣食无忧的生活，真可谓国富民强。

统治者要注意自身形象

【原典欣赏】

孟子见梁襄王[①]，出，语人曰："望之不似人君，就之而不见所畏焉。卒然问曰：'天下恶乎定？'吾对曰：'定于一。''孰能一之？'对曰：'不嗜杀人者能一之。''孰能与之？'对曰：'天下莫不与也。王知夫苗乎？七八月之间旱，则苗槁矣。天油然作云，沛然下雨，则苗浡然兴之矣。其如是，孰能御之？今夫天下之人牧，未有不嗜杀人者也。如有不嗜杀人者，则天下之民皆引颈而望之矣。诚如是也，民归之，由[②]水之就下，沛然谁能御之？'"

【玄义注释】

①梁襄王：梁惠王的儿子，名嗣，公元前318—前296年在位。②语（yù）：动词，告诉。③由：同"犹"，如同。

【白话翻译】

孟子去见了梁襄王，出来以后，对人说："在远处看不像个国君，走到跟前也看不出他的威严。他突然问我：'天下怎样才能安定？'我回答说：'天下统一了就会安定。'他又问：'谁能使天下统一？'我答道：'不喜欢杀人的国君能使天下统一。'他又问：'谁会归顺服从他呢？'我回答道：'天下的人没有不归顺服从的。大王知道禾苗的情况吗？当七八月间天旱的时候，禾苗就干枯了。一旦天上乌云密布，哗啦哗啦下起大雨来，禾苗便会蓬勃生长起来。像这样，谁又能阻止它生长呢？当今天下的国君没有不好杀人的。如果有不好杀人的，天下的老百姓必然都会伸长了脖子期望着他了。果真如此的话，老百姓归顺他，就跟水往低处奔流一样，浩浩荡荡谁又能阻挡得住呢？'"

【义理评析】

孟子所述"不似人君"的主旨意思似乎倾向于看上去面恶又执行暴政的人，实际上这样理解是片面的。表面恶又执行暴政的人虽然是个恶皇帝，但也多多少少还做些皇帝事，可有些皇帝却压根就不想做皇帝，他们迷恋奇淫巧术，丑态百出，贻笑千年。读古而思今，形象的塑造是在日常生活中长时间积累的，如果想树立好形象，最重要的就是做好自己分内的事。

【跟进解读】

不务正业的人会贻笑千年

明熹宗朱由校在位时，外有金兵侵扰，内有明末起义，正是国难当头，内忧外患的时期。身为皇帝，理应励精图治，以国事为重。而朱由校却不务正业，把朝中大事交给宦官魏忠贤去打理，自己却对木匠活情有独钟，整天与斧子、锯子、刨子打交道，将国家大事抛在脑后不顾，成了名副其实的

"木匠皇帝"。除木工活外，朱由校还醉心于建筑。他曾亲自在庭院中造了一座小宫殿，形式仿乾清宫。

朱由校酷爱建筑，还表现在对朝廷建筑工程的关心上，天启五年（1625）到天启七年（1627）间，明朝对太和殿、中和殿和保和殿进行了规模巨大的重造工程，从起柱、上梁到插剑悬牌，整个工程中朱由校都亲临现场。

面对这样的主子，奸宦魏忠贤当然不会错过这个良机，他常常趁朱由校兴趣最浓时，拿上公文请朱由校批示，朱由校觉着影响了自己的兴致，就随口说道："你自己看着办吧。"就这样，朱由校潜心于制作木器房屋，便把上述公务一概交给了魏忠贤，魏忠贤借机排斥异己，扩充势力，专权误国。

朱由校专注于自己的木匠活，对魏忠贤的行为耳无所闻，目无所见，可叹他的手艺虽然巧夺天工，却使大明王朝在他的这双手上摇摇欲坠，他自己也沦为了世人口中的笑柄。

上位者要有仁爱之心

【原典欣赏】

齐宣王①问曰："齐桓、晋文②之事，可得闻乎？"

孟子对曰："仲尼之徒无道桓文之事者，是以后世无传焉，臣未之闻也。无以，则王乎？"

曰："德何如则可以王矣？"

曰："保民而王，莫之能御也。"

曰："若寡人者，可以保民乎哉？"

曰："可。"

曰："何由知吾可也？"

曰："臣闻之胡龁曰：王坐于堂上，有牵牛而过堂下者，王见之，曰：'牛何之？'对曰：'将以衅钟③。'王曰：'舍之！吾不忍其觳觫④，若无罪而就死地。'对曰：'然则废衅钟与？'曰：'何可废也？以羊易之！'——不识有诸？"

孟子全编

曰："有之。"

曰："是心足以王矣。百姓皆以王为爱也，臣固知王之不忍也。"

王曰："然。诚有百姓者。齐国虽褊小，吾何爱一牛？即不忍其觳觫，若无罪而就死地，故以羊易之也。"

曰："王无异于百姓之以王为爱也。以小易大，彼恶知之？王若隐其无罪而就死地，则牛羊何择焉？"

王笑曰："是诚何心哉？我非爱其财而易之以羊也。宜乎百姓之谓我爱也。"

曰："无伤也，是乃仁术也，见牛未见羊也。君子之于禽兽也，见其生，不忍见其死；闻其声，不忍食其肉。是以君子远庖厨⑤也。"

【玄义注释】

①齐宣王：齐威王的儿子，姓田，名辟疆，约公元前319年至301年在位。②齐桓、晋文：齐桓公，公元前685—前643年在位，春秋时第一个霸主；晋文公，公元前636—前628年在位，春秋五霸之一。③衅钟：古代一种祭祀仪式。新钟铸成后，杀牲取血，涂在钟的缝隙处。④觳觫（hú sù）：因恐惧而战栗的样子。⑤庖厨：厨房。

【白话翻译】

齐宣王问道："齐桓公、晋文公在春秋时代称霸的事情，您可以讲给我听听吗？"

孟子回答说："孔子的学生没有谈论齐桓公、晋文公称霸之事的，所以没有传到后代来，我也没有听说过。大王如果一定要我说。那我就说说用道德来统一天下的王道吧？"

宣王问："道德怎么样就可以统一

天下了呢？"

孟子说："一切为了让老百姓安居乐业，这样去统一天下就没有谁能够阻挡了。"

宣王说："像我这样的人能够让老百姓安居乐业吗？"

孟子说："能够。"宣王说："凭什么知道我能够呢？"

孟子说："我曾经听胡龁告诉过我一件事，说是大王您有一天坐在大殿上有人牵着牛从殿下走过，您看到了，便问：'把牛牵到哪里去？'牵牛的人回答：'准备杀了取血祭钟'。您便说：'放了它吧！我不忍心看到它那害怕得发抖的样子，就像毫无罪过却被判处死刑一样。'牵牛的人问：'那就不祭钟了吗？'您说：'怎么可以不祭钟呢？用羊来代替牛吧。不知道有没有这件事？"

宣王说："是有这件事。"

孟子说："凭大王您有这样的仁心就可以统一天下了。老百姓听说这件事后都认为您是吝啬，我却知道您不是吝啬，而是因为不忍心。"

宣王说："是，确实有的老百姓这样认为。不过，我们齐国虽然不大，但我怎么会吝啬到舍不得一头牛的程度呢？我实在是不忍心看到它害怕得发抖的样子，就像毫无罪过却被判处死刑一样，所以用羊来代替它。"

孟子说："大王也不要责怪老百姓认为您吝啬。他们只看到您用小的羊去代替大的牛，哪里知道其中的深意呢？何况，大王如果可怜它毫无罪过却被宰杀，那牛和羊又有什么区别呢？"

宣王笑着说："是啊，这一点连我自己也不知道到底是一种什么心理了。我的确不是吝啬钱财才用羊去代替牛的，不过，老百姓这样认为，的确也有他们的道理啊。"

孟子说："没有关系。大王这种不忍心正是仁慈的表现，只因为您当时亲眼见到了牛而没有见到羊。君子对于飞禽走兽，见到它们活着，便不忍心见到它们死去；听到它们哀叫，便不忍心吃它们的肉。所以，君子总是远离厨房的。"

【义理评析】

孟子认为，齐宣王不忍心杀死牛去祭钟，说明他有"不忍之心"，这就是"仁"的开端，是十分宝贵的。但从另一个角度来讲，以羊代牛，如果不以仁爱之心作为出发点的话，也就没有什么区别了，不能凭你吃什么或不吃

孟子全编

什么就觉得比别人更具有道德优越感，做人做事最终还是应以"仁爱"之心为根本。

【跟进解读】

多做善事才能被人敬仰

范仲淹是宋朝名相，年幼时父亲范墉早年病逝，导致家境贫寒，生活非常艰辛。后来官至宰相后，他的生活方式一直保持着俭朴的传统。在范仲淹的心中一直藏有慷慨兼济天下的抱负。

有一次，范仲淹在苏州买房子，一位风水先生盛赞这间房子，说它风水极佳，后代必出公卿。范仲淹心想，既然这间房子风水能使后代显贵不如改为学堂，让苏州城百姓的子弟入学，将来众人的子弟都能显贵，较之自己一家的子弟显贵，岂不是更为有益吗？于是，他立刻把这间房子捐出来，改作学堂，可见其胸怀天下的情怀。

范仲淹"文武兼备"、"智谋过人"，无论在朝主政、出帅戍边，均系国之安危、时之重望于一身。即使在担任地方官时，他也殚精竭虑，鞠躬尽瘁，可谓恩泽广施。

一句"先天下之忧而忧，后天下之乐而乐"，是他内心的独白，更是他心灵仁爱的生动写照。其泽被后世的风范，永远承载于人们心中，并受到人们的敬仰和赞颂。

好的行为要尽力推广

【原典欣赏】

王说曰："《诗》云：'他人有心，予忖度之。'夫子之谓也。夫我乃行之，反而求之，不得吾心。夫子言之，于我心有戚戚焉。此心之所以合于王者，何也？"曰："有复于王者曰：'吾力足以举百钧，而不足以举一羽；明足以察秋毫之末，而不见舆薪。'则王许之乎？"

曰："否。"

"今恩足以及禽兽，而功不至于百姓者，独何与？然则一羽之不举，为不用力焉；舆薪之不见，为不用明焉；百姓之不见保，为不用恩焉。故王之不王，不为也，非不能也。"

曰："不为者与不能者之形何以异？"

曰："挟太山以超北海，语人曰：'我不能。'是诚不能也。为长者折枝，语人曰：'我不能。'是不为也，非不能也。故王之不王，非挟太山以超北海之类也；王之不王，是折枝之类也。"

"老吾老，以及人之老；幼吾幼，以及人之幼。天下可运于掌。《诗》云：'刑于寡妻，至于兄弟，以御于家邦。'言举斯心加诸彼而已。故推恩足以保四海，不推恩无以保妻子。古之人所以大过人者，无他焉，善推其所为而已矣。今恩足以及禽兽，而功不至于百姓者，独何与？权，然后知轻重；度，然后知长短。物皆然，心为甚。王请度之！抑王兴甲兵，危士臣，构怨于诸侯，然后快于心与？"王曰："否。吾何快于是？将以求吾所大欲也。"

【白话翻译】

齐宣王很高兴地说："《诗经》说：'别人有什么心思，我都能揣测出。'这说的就是先生您吧。我自己这样做了，反过来想想为什么要这样做，却说不出所以然来。倒是您老人家这么一说，我的心便豁然开朗了。但您说我的这种心态与用道德统一天下的王道相合又怎么理解呢？"

孟子说："如果有人报告大王说：'我的力气足以举起三千斤的重物，却不能举起一根羽毛；我的眼睛能看清楚豪毛之尖，却看不到整车的柴草。'那大王您相信吗？"

齐宣王说："不相信。"

孟子说："如今大王您的恩惠能够施及动物，却偏偏不能够施及老百姓，这是为什么呢？那么举不起一根羽毛，是不用力气的缘故；看不见整车的柴草，是不用眼睛的缘故；老百姓没有得到你的爱，是没有施恩的缘故。所以大王您不能称王统一天下，是不愿意做，而不是做不到。"

齐宣王说："不愿意做和做不到有什么区别呢？"

孟子说："挟着泰山跨渤海，告诉别人说：'我做不到。'是确实做不到。要一个人为老年人折一根树枝这人告诉人说：'我做不到。'这是不愿意做，

孟子全编

而不是做不到。大王所以不能称王统一天下，不是属于挟泰山去跳过渤海这一类的事，而是属于为长辈揉揉肢体一类的事。

尊敬自己的老人，并由此推广到尊敬别人的老人；爱护自己的孩子，并由此推广到爱护别人的孩子。做到了这一点，整个天下便会像在自己的手掌心里运转一样容易治理了。《诗经》说：'先给妻子做榜样，再推广到兄弟，再推广到家族和国家。'说的就是要把自己的心推广到别人身上去。所以，推广恩德足以安定天下，不推广恩德连自己的妻子儿女都保不了。古代的圣贤之所以能远远超过一般人，没有别的什么，不过是善于推广他们的好行为罢了。如今大王您的恩惠能够施及动物，却不能够施及老百姓，偏偏是为什么呢？

称一称才知道轻重，量一量才知道长短，什么东西都是如此，人心更是这样。大王您请考虑考虑吧！难道真要发动全国军队，使将士冒着生命危险，去和别的国家结下仇怨，这样您的心里才痛快吗？"

宣王说："不，我为什么这样做心里才痛快呢？我只不过想实现我心里的最大愿望啊。"

【义理评析】

在本节中，孟子用的是逻辑上的归谬法，先假定了两种荒唐的说法，这样便轻而易举地使齐宣王认识到自己存在的问题：不是做不到，而是不愿做。在讲清楚了"不为"与"不能"问题后，又以著名的"老吾老，以及人之老；幼吾幼，以及人之幼"理论，推己及人，点出了好的行为要尽力推广的主题思想。

【跟进解读】

以身作则才能顺利推广

要想使别人按自己的意思行事，那首先要从自己做起，起好领导带头作用，这样才有资格去指正别人。

明太祖朱元璋出身贫苦农家，他深深的体谅农民生活的艰辛、物力的艰难，所以他当上皇帝后一直身体力行，倡导节俭。

明朝建立后，按计划要在南京营建宫室。负责工程的官员将图样送给他审定，他仔细看过后把其中耗费财力过大的雕琢考究部分全部去掉了。工程竣工后，他叫人在墙壁上画了许多触目惊心的历史故事做装饰，提醒自己时刻不忘历史教训。有个官员想用好看的石头铺设宫殿地面，被他当场狠狠地教训了一顿。

朱元璋用的车舆器具服用等物，按惯例该用金饰的，但他下令以铜代替。主管这件事的官员说，这用不了多少金子。朱元璋说，"朕富有四海，岂吝惜这点黄金。但是，所谓俭约，非身先之，何以率天下？而且奢侈的开始，都是由小到大的。"他睡的御床与中产人家的睡床没有多大区别，每天早膳，只有蔬菜就餐。在朱元璋的影响下，宫中的后妃也十分注意节俭，她们从不乔装打扮，穿的衣裳也是洗过多次的。

"其身正，不令而行"，为政者要想让自己的政策顺利实施，首先要从自己做起，以身作则。若想让天下人都养成勤俭节约的好习惯，那么君主身体力行，带头节俭无疑是勉励人们从而实现这个目标的最好方法。

领导者是下属们的带头人、引路人，要想把下属教化好，领导者必须成为大众的道德榜样，只有这样，才能在德治中发挥道德示范作用。如果领导者自己贪图安逸，却要民众艰苦奋斗；自己以权谋私，却要民众克己奉公，那么显然是不可能实现的。

孟子全编

施行仁政能让四方归服

【原典欣赏】

曰："王之所大欲，可得闻与？"王笑而不言。

曰："为肥甘不足于口与？轻暖不足于体与？抑为采色不足视于目与？声音不足听于耳与？便嬖不足使令于前与？王之诸臣皆足以供之，而王岂为是哉？"

曰："否。吾不为是也。"

曰："然则王之所大欲可知已。欲辟土地，朝秦、楚，莅中国而抚四夷也。以若所为求若所欲，犹缘木而求鱼也。"

王曰："若是其甚与？"

曰："殆有甚焉。缘木求鱼，虽不得鱼，无后灾。以若所为，求若所欲，尽心力而为之，后必有灾。"

曰："可得闻与？"

曰："邹人与楚人战，则王以为孰胜？"

曰："楚人胜。"

曰："然则小固不可以敌大，寡固不可以敌众，弱固不可以敌强。海内之地，方千里者九，齐集有其一。以一服八，何以异于邹敌楚哉？盖亦反其本矣。今王发政施仁，使天下仕者皆欲立于王之朝，耕者皆欲耕于王之野，商贾皆欲藏于王之市，行旅皆欲出于王之途，天下之欲疾其君者，皆欲赴诉于王。其若是，孰能御之？"

王曰："吾惛，不能进于是矣。愿夫子辅吾志，明以教我。我虽不敏，请尝试之。"

曰："无恒产而有恒心者，惟士为能。若民，则无恒产，因无恒心。苟无恒心，放辟邪侈，无不为已。及陷于罪，然后从而刑之，是罔民也。焉有仁人在位罔民而可为也？是故明君制民之产，必使仰足以事父母，俯足以畜妻子，乐岁终身饱，凶年免于死亡。然后驱而之善，故民之从之也轻。今也制民之产，仰不足以事父母，俯不足以畜妻子；乐岁终身苦，凶年不免于死亡。此惟救死而恐不赡，奚暇治礼义哉？王欲行之，则盍反其本矣！"

【白话翻译】

孟子说："大王的最大愿望是什么呢？可以说给我听听吗？"齐宣王笑而不语。

孟子说："是为了肥美的食物不够吃吗？是为了轻暖的衣服不够穿吗？还是为了艳丽的色彩不够看呢？是为了美妙的音乐不够听吗？还是为了身边伺候的人不够使唤呢？这些，您手下的大臣都能够尽量给您提供，难道您还真是为了这些吗？"

宣王说："不，我不是为了这些。"

孟子说："那么您的最大愿望便可以知道了，您是想要扩张国土，使秦、楚这些大国称臣与您，自己君临中原安抚四方。不过，以您现在的做法来实现您现在的愿望，就好像爬到树上去捉鱼一样。"

宣王说："有那么严重吗？"

孟子说："恐怕比这还要严重呢。爬上树去捉鱼，虽然捉不到鱼，但也没有什么后患。以您现在的做法来实现您现在的愿望，费尽心力去干，一定会有灾祸在后头。"

宣王说："可以把道理说给我听听吗？"

孟子说："假如邹国和楚国打仗，大王认为谁会获胜呢？"

宣王说："当然是楚国获胜了。"

孟子说："显然，小国的确不可以与大国为敌，人口很少的国家的确不可以与人口众多的国家为敌，弱国的确不可以与强国为敌。四海之内，方圆千里的共有九个国家，齐国只是其中一个罢了。想用这一个国家去征服其他八个，这跟邹国和楚国打仗有什么区别呢？大王为什么不回过头来好好想一想，从根本上着手呢？现在大王如果能施行仁政，使天下做官的人都想到您的朝廷上来做官，天下的农民都想到您的国家来种地，天下做生意的人都想到您的国家来做生意，天下旅行的人都想到您的国家来旅行，天下痛恨本国国君的人都想到您这儿来控诉。果真做到了这些，还有谁能够与您为敌呢？"

宣王说："我头脑混乱，不能进到这一步了。希望先生辅佐我实现大志，明白地教导我。我虽然迟钝，但想要试一试。"

孟子说："没有固定的产业却有坚定的信念，只有士人能做到。至于百姓，没有固定的产业，也就没有稳定不变的思想。如果没有坚定

孟子全编

的信念，就会胡作非为，坏事做尽。等到犯了罪，然后就用刑法处置他们，这是坑害百姓。哪有仁人做了君主可以用这种方法治理的呢？所以英明的君主规定老百姓的产业，一定使他们上能赡养父母，下能养活妻子儿女；年成好时能丰衣足食，年成不好也不致于饿死。这样之后督促他们做好事。所以老百姓跟随国君走就容易了。如今，规定人民的产业，上不能赡养父母，下不能养活妻子儿女，好年景也总是生活在困苦之中，坏年景免不了要饿死。这样，只把自己从死亡中救出来，恐怕还不够，哪里还顾得上讲求礼义呢？大王真想施行仁政，为什么不回到根本上来呢？

【义理评析】

在本节中，齐宣王被孟子的言语所打动，所以态度诚恳地请孟子"明以教我"，孟子这才完全正面地展开了他的治国方略和施政纲要。

孟子认为：有恒产才有恒心，所以要先足衣食后治礼仪。这在一定程度上也合于两千年后卡尔·马克思那个伟大的发现："人们首先必须吃、喝、住穿，然后才能从事政治、科学、艺术、宗教等等。"所以，"光靠勒紧肚子闹革命"是不行的，越穷越光荣也是自欺欺人的。因此，孟子认为应该施行仁政，先让老百姓过上丰衣足食，安居乐业的生活，做到了这一步，才能真正实现国富民强，达到让四方归附的政治目标。

【跟进解读】

唐太宗"贞观之治"

唐太宗是中国历史上的一代英主，其政绩一直为后世所传颂。他因亲眼目睹了大隋的兴亡，所以常用隋炀帝作为反面教材，来警诫自己及下属。他像孟子一样，把人民和君主的关系比作水与舟，认识到"水能载舟，亦能覆舟"，因此广施仁政，选贤任能，从谏如流。

在经济上，关注农业生产，实行均田制与租庸调制，"去奢省费，轻徭薄赋"，使人民衣食有余，安居乐业。在文化方面，则大力奖励学术，组织文士大修诸经正义和史籍；在长安设国子监，鼓励四方君长遣子弟到来深造学习。

在太宗执政的贞观年间（公元 627～649 年），通过采取了一些以农为本，厉行节约，休养生息，文教复兴，完善科举制度等政策，使得社会出现了政治清明、经济发展、社会安定的繁荣局面，史称"贞观之治"。

唐太宗是中国历史上少有的明君仁主，在他的励精图治之下，唐朝成为当时世界上最强大的盛世王朝。他真正做到了不战而屈人之兵，形成了让四方领主都主动归附的大国气象。

卷二 梁惠王（下）

本卷进一步阐述和发挥仁政的思想和学说。孟子认为仁义的准则应该是为政者处理国家政事的根本立脚点，仁义的思想应该贯彻到国家政治生活的各个方面。比如在用人方面要任用贤人，坚持兼听则明、偏听则暗的原则，还要就实际的政绩进行考察。在处理和邻国的关系上，仁政的原则就是体察邻国的国情，顺应邻国的民心；他主张施行仁政应该体察老百姓的疾苦，为政者应该和老百姓休戚与共，做到忧则与民同忧、乐则与民同乐。这些都反映了孟子的民本思想。

另外，在孟子看来，一时的存亡兴废是不足为怀的，勉力行善，便是尽了人的本分，至于成功与否，却不是人人可以指望的，所以也不必计较。

与民同乐才是长久之道

【原典欣赏】

庄暴见孟子，曰："暴见于王②，王语暴以好乐，暴未有以对也。"曰："好乐何如？"

孟子曰："王之好乐甚，则齐国其庶几乎？"

他日，见于王曰："王尝语庄子以好乐，有诸？"

王变乎色，曰："寡人非能好先王之乐也，直好世俗之乐耳。"

曰："王之好乐甚，则国其庶几乎，今之乐犹古之乐也。"

曰："可得闻与？"

曰："独乐乐，与人乐乐，孰乐？"

曰："不若与人。"

曰："与少乐乐，与众乐乐，孰乐？"

曰："不若与众。"

"臣请为王言乐。今王鼓乐于此，百姓闻王钟鼓之声，管籥③之音，举疾首蹙额④而相告曰：'吾王之好鼓乐，夫何使我至于此极也？父子不相见，兄弟妻子离散。'今王田猎于此，百姓闻王车马之音，见羽旄⑤之美，举疾首蹙额而相告曰：'吾王之好田猎，夫何使我至于此极也？父子不相见，兄弟妻子离散。'此无他，不与民同乐也。"

"今王鼓乐于此，百姓闻王钟鼓之声，管籥之音，举欣欣然有喜色而相告曰：'吾王庶几无疾病与，何以能鼓乐也？'今王田猎于此，百姓闻王车马之音，见羽旄之美，举欣欣然有喜色而相告曰：'吾王庶几无疾病与，何以能田猎也？'此无他，与民同乐也。今王与百姓同乐，则王矣。"

齐宣王问曰："文王之囿方七十里，有诸？"孟子对曰："于传有之。"

曰："若是其大乎？"

曰："民犹以为小也。"

曰："寡人之囿⑥方四十里，民犹以为大，何也？"

曰："文王之囿方七十里，刍荛⑦者往焉，雉兔者往焉，与民同之。民以为小，不亦宜乎？臣始至于境，问国之大禁，然后敢入。臣闻郊关之内有囿方四十里，杀其麋鹿者如杀人之罪，则是方四十里为阱于国中。民以为大，不亦宜乎？"

【玄义注释】

①庄暴：齐国大臣。②王：这里指齐宣王。③管籥（yuè）：古代一种管乐器的名称。④蹙頞（cù é）：蹙，收紧。頞，额头。形容愁眉苦脸的样子。⑤羽旄（máo）：鸟羽和牦牛尾，古人用作旗帜上的装饰，这里代指旗帜。⑥囿（yòu）：指古代畜养禽兽的园林。⑦刍荛（chú ráo）：指打柴草的人。

【白话翻译】

庄暴进见孟子，说："我朝见大王，大王和我谈论喜好音乐的事，我没有话应答。"又问孟子说："喜欢音乐怎么样呢？"

孟子说："如果大王非常喜欢音乐，那齐国也就治理得差不多了。"

几天后，孟子在进见宣王时问道："大王曾经和庄暴谈论过喜好音乐，有这回事吗？"

齐王脸色一变，说："我并不是喜欢先王的音乐，只是喜欢世俗流行的乐曲罢了。"

孟子说："只要大王非常喜欢音乐，那么，齐国也就治理得差不多了，现在的俗乐与古代的雅乐是差不多的。"

齐王说："能让我知道是什么道理吗？"

孟子问道："一个人娱乐，和跟别人一起娱乐，哪一种更快乐呢？"

齐王回答说："不如与他人一起娱乐快乐。"

孟子又问："和少数人一起娱乐，和跟多数人一起娱乐，哪一种更快乐呢？"

齐王回答："不如与多数人一起娱乐更快乐。"

孟子说："请让我给您讲讲什么才是真正的欢乐吧。假如大王在这里击鼓奏乐，百姓听到大王鸣钟击鼓、吹箫吹笛的声音，都感到头痛，皱着眉头互相议论：'我们大王喜好音乐，为什么要使我们这般穷困呢？父亲和儿子不能相见，兄弟和妻儿分离流散。'假如大王在这里打猎，百姓听到大王车马的声音，看见仪仗的华美，也都感到头痛，皱着眉头互相议论：'我们大王喜好围猎，为什么要使我们这般穷困呢，父亲和儿子不能相见，兄弟和妻儿分离流散。'这里没有别的，只是因为大王不能与民同乐的缘故。

"假如大王在这里击鼓奏乐，百姓听到大王鸣钟击鼓、吹箫奏笛的声音，都高高兴兴地呈现出喜悦的气色，并且互相转告说：'我们大王大概没有疾病吧，要不怎么能奏乐呢？'假如大王在这里打猎，百姓听到大王车马的声音，看见仪仗的华美，全都高高兴兴地呈现出喜悦的气色，并且互相转告说：'我们大王大概没有疾病吧，要不怎么能围猎呢？'这里没有别的原因，只是因为大王与民同乐的缘故。现在大王能与民同乐，那就可以统一天下了。"

齐宣王问道："听说周文王有一个七十里见方的捕猎场，真的有这回事吗？"

孟子回答："文献上是这样记载的。"

宣王问："真有那么大吗？"

孟子说："可百姓还嫌它太小呢！"

宣王说："我的捕猎场才四十里见方，可百姓还觉得太大，这是为什么呢？"

孟子说："文王的园林七十里见方，割草砍柴的可以去，捕鸟猎兽的可以去，是与百姓共同享用的，百姓认为太小，不也是很自然的吗？我刚到达齐国的边境时，问清国家的重大禁令以后，才敢入境。我听说在国都的郊野有四十里见方的捕猎场，如果有谁杀死了场地里的麋鹿，就跟杀死了人同等判刑，那么，这四十里见方的捕猎场所，简直成了国家设置的陷阱。百姓觉得它太大，不也是应该的吗？"

【义理评析】

一边是笙歌艳舞、灯红酒绿，一边是妻离子散、家破人亡，孟子所描绘的两个截然不同的画面正是君王脱离老百姓的具体体现，这与孟子所倡导的"民为本"思想相差甚远。孟子在本节中指出，君主只有体恤下民，与民同忧同乐，才能享受到真正恒久的快乐。

孟子全编

与民同乐，令人尊敬

欧阳修（1007年—1072年），字永叔，号醉翁、六一居士。北宋政治家、文学家。公元1045年，欧阳修被贬为滁州太守。虽然此次降职远调是欧阳修仕途的一次挫折，可是他并没有因此而意志消沉，而是随遇而安，"既来之，则安之"。

欧阳修非常关心民众疾苦，他采取宽简政治，勤政爱民，发展生产。滁州在他的精心治理下，呈现一派政治清明，民风淳厚，百姓和乐的景象。这使他内心无比欣慰，于是登临琅琊上，临醉翁亭，欣赏奇异风光，挥笔写成了传诵千古的散文《醉翁亭记》。

《醉翁亭记》中有很多与民同乐场景描写，如"太守乐其乐也"，"太守归而宾客从也"，从中我们可以看出老百姓对欧阳修的尊敬和喜爱。历史上醉翁亭也不知翻建多少次，为了纪念欧阳修，醉翁亭每遭破坏总会重建，这其中包含了人们对欧阳修浓厚的感情。

匹夫之勇难成大事

【原典欣赏】

齐宣王问曰："交邻国有道乎？"

孟子对曰："有。惟仁者为能以大事小，是故汤事葛①，文王事昆夷②。惟智者为能以小事大，故太王整事獯鬻③，勾践④事吴。以大事小者，乐天者也；以小事大者，畏天者也。乐天者保天下，畏天者保其国。《诗》云：'畏天之威，于时保之。'"

王曰："大哉言矣！寡人有疾，寡人好勇。"

对曰："王请无好小勇。夫抚剑疾视曰，'彼恶敢当我哉！'此匹夫之勇，敌一人者也。王请大之！"

"《诗》云：'王赫斯怒，爰整其旅，以遏徂莒⑤，以笃周祜，以对于天下。'此文王之勇也。文王一怒而安天下之民。"

"《书》曰：'天降下民，作之君，作之师，惟曰其助上帝宠之。四方有罪无罪惟我在，天下曷敢有越厥志？'一人衡行⑥于天下，武王耻之。此武王之勇也。而武王亦一怒而安天下之民。今王亦一怒而安天下之民，民惟恐王之不好勇也。"

【玄义注释】

①汤事葛：汤，即商朝的创建者成汤。葛，古国名，故城在今河南宁陵县北。②昆夷：周朝初年的西戎国名。③獯鬻：古代北方的一个少数民族，周称猃狁（xiǎn yǔn），秦汉时称匈奴。④勾（gōu）践：春秋时期越国的国君。⑤莒：殷末国名。⑥衡行：即"横行"。

【白话翻译】

齐宣王问道："和邻国交往有什么讲究吗？"

孟子回答说："有。只有有仁德的人才能够以大国的身份侍奉小国，所以商汤侍奉大国，周文王侍奉昆夷。只有有智慧的人才能够以小国的身份侍奉大国，所以周太王侍奉獯鬻，越王勾践侍奉吴王夫差。以大国身份侍奉小国的，是以天命为乐的人；以小国身份侍奉大国的，是敬畏天命的人。以天命为乐的人安定天下，敬畏天命的人安定自己的国家。《诗经》说：'畏惧上天的威灵，因此才能够安定。'"

宣王说："先生的话可真高深呀！不过，我有个毛病，就是逞强好勇。"

孟子说："那就请大王不要好小勇。有的人动辄按剑瞪眼说：'他怎么敢抵挡我呢？'这其实只是匹夫之勇，只能与个把人较量。大王请不要喜好这样的匹夫之勇！"

"《诗经》说：'文王义愤激昂，发令调兵遣将，把侵略莒国的敌军阻挡，增添了周国的吉祥，不辜负天下百姓的期望。'这是周文王的勇。周文王一怒便使天下百姓都得到安定。"

　　《尚书》说：'上天降生了老百姓，又替他们降生了君王，降生了师表，这些君王和师表的唯一责任，就是帮助上帝来爱护老百姓。所以，天下四方的有罪者和无罪者，都由我来负责，普天之下，何人敢超越上帝的意志呢？'所以，只要有一人在天下横行霸道，周武王便感到羞耻。这是周武王的勇。周武王也是一怒便使天下百姓都得到安定。如今大王如果也做到一怒便使天下百姓都得到安定，那么，老百姓就会唯恐大王不喜好勇了啊。"

【义理评析】

　　在本节中，孟子重点论述了智者之勇与匹夫之勇的问题。很显然，孟子希望齐宣王具有智者之勇，而不要逞匹夫之勇，因为逞匹夫之勇的人是难成大事的。

　　大丈夫能忍天下之不能忍，故能为天下之不能为之事。韩信当年如果不甘忍受胯下之辱，杀了那个欺负他的小混混，那也就没有后来的丰功伟绩了。无论是帝王将相还是平民百姓，都应该学会理性思索，把勇气用在合适的地方，千万不要逞匹夫之勇。

【跟进解读】

智者之勇胜过匹夫之勇

　　在我国古代，逞匹夫之勇的败军之将有很多，项羽就是其中典型的代表。

　　项羽自持勇猛过人，对身边的人才不加重视，最后导致了自己失败的结局。比如韩信起初投奔在项羽部下，曾多次给项羽献计，但项羽始终不予采纳，致使韩信改投刘邦。后经过萧何的竭力推荐，被刘邦封为大将军。

　　刘邦一心想向东发展，消灭主要的对手项羽，统一全国，于是请韩信分析当前的形势。韩信直截了当地问刘邦："大王认为自己在勇猛和仁义两方面与项羽相比如何？"

　　刘邦沉默半晌，叹了一口气说："我都不及他啊。"

　　韩信说："我曾做过项羽的部下，对他相当了解。项羽之勇，一声呼喝，可以压倒几千人，但是他不善于任用贤能的将领，只能算是匹夫之勇。所以他目前虽然强，其实很快就会弱的。"

刘邦听了非常高兴，就暗中养精蓄锐，招揽人才。最后终于打败了有着"霸王"之称的项羽，建立了大汉王朝。

在上述案例中，刘邦听取韩信的意见，以智者之勇打败了只逞匹夫之勇的项羽，这就告诉人们在现实生活中做事情不仅需要勇气，同时还需要智慧与隐忍，光凭一时之勇是办不成大事的，有时往往把事情办得更糟。

乐忧全为天下事

【原典欣赏】

齐宣王见孟子于雪宫①。王曰："贤者亦有此乐乎？"

孟子对曰："有。人不得，则非其上矣。不得而非其上者，非也；为民上而不与民同乐者，亦非也。乐民之乐者，民亦乐其乐；忧民之忧者，民亦忧其忧。乐以天下，忧以天下，然而不王者，未之有也。"

"昔者齐景公②问于晏子曰：'吾欲观于转附朝儛③，遵海而南，放于琅邪④，吾何修而可以比于先王观也？'"

"晏子对曰：'善哉问也！天子适诸侯曰巡狩。巡狩者，巡所守也。诸侯朝于天子曰述职。述职者，述所职也。无非事者。春省耕而补不足，秋省敛而助不给。夏谚曰："吾王不游，吾何以休？吾王不豫，吾何以助？一游一豫，为诸侯度。"今也不然：师行而粮食，饥者弗食，劳者弗息。睊睊胥谗，民乃作慝。方命虐民，饮食若流。流连荒亡，为诸侯忧。从流下而忘反谓之流，从流上而忘反谓之连，从兽无厌谓之荒，乐酒无厌谓之亡。先王无流连之乐，荒亡之行。惟君所行也。'"

"景公说，大戒于国，出舍于郊。于是始兴发补不足。召大师曰：'为我作君臣相说之乐！'盖徵招角招⑤是也。其诗曰，'畜君何尤？'畜君者，好君也。"

【玄义注释】

①雪宫：齐宣王的离宫。②齐景公：春秋时代齐国国君，公元前547—前490年在位。③转附、朝儛（wǔ）：均为山名。④琅邪（yá）：山名，在

孟子全编

今山东胶南县南，面临黄海。⑤《徵（zhǐ）招》、《角招》：都是古代乐曲名。

【白话翻译】

齐宣王在雪宫接见孟子。宣王说："贤人也有在这样的别墅里居住游玩的快乐吗？"

孟子回答说："有。人们要是得不到这种快乐，就会埋怨他们的国君。得不到这种快乐就埋怨国君是不对的，可是作为老百姓的领导人而不与民同乐也是不对的。国君以老百姓的忧愁为忧愁，老百姓也会以国君的忧愁为忧愁。以天下人的快乐为快乐，以天下人的忧愁为忧愁，这样还不能够使天下归服，是没有过的。"

"从前齐景公问晏子说：'我想到转附、朝儛两座山去观光游览，然后沿着海岸向南行，一直到琅邪。我该怎样做才能够和古代圣贤君王的巡游相比呢？'"

"晏子回答说：'问得好呀！天子到诸侯国家去叫做巡狩，巡狩就是巡视各诸侯所守疆土的意思；诸侯去朝见天子叫述职，述职就是报告在他职责内的工作的意思。这些行为没有不和工作有关系的。春天里巡视耕种情况，对粮食不够吃的给予补助；秋天里巡视收获情况，对歉收的给予补助。夏朝的谚语说：'我王不出来游历，我怎么能得到休息？我王不出来巡视，我怎么能得到赏赐？一游历一巡视，足以作为诸侯的法度。'现在可不是这样了，国君一出游就兴师动众，索取粮食。饥饿的人得不到粮食补助，劳苦的人得不到休息。大家侧目而视，怨声载道，违法乱纪的事情也就做出来了。这种出游违背天意，虐待百姓，大吃大喝如同流水一样浪费。真是流连荒亡，连诸侯们都为此而忧虑。什么叫流连荒亡呢？从上游向下游的游玩乐而忘返叫做流；从下游向上游的游玩乐而忘返叫做连；打猎不知厌倦叫做荒；嗜酒不加节制叫做亡。古代圣贤君王既无流连的享乐，也无荒亡的行为。至于大王您的行为，只有您自己选择了。'"

"齐景公听了晏子的话非常高兴，先在都城内作了充分的准备，然后驻扎在郊外，打开仓库赈济贫困的人。又召集乐官说：'给我创作一些君臣同乐的乐曲！'这就是《徵招》、《角招》。其中的歌词说：'畜君有什么不对呢？''畜君'，就是热爱国君的意思。"

孟子全编

齐宣王住在雪宫里，快乐无比，却不知"乐以天下，忧以天下"。孟子借晏子教训齐景公的话，来教训齐宣王，希望齐宣王能像齐景公那样，认识到荒淫无度的危害，从而关心自己的百姓，当一个好君王。

"乐以天下，忧以天下"，显示了孟子政治学说中的民本主义思想。后来的事实证明，其思想一直是历代统治者治理天下的制胜法宝，也是历代为官者执政的"座右铭"。

【跟进解读】

心忧天下者名垂青史

早在周文王时，周公旦就以仁爱闻名，后辅佐武王伐纣，封于鲁。然而，周公没有到封国去而是留在王朝，辅佐武王，为周安定社会，建立制度。武王驾崩之后，又佐成王摄政。

周公心忧天下，唯恐失去天下贤人，吃饭时曾数次吐出口中食物，迫不及待的去接待贤士，所以天下贤人都齐聚朝廷，周王朝一时间人才济济。

周公无微不至地关怀年幼的成王，有一次，成王病得厉害，周公很焦急，就剪了自己的指甲沉到大河里，对河神祈祷说："今成王还不懂事，有什么错都是我的。如果要死，就让我死吧。"后来，成王果然病好了。

周公摄政七年后，成王已经长大成人，于是周公归政于成王，自己回到大臣的位子。但有人却在成王面前进谗言，周公被迫躲避到了楚地。不久，成王翻阅库府中收藏的文书，发现在自己生病时周公的祷辞，很为周公忠心为国的品质所感动，立即派人将周公迎回来。

周公回周以后，仍然忠心为王朝操劳，为周王朝的建立和巩固作出了重大贡献。诸侯们听说了周公的德行和他对周王朝的忠心耿耿，都很敬佩，也都纷纷表示效忠，周朝终于实现天下大治。周公临终时要求把他葬在成周，以明不离开成王的意思。成王心怀谦让，把他葬在毕邑，在文王墓的旁边，以示对周公的无比尊重。

我们常说："得民心者得天下"。这句话无论放在什么年代，都是毋庸置疑的真理。历史上，但凡是心怀天下，以造福天下苍生为己任的人，都能得到世人的敬仰和爱戴，也只有这样的人才能够名垂青史、流芳百世。

小瑕疵并不影响王道

【原典欣赏】

齐宣王问曰："人皆谓我毁明堂^①，毁诸？已乎？"

孟子对曰："夫明堂者，王者之堂也。王欲行王政，则勿毁之矣。"

王曰："王政可得闻与？"

对曰："昔者文王之治岐^②也，耕者九一，仕者世禄，关市讥而不征，泽梁无禁，罪人不孥^③。老而无妻曰鳏，老而无夫曰寡，老而无子曰独，幼而无父曰孤。此四者，天下之穷民而无告者。文王发政施仁，必先斯四者。《诗》云：'哿矣富人，哀此惸独。^④'"

王曰："善哉言乎！"

曰："王如善之，则何为不行？"

王曰："寡人有疾，寡人好货。"

对曰："昔者公刘^⑤好货，《诗》云：'乃积乃仓，乃裹糇^⑥粮，于橐^⑦于囊。思戢用光。弓矢斯张，干戈戚扬，爰方启行。'故居者有积仓，行者有裹囊也，然后可以爰方启行。王如好货，与百姓同之，于王何有？"

王曰："寡人有疾，寡人好色。"

对曰："昔者太王好色，爱厥妃。《诗》云：'古公亶父，来朝走马，率西水浒，至于岐下，爰及姜女，聿来胥宇。'当是时也，内无怨女，外无旷夫。王如好色，与百姓同之，于王何有？"

孟子谓齐宣王曰："王之臣有托其妻子于其友而之楚游者，比^⑧其反也，则冻馁其妻子，则如之何？"

王曰："弃之。"

曰："士师^⑨不能治士，则如之何？"

王曰："已之。"

曰："四境之内不治，则如之何？"

王顾左右而言他。

【玄义注释】

①明堂：周天子东巡时接受诸侯朝见的地方，这里是指泰山明堂，是周天子东巡时设，至汉代还有遗址。②岐：地名，在今陕西省岐山县一带。③不孥（nú）：孥指妻子儿女，这里用作动词，不孥即指不牵连妻子儿女。④哿矣富人，哀此惸独：哿（gě）：快乐。惸（qióng）：孤独。⑤公刘：人名，后稷的后代，周朝的创业始祖。⑥糇（hóu）：干粮，泛指粮食。⑦橐（tuó）、囊：盛东西的口袋。⑧比：及，至，等到。⑨士师：狱官。

【白话翻译】

齐宣王问道："别人都建议我拆毁明堂，究竟是拆毁好呢？还是不拆毁好呢？"

孟子回答说："明堂，是施行王政的殿堂。大王如果想施行王政，就不要拆毁它。"

宣王说："能给我讲讲王政吗？"

孟子回答说："从前周文王治理岐山时，对耕田之人的税率是九分抽一；对于做官之人是给予世代承袭的俸禄；在关卡和市场上只检查而不征税；任何人到湖泊和河流中捕鱼都不禁止；对罪犯的处罚不牵连妻子儿女。失去妻子的老年人叫做鳏夫；失去丈夫的老年人叫做寡妇；没有儿女的老年人叫做独老；失去父亲的儿童叫做孤儿。这四种人是天下穷苦无靠的人。文王实行仁政，一定会先考虑到他们的处境。《诗经》说：'有钱人是可以过得去了，可怜那些无依无靠的孤人吧。'"

宣王说："说得真好呀！"

孟子说："大王既然认为说得好，为什么不去实行呢？"

宣王说："我有个毛病，我喜爱钱财。"

孟子回答说："从前公刘也喜爱钱财。《诗经》说：'收割粮食装满仓，备好充足的干粮，装进小袋和大囊。紧密团结争荣光，张弓带箭齐武装。盾戈斧铏拿手上，开始动身向前方。'因此留在家里的人有谷，行军的人有干粮，这才能够率领军队前进。大王如果喜爱钱财，能想到老百姓也喜爱钱财，这对施行王政有什么影响呢？"

宣王说："我还有个毛病，我喜爱女色。"

孟子回答说："从前周太王也喜爱女色，非常爱他的妃子。《诗经》说：'周太王古公亶父，一大早驱驰快马，沿着西边的河岸，一直走到岐山下。

带着妻子姜氏女，勘察地址建新居。'那时，没有找不到丈夫的老处女，也没有找不到妻子的老光棍。大王如果喜爱女色，能想到老百姓也喜爱女色，这对施行王政有什么影响呢？"

孟子对齐宣王说："如果大王的臣子把妻子儿女托付给他的朋友照顾，自己出游楚国去了。等他回来的时候，他的妻子儿女却在挨饿受冻，面对这种情况应该怎么办呢？"

齐宣王说："与他绝交！"

孟子说："如果您的司法官不能管理他的下属，那应该怎么办呢？"

齐宣王说："罢免他！"

孟子又说："如果一个国家治理得不好，那又该怎么办呢？"

齐宣王左右张望扯开了话题。

【义理评析】

孟子的话一针见血，入木三分，他并非口是心非，他是真心真意地认为爱财好色都是人之常情，甚至肯定这是人性的一部分。无独有偶，春秋五霸之一的齐桓公也曾向管仲坦白自己有好猎、好酒、好色三大毛病。管仲回答说，这三大毛病的确坏透了，但还不是最要紧的事，一个做领袖的人，最忌讳的是不爱天下和不够勤政。这和孟子的观点是类似的，他们都认为君王的小瑕疵不影响王道的施行。

【跟进解读】

瑕不掩瑜

有个人在旷野中捡到了一块罕见的美玉，可惜玉的中间有一块黑色的瑕斑。他把这块玉石拿给一位玉石商看，玉石商捧着这块玉石端详了半天说："这块玉真是美轮美奂啊，如果没有中间的那块黑色瑕斑，它至少可值万两黄金。"

"那但现在它能卖多少钱呢？"这个人焦急地问玉石商说。

"它现在也能卖八千两黄金。"玉石商说。

这个人失望地抱着他的玉石走了。回到家里，妻子见他一直唉声叹气，就问他："咱幸运捡到了一块美玉，高兴还来不及呢，你为什么还这么长吁短叹的？"

这个人把玉石商的话说给他的妻子听，他的妻子说："我当什么事儿呢，这还不简单，既然因为那块瑕斑，咱的玉石才贬值了，那咱们动手把那块瑕斑剔掉不就好了吗？"

这个人一听，两眼一亮说："对呀，剔掉那块瑕斑不就是了吗？"于是，他找来了锤子和凿子，一锤一锤小心翼翼地凿起那块瑕斑来。

经过三天的凿磨，眼看那块瑕斑越来越淡，但在敲下最后一锤时，美玉竟砰的碎开了。痛惜万分的他抱着那一堆碎玉块又去见那个玉石商，玉石商大吃一惊，捶胸顿足地痛惜说："你把一块美玉凿成了一堆废石，一块绝世美玉被你毁掉了。"

这个人分辩说："一块玉石虽然变成了一堆碎玉，可它终于没有那块瑕斑了呀。你说这堆玉石能卖多少黄金呢？"

玉石商说："原来它虽然有一块瑕斑，但对整体价值影响并不大，但现在它只是一堆普通的碎石头了，连一两黄金也不值了！"

金无足赤，人无完人，每个人都有优点和缺点。比如大诗人李白，他嗜好喝酒，整天都醉醺醺的，如果因为他是个酒鬼而忽略他才华上的光芒，那么我们便会失去一块文化瑰宝。所以说，真正的美玉不会被它的小小瑕疵所掩盖，真正具备雄才伟略的人也不会被他的小小缺点所埋没。

孟子全编

不要听信片面之词

【原典欣赏】

孟子见齐宣王曰："所谓故国者，非谓有乔木之谓也，有世臣之谓也，王无亲臣矣；昔者所进，今日不知其亡①也。"

王曰："吾何以识其不才而舍之？"

曰："国君进贤，如不得已，将使卑逾②尊，疏逾戚，可不慎与？左右皆曰贤，未可也？诸大夫皆曰贤，未可也；国人皆曰贤，然后察之；见贤焉，然后用之。左右皆曰不可，勿听；诸大夫皆曰不可，勿听；国人皆曰不可，然后察之；见不可焉，然后去之。左右皆曰可杀，勿听；

诸大夫皆曰可杀，勿听；国人皆曰可杀，然后察之；见可杀焉，然后杀之。故曰：国人杀之也。如此，然后可以为民父母。"

【玄义注释】

①亡：指离开君王出走。②逾：超过、胜过之意。

【白话翻译】

孟子见到齐宣王时说："我们平时所说历史悠久的国家，并不是指那个国家有高大的树木，而是指有世代建立功勋的大臣。可大王您现在却没有亲信的大臣了，过去所任用的一些人，现在也不知到哪里去了。"

齐宣王说："我怎样才能识别没有才能的人然后不任用他们呢？"

孟子说："国君选择贤才，在不得已的时候，甚至会把原本地位低的提拔到地位高的人之上，把原本关系疏远的提拔到关系亲近的人之上，这能够不谨慎吗？如果您身边左右的人都说某人贤能，不要轻信他们；大夫们都说其贤能，也不要许可他们；一国的人都说其贤能，然后考察之，如见其贤能，然后才可以任用。您身边左右的人都说某人不贤能，不要听信，大夫们也都说其不贤能，也不要听信；一国的人都说其不贤能，然后考察之，见到不可任用，然后就才罢免他。您身边左右的人都说某人可杀，不要听信；大夫们也都说其可杀，也不要听

信；全国的人都说某人该杀，然后去考查他，发现他真该杀，再杀掉他。所以说，是全国人杀的他。这样做，才可以做老百姓的父母官。"

【义理评析】

这段文字反映了孟子的人才观。孟子认为，统治者用人行政，当以公论为准，如果只凭自己的好恶，或者只听信某些人的谗言和褒贬，国家是无法治理好的。孟子特别提醒齐宣王，不要偏听偏信"左右"近臣的话，要以人民之是非为是非，体现了他的民本主义思想。

【跟进解读】

兼听则明偏信则暗

唐太宗李世民是一位开明的皇帝，即位后，他积极听取群臣意见，努力学习治国之策，成为中国史上最著名的政治家与明君之一。

唐太宗曾问魏征："历史上的人君，为什么有的人明智，有的人昏庸？"

魏征说："兼听则明，偏听则暗。"他便举了历史上的明君尧、舜和昏君秦二世、梁武帝、隋炀帝等例子。唐太宗连连点头，觉得魏征说得很有道理。

隔了几天，唐太宗读完隋炀帝的文集，跟左右大臣们说："我看隋炀帝写的东西，觉得这个人不但学问渊博，而且也懂得尧、舜是有道的明君，对桀、纣这样的昏君也很讨厌，但是他为什么干出很多荒唐的事情来？"

魏征说："一个皇帝光靠聪明渊博是远远不够的，他还应该虚心倾听臣子的意见。隋炀帝因为觉得自己很有才气，自视甚高，骄傲自信，所以闭目塞听，独断专行。他也只能嘴上说说尧、舜的好话，但是做事情的时候依然按照桀、纣的样子做事，这样言行不一就自取灭亡了。"

唐太宗之所以能够开创历史上著名的"贞观之治"，就是因为他能够不断地听取大臣们的意见，使自己在治理国家时少走了很多弯路。

"兼听则明，偏信则暗"，告诉我们要听取多方面的意见，力求全面了解事情的真实情况。这样才能全面客观地认识事物，从而做出正确的决定。

孟子全编

不做刚愎自用的人

【原典欣赏】

齐宣王问曰："汤放桀①，武王伐纣，有诸？"

子对曰："于传有之。"

曰："臣弑其君，可乎？"

曰："贼仁者谓之贼，贼义者谓之残；残贼之人，谓之一夫②。闻诛一夫纣矣。未闻弑君也。"

孟子见齐宣王，曰："为巨室，则必使工师③求大木。工师得大木，则王喜，以为能胜其任也。匠人斫而小之，则王怒，以为不胜其任矣。夫人幼而学之，壮而欲行之，王曰：'姑舍女所学而从我'，则何如？今有璞玉④于此，虽万镒⑤，必使玉人雕琢之。至于治国家，则曰：'姑舍女所学而从我'，则何以异于教玉人雕琢玉哉？"

【玄义注释】

①桀：夏朝最后一个君主，暴虐无道。②一夫：残害人民的人。③工师：管理各种工匠的官员。④璞玉：尚未雕琢加工的玉石。⑤镒（yì）：古代一种重量单位，一镒为二十两（一说二十四两）。

【白话翻译】

齐宣王问孟子："商汤王流放夏桀王，周武王讨伐商纣王，有这样的事吗？"

孟子回答说："文献上有这样的记载。"

齐宣王说："臣子杀掉君主，可以吗？"

孟子说："败坏仁的人叫贼，败坏义的人叫残。伤害和毁灭这两者都具有的人叫做独夫。我只听说周武王诛杀了独夫纣王，没有听说杀过君王。"

孟子谒见齐宣王，说："建造大房子，就一定要叫工师去寻找大木料。工师找到了大木料，大王就高兴，认为工师是称职的。木匠砍削木料，把木料砍小了，大王就发怒，认为木匠是不称职的。一个人从小学到了一种本领，长大了想运用它，大王却说：'暂且放弃你所学的本领来听我的'，那样行吗？设想现在有块璞玉在这里，虽然价值万金，也必定要叫玉人来雕琢加工。至于治理国家，却说：'暂且放弃你所学的本领来听我的'，那么，这和非要玉匠按您的办法去雕琢玉石不可，有什么不同呢？"

【义理评析】

大木料有大木料的用处，但建造房屋不能都用大木料，也需要小木料，大小配合才能有一幢完整的房屋。治理国家同样也是这个道理，大臣有大臣的用处，小吏有小吏的用处，而齐宣王却说："姑舍女所学而从我。"这是要抹杀每个人的个性，是他刚愎自用的表现。对此，孟子提出，君王要学会用人之所长，不能一任己意，胡乱指挥。

【跟进解读】

不懂就不要瞎指挥

有一位叫高阳应的宋国人，打算盖一座房子。他请来了很多的工人去砍树，刚砍回来的树木堆在院子里，他就对木匠说："现在要用的木材已经齐了，你可以动工了。"

木匠说："不行啊！这些木材都是刚刚伐回来的，还没有干，如果把泥抹上去，一定会被压弯，房子会垮的。"

高阳应听了工匠话后说："照你所说，不就是存在一个湿木料承重以后容易弯曲的问题吗？然而你并没有想到湿木料干了会变硬，稀泥巴干了会变轻的道理。等房屋盖好以后，过不了多久，木料和泥土都会变干。那时的房屋是用变硬的木料支撑着变轻的泥土，怎么会被压垮呢？"

工匠们无话可答，只好遵照高阳应的吩咐去做，很快一幢新房就造好了。新屋子刚建造好的那段日子看起来很好，可是没过多久，这幢新屋越来越往一边倾斜。高阳应一家怕出事故，从这幢房屋搬了出去。没几天，这座房子出现裂缝，又过了一段时间倒塌了。

这则故事与齐宣王的故事如出一辙，同样是说对某方面专业技术不懂却瞎指挥的人，结果使得事与愿违。

孟子全编

发动战争要顺应民意

齐人伐燕，胜之。宣王问曰："或谓寡人勿取，或谓寡人取之。以万乘之国伐万乘之国，五旬而举之，人力不至于此。不取，必有天殃。取之，何如？"

孟子对曰："取之而燕民悦，则取之。古之人有行之者，武王是也。取之而燕民不悦，则勿取，古之人有行之者，文王是也。以万乘之国伐万乘之国，箪食壶浆①以迎王师，岂有它哉？避水火也。如水益深，如火益热，亦运而已矣。"

齐人伐燕，取之。诸侯将谋救燕。宣王曰："诸侯多谋伐寡人者，何以待之？"

孟子对曰："臣闻七十里为政于天下者，汤是也。未闻以千里畏人者也。《书》曰：'汤一征，自葛始。'天下信之，东面而征，西夷怨；南面而征，北狄怨曰：'奚为后我？'民望之，若大旱之望云霓也。归市者不止，耕者不变。诛其君而吊其民，若时雨降。民大悦。《书》曰：'徯我后，后来其苏。'今燕虐其民，王往而征之，民以为将拯己于水火之中也，箪食壶浆以迎王师。若杀其兄父，系累其子弟，毁其宗庙②，迁其重器③，如之何其可也？天下固畏齐之强也，今又倍地而不行仁政，是动天下之兵也。王速出令，反其旄倪④，止其重器，谋于燕众，置君而后去之，则犹可及止也。"

【玄义注释】

①箪食壶浆：用箪装着食物用壶装着酒浆。箪，盛饭的竹筐。②毁其宗庙：意味着灭其国家。③迁其重器：意味着灭亡其国家。④旄倪：旄，同"耄"，古时八十至九十岁称耄，这里泛指老人。倪，儿童。

【白话翻译】

齐国人攻打燕国，大获全胜。齐宣王问道："有人劝我不要占领燕国，有人又劝我占领它。我觉得，以一个拥有万辆兵车的大国去攻打一个同样拥有万辆兵车的大国，只用了五十天就打下来了，光凭人力是做不到的呀。如果我们不占领它，一定会遭到天灾吧。占领它，怎么样？"

孟子回答说："如果占领它能使燕国的老百姓高兴，那就占领它。古人有这么做的，周武王便是。占领它而使燕国的老百姓不高兴，那就不要占领它。古人有这样做的，周文王便是。以齐国这样一个拥有万辆兵车的大国去攻打燕国这样一个同样拥有万辆兵车的大国，燕国的老百姓却用饭筐装着饭，用酒壶盛着酒浆来欢迎大王您的军队，难道有别的什么原因吗？不过是想摆脱他们那水深火热的日子罢了。如果您让他们的水更深，火更热，那他们也就会转而去求其他的出路了。"

齐国人攻打燕国，吞并了它。一些诸侯国在谋划着要救助燕国。齐宣王说："不少诸侯都谋划着要来讨伐我，该怎么办呢？"

孟子回答说："我听说过，有凭借着方圆七十里的国土就统一天下的，商汤就是。却没有听说过拥有方圆千里的国土而害怕别国的。《尚书》说：'商汤的征伐，是从葛国开始的。'天下人都信任他。所以，当他向东方进军时，西边国家的老百姓便抱怨；当他向南方进军时，北边国家的老百姓便抱怨。都说：'为什么把我们放到后面呢？'百姓们盼望他，就像久旱时盼乌云雨露一样。做生意的照常做生意，种地的照常种地。诛杀那些暴虐的国君来抚慰那些受害的老百姓，就像天上下了及时雨一样，老百姓非常高兴。《尚书》说：'等待我们的王，他来了，我们也就复活了！'如今，燕国的国君虐待老百姓，大王您的军队去征伐他，燕国的老百姓以为您是要把他们从水深火热中拯救出来，所以用饭筐装着饭，用酒壶盛着酒浆来欢迎您的军队。可您却杀死他们的父兄，抓走他们的子弟，毁坏他们的宗庙，抢走他们宝器，这怎么能够使他们容忍呢？天下各国本来就害怕齐国强大，现在齐国的土地又扩大了一倍，而且还不施行仁政，这就必然会激起天下各国兴兵。大王您赶快发出命令，放回燕国老老小小的俘虏，停止搬运燕国的宝器，再和燕国的各界人士商议，为他们选立一位国君，然后从燕国撤回齐国的军队。这样做，还可以来得及制止各国兴兵。"

【义理评析】

在孟子看来，齐国仅仅用了五十天就打败燕国，这不是天意，而是民心所向。因为齐国攻占燕国在客观上顺应了燕民的心愿，所以能够获得支持，从而获得胜利。可见，孟子并不是一味地反对战争，只要是正义的，符合人民利益和愿望的战争，他也是支持的。

【跟进解读】

人心向背决定战争的成败

"人心"看似缥缈，难以计量，却又无处不在，著名的淮海战役就是"人心向背"的典型体现。

淮海战役地涉广阔，战事波及数万平方公里，时间长达 2 个月，参战部队数十万。战前，国民党方面以为，大规模会战绝不是没有后方补给线的解放军所能胜任的。但现实情况却是，华东、中原、华北地区的 500 多万民工，克服道路河川阻隔、飞机轰炸等自然或人为的困难，利用 20 多万副担架，80 多万辆大小车，70 多万头牲畜，8500 余艘民船，运送了大量粮食和军需物资，并将前线 10 多万名伤员转运后方。

淮海战役领导人之一的陈毅曾经感叹，淮海战役的胜利是人民群众用小车推出来的。当数百万人手推肩扛踊跃支前、数十万辆人力车穿行于尘土飞扬的淮北大地时，还有什么会比如此壮观的场景更能说明"人心向背"。

关注民生才能凝聚民心

【原典欣赏】

邹与鲁鬨[①]。穆公问曰："吾有司死者三十三人，而民莫之死也。诛之，则不可胜诛；不诛，则疾视其长上之死而不救，如之何则可也？"

孟子对曰："凶年饥岁，君之民老弱转乎沟壑，壮者散而之四方者，几[②]千人矣；而君之仓廪实，府库充，有司莫以告，是上慢而残下也。

曾子③曰：'戒之戒之！出乎尔者，反乎尔者也。'夫民今而后得反之也。君无尤焉！君行仁政，斯民亲其上，死其长矣。"

【玄义注释】

①閧（hòng），争斗。②几：接近，差不多。③曾子：即曾参，字子舆，孔子的学生。

【白话翻译】

邹国与鲁国交战。邹穆公对孟子说："我的官吏死了三十三个，百姓却没有一个为他们而牺牲的。杀他们吧，杀不了那么多；不杀他们吧，又实在恨他们眼睁睁地看着长官被杀而不去营救。怎么办才好呢？"

孟子回答说："灾荒之年，您的百姓中那些年老体弱的弃尸于山沟，年轻力壮的四处逃荒，差不多有上千人吧；而您的粮仓里却堆满了粮食，国库里装满了财宝，官吏们却从来不向您报告老百姓的情况，这是他们残害老百姓的表现。曾子说：'警惕啊，警惕啊！你怎样对待别人，别人也会怎样对待你。'现在就是老百姓报复他们的时候了。您不要归罪于老百姓吧！只要您施行仁政，老百姓自然就会亲近他们的领导人，肯为他们的长官而牺牲了。"

【义理评析】

爱民者得民拥护，不爱民者民见死不救也，本节中的邹、鲁之争斗就证明了这个观点。孟子所说的以及所引曾子的话，都是对孔子"对等原则"的发挥。孔子学说的中心是"仁"，即是人与人之间的相互亲爱，你对我爱护，我才会对你有所回报，这就是人际关系中最基本的"对等原则"。

【跟进解读】

爱护百姓才能得到拥护

齐国有位叫冯谖的人，因生活贫困，想到孟尝君门下作食客。孟尝君把他招来，问道："先生有什么优点？"冯谖回答说："没有什么优点。"孟尝君又问："先生有什么才干？"冯谖回答说："也没什么才能。"孟尝君看出冯谖是藏而不露之人而收留了他。

一天，田文出布告，征求可以替他至封邑薛城收债之人，冯谖自愿前往，孟尝君答应了他。辞行的时候，冯谖问孟尝君："债收完了，要买什么东西回家呢？"孟尝君说："您看我家里缺什么就买什么吧。"于是，冯谖到了薛地，就假借孟尝君的名义，把所有的债款赏赐给欠债人，并当场把债券烧掉。百姓都高呼"万岁"。

冯谖赶回去，一早便求见，孟尝君奇怪他怎么那么快回来，就问："您买了什么回来呢？"冯答说："我看您家中丰衣足食，犬马美女皆有，所以我买了'义'回来。"孟尝君奇怪地说："什么是买'义'呢？"冯谖回答："您不照顾、疼爱人民，而加以高利，人民苦不堪言。于是我伪造了您的命令，烧毁了所有的债券，民众都欢呼万岁，这就是买'义'。"孟尝君听完之后很不高兴，说："好了，别再说了，先生请去休息吧！"

后来孟尝君遭到齐王罢官，回到薛地，老百姓感恩戴德，扶老携幼，远道前来迎接他，孟尝君大为感慨，这才真正意识到冯谖为自己所做之事的重要意义，从此对他更加尊重。

施行仁政则人人向往

【原典欣赏】

滕文公问曰："滕，小国也，间于齐、楚。事齐乎？事楚乎？"

孟子对曰："是谋非吾所能及也。无已，则有一焉：凿斯池也，筑斯城也，与民守之，效死而民弗去，则是可为也。"

滕文公问曰："齐人将筑薛①，吾甚恐；如之何则可？"

孟子对曰："昔者大王居邠②，狄人侵之，去之岐山之下居焉。非择而取之，不得已也。苟为善，后世子孙必有王者矣。君子创业垂统③，为可继也。若夫成功，则天也。君如彼何哉！强为善而已矣。"

滕文公问曰："滕，小国也，竭力以事大国，则不得免焉。如之何则可？"

孟子对曰："昔者大王居邠，狄人侵之；事之以皮币④，不得免焉；事之以犬马，不得免焉；事之以珠玉，不得免焉。乃属其耆老而告之曰：'狄人之所欲者，吾土地也。吾闻之也：君子不以其所以养人者害人。

二三子何患乎无君？我将去之。'去邠，逾梁山⑤，邑于岐山之下居焉。邠人曰：'仁人也，不可失也。'从之者如归市。或曰：'世守也，非身之所能为也，效死勿去。'君请择于斯二者。"

【玄义注释】

①薛：古国名。战国时是齐国田婴的封邑，在今山东滕县。②邠：(bīn) 同"豳"(bīn)，地名，在今陕西郴县。③垂统：指把皇位和基业传给子孙后代。④皮币：动物毛皮和丝绸布帛。⑤梁山：在今陕西乾县西北。

【白话翻译】

滕文公问道："腾国，只是一个小国而已，处在齐国和楚国两个大国之间。是归服齐国好呢，还是归服楚国好呢？"

孟子回答说："这个问题不是我的能力所能解答的。如果您一定要我说，那倒是有另一个办法：把护城河挖深，把城墙筑坚固，与老百姓一起保卫它，直到战死老百姓都不退去。做到了这样，那就可以有所作为了。"

滕文公问："齐国要修筑薛城，我很害怕，怎么办才好呢？"

孟子回答说："从前周国的大王居住在邠地，狄族人来侵犯，他就率族人迁离邠地到岐山下居住。当时他并不是要选择适宜的地方来居住，他是不得已的。一个君主如果能施行善政，后代子孙中必定会有称王于天下的。君子创立基业，传给后世，是为了可以继承下去。至于能否成功，那就由天决定了。您怎样对付齐国呢？只有努力推行善政罢了。"

滕文公问："滕国，只是个小国，即使尽心尽力侍奉大国，也不免受到压迫。怎么办才好呢？"

孟子回答说："从前，周太王居住在邠地，狄人侵犯那里。周太王拿皮裘丝绸送给狄人，不能免遭侵犯；拿好狗良马送给狄人，不能免遭侵犯；拿珠宝玉器送给狄人，还是不能免遭侵犯。乃召集属下年纪大的人说：'狄族人想要的，是我们的土地。我曾听说过：君子不会拿用来养活人民的东西去害人。你们不要担心没有君王，我将要离开这里。'于是离开邠地，越过梁山，在岐山下筑城定居。邠地的人民都说：'古公是爱民的人，不能失去他。'跟从他迁徙的人如同赶集一样多。'也有人说：'土地是必须世世代代守护的，不是能自作主张的，拼了命也不能舍弃它'。请您在这两种办法中选择吧。"

孟子全编

【义理评析】

作为一个小国，怎样在弱肉强食的大环境里站住脚，不至于被别的强国侵略，不至于被消灭，这当然令其统治者头痛。所以，滕文公要问政于孟子。而孟子并没有鼓励滕文公做大做强，是因为即使现在能牺牲人民的利益来做大做强，那也是权宜之计，只可侥幸避过一时，而施行仁政，积善以贻子孙，才是国家的长远之计。

【跟进解读】

用仁政来感化对手

孟子认为，只有施行仁政的国君，百姓才会以死效忠，西汉时鲁王"效死弗去"的故事就是对此最好的诠释。

项羽兵败后自刎乌江，士兵取其人头献给刘邦，此时全国的诸侯国大都归顺了刘邦。

刘邦携项羽人头北伐鲁国，大兵压境来到城门前，当时的鲁国为楚霸王所封，鲁王忠于项羽，拒不投降。

刘邦十分生气，遂下令大举攻城，以当时的情景城破后接着就是屠城，因此情况十分危急。然而恰在此时，城内突然传出朗朗的读书声，原来是孔子的后人及学子正教学诗书礼仪，一副视死如归"效死而民弗去"的景象。

刘邦及将士不觉为之感染，这时有大臣进谏刘邦，鲁国乃是礼仪之邦，儒家文化发源地，万不可屠城，其不降更能说明鲁国忠于先主，实乃可嘉可敬。

于是，刘邦再次派谋士携项羽人头入城谈判。谋士细述项羽暴虐，已经伏诛，天下已定，刘邦乃如今天子，其宅心仁厚，愿以仁政安抚四海黎民。

鲁王受到感化，遂开门投降，刘邦以鲁国礼仪将项羽人头葬于东平县，今称项王墓。鲁王虽然曾誓死与城共存亡，却最终归顺了刘邦，而打动鲁王心的，并不是刘邦此人，而是仁政二字。由此可见，仁政对一个国家的重要性。

不要受小人的蛊惑

【原典欣赏】

鲁平公①将出，嬖②人臧仓者请曰："他日君出，则必命有司所之；今乘舆已驾矣，有司未知所之，敢请。"

公曰："将见孟子。"

曰："何哉，君所为轻身以先于匹夫者！以为贤乎？礼义由贤者出，而孟子之后丧逾前丧；君无见焉。"

公曰："诺。"

乐正子入见，曰："君奚为不见孟轲也？"

曰："或告寡人曰：'孟子之后丧逾前丧，'是以不往见也。"

曰："何哉？君所谓逾者，前以士，后以大夫，前以三鼎，而后以五鼎与？"

曰："否。谓棺椁衣衾之美也。"

曰："非所谓逾也，贫富不同也。"

乐正子③见孟子，曰："克告于君，君为来见也，嬖人有臧仓者沮君，君是以不果来也。"

曰："行或使之，止或尼之，行止非人所能也。吾之不遇鲁侯，天也。臧氏之子，焉能使子不遇哉！"

【玄义注释】

①鲁平公：名叔，鲁景公的儿子。公元前314—前294年在位。②嬖（bì）：宠爱。③乐正子：名克，孟子的学生，当时正在鲁国做官。

【白话翻译】

鲁平公准备外出，他的宠臣臧仓请示说："往日君王外出，都会让官员们知道。今天车马都已经备好，官员们还不知道要去哪里，我斗胆请示一下。"

孟子全编

鲁平公说："要去见孟子。"

臧仓说："这是为什么呀？您为何降低身份去见一个读书人呢？是因为他贤能吗？贤能的人行为合乎礼仪，而孟子后来为母亲操办的丧事超过先前为父亲操办的丧事。所以大王还是不要见他的好。"

鲁平公说："好吧。"

乐正子入宫见鲁平公，说："大王为什么不去见孟轲呢？"

鲁平公说："有人告诉寡人说：'孟子后来为母亲操办的丧事超过先前为父亲操办的丧事。'所以我不去见他。"

乐正子说："这是为什么呀？君王所谓的超过，是前面用上的礼来办父亲的丧事，而后面以大夫的礼来办母亲的丧事呢？还是前面用三鼎礼办父丧，后面用五鼎礼办母丧？"

鲁平公说："不是，我所说的是指棺椁和寿衣的精美不同。"

乐正子说："这不叫超过，这是前后家境贫富情况不同而已。"

后来乐正子见到孟子时说："我告诉了君王，君王本来要来见你的，但有一个他宠爱的近臣臧仓阻止了他，鲁君因此没有来。"

孟子说："一个的行动，或许有人促进它；停止了，或许有人制止它。行动和停止，不是一个人所能左右的。我之所以没有见到鲁君，是上苍的旨意！臧仓那小子怎么能使我们不能相见呢？"

【义理评析】

鲁平公听了臧仓的话而不去见孟子，这说明鲁平公是一个容易听信谗言的人。自古以来，小人和谗言往往是分不开的，谗言由小人口中产生，自小人口中传播，几句不起眼的话往往就能引起轩然大波。因此，小人是很多历史悲剧的罪魁祸首，而那些听信小人蛊惑的君主们，也多半没有什么好下场。

【跟进解读】

听小人之言必然没有好下场

春秋时期，楚平王派太子少傅费无忌到秦国迎接秦女孟嬴来和太子结婚。费无忌发现那个孟嬴美貌非凡，为了讨好平王，他便劝平王把秦国女子留下，为太子另娶一个。楚平王被巧舌如簧的费无忌说动了心，转眼间，这位本该成为太子妃的秦国姑娘，便成了公爹楚平王的妃子，费无忌也成了楚平王的心腹。

太子建就不喜欢费无忌，自从发生此事后就更远离了费无忌。费无忌担心太子有朝一日继了位，自己的人头可能不保，便开始在平王面前诋毁太子："因为秦女之事，太子对您心生怨恨，现在又被您派往边防驻守，更对您恨之入骨。他一面广泛结交诸侯，一面加紧练兵，时刻准备篡权夺位呢。"

于是，平王将武奢召来询问。武奢是楚庄王的大臣武举的后代，以直言敢谏著名。武奢知道费无忌是个祸害，他劝平王："大王不要听信小人的挑拨，怀疑自己的亲骨肉啊！愿大王亲贤臣，远小人，发扬光大先王的事业，振兴楚国，重回霸主地位。"于是，平王这次没有为难太子建。

费无忌见平王没有什么动静，又蛊惑他说："太子见武奢被大王召回宫中，已经准备派兵进京了，大王如果还不制止，恐怕您的王位难保了！"平王的位子本来就来得不光彩，他最怕的就是被赶下台，听了费无忌添油加醋的一番话，他立即下令：囚禁武奢，杀死太子。

费无忌又给平王出主意：用武奢作人质，引诱他的两个儿子武尚、武员回来再一起杀掉，以达到斩草除根的效果。结果，武奢和武尚遭到五马分尸，武员（也就是伍子胥）艰难逃到吴国，发誓一定要灭掉楚国，以雪家耻。

十几年后，伍子胥最终帮助吴王夫差打破郢都，挖开平王坟墓，鞭尸三日，楚国也被吴国占领三年之久。

因"亲小人，远贤臣"而败亡的历史教训太多了，无论在什么时代，小人都是制造混乱的罪魁祸首。孔子说过："利口覆邦家"，可见谗言的可怕，想成就大事就必须远离一切谗言，只有不断修身养性，增加阅历，才能看破谗言，明辨是非。

孟子全编

卷三 公孙丑（上）

本卷着重阐述了『四端说』和『浩然正气说』。

孟子认为，仁政的基础在于『仁心』。为政者所以应该施行仁政，就在于『人皆有不忍人之心』，『先王有不忍人之心，斯有不忍人之政矣』。孟子还进一步地论证了『不忍人之心』的产生和形成，他认为『不忍人之心』是自然产生的，不是为了某种目的故意做作出来的。

本卷从内容上可以大致分为两组。其中一组论述论仁政的问题。这部分对于当时各诸侯国的暴政有所揭露，并认为这样的形势正是推行仁政的大好时机；与此相反的『霸道』，则是靠武力征服，那是不能使人心悦诚服的。至于仁政的具体措施，具体提出了五项政策，大意是尊贤使能、减免赋税、实行井田制。

另一组则论及个人修养以及人性方面的问题，集中概括了孟子在人性问题上的主张。

解民倒悬则会赢取民心

【原典欣赏】

公孙丑问曰："夫子当路于齐，管仲、晏子之功，可复许乎？"

孟子曰："子诚齐人也，知管仲、晏子而已矣！或问乎曾西[①]曰：'吾子与子路孰贤？'曾西蹴然曰：'吾先子之所畏也。'曰：'然则吾子与管仲孰贤？'曾西艴然不悦，曰：'尔何曾比予于管仲！管仲得君如彼其专也，行乎国政如彼其久也，功烈如彼其卑也；尔何曾比予于是？'"

曰："管仲，曾西之所不为也，而子为我愿之乎？"

曰："管仲以其君霸，晏子以其君显；管仲、晏子犹不足为与？"

曰："以齐王由反手也。"

曰："若是，则弟子之惑滋甚！且以文王之德，百年而后崩，犹未洽于天下。武王、周公继之，然后大行。今言王若易然，则文王不足法与？"

曰："文王何可当也！由汤至于武丁，贤圣之君六七作，天下归殷久矣，久则难变也。武丁朝诸侯，有天下，犹运之掌也。纣之去武丁，未久也，其故家遗俗，流风善政，犹有存者；又有微子、微仲、王子比干、箕子、胶鬲，皆贤人也，相与辅相之，故久而后失之也。尺地莫非其有也，一民莫非其臣也。然而文王犹方百里起，是以难也。"

"齐人有言曰：'虽有智慧，不如乘势；虽有镃基，不如待时。'今时则易然也。夏后、殷、周之盛，地未有过千里者也，而齐有其地矣；鸡鸣狗吠相闻，而达乎四境，而齐有其民矣。地不改辟矣，民不改聚矣，行仁政而王，莫之能御也！且王者之不作，未有疏于此时者也；民之憔悴于虐政，未有甚于此时者也。饥者易为食，渴者易为饮。孔子曰：'德之流行，速于置邮[①]而传命。'当今之时，万乘之国行仁政，民之悦之，犹解倒悬也。故事半古之人，功必倍之，惟此时为然。"

孟子全编

【玄义注释】

①曾西：名曾申，字子西，鲁国人，孔子学生曾参的儿子。②置邮：驿站。

【白话翻译】

公孙丑问道："先生如果在齐国当权，管仲、晏子的功业可以再度兴起来吗？"

孟子说："你真是个齐国人啊，只知道管仲、晏子罢了。有人问曾西说：'您和子路相比，哪个更有才能呢？'曾西不安地说：'子路是我的先人所敬畏的人。'那人又问：'那么您和管仲相比，哪个更有才能呢？'曾西马上不高兴起来，说：'你为什么竟拿我同管仲相比？管仲得到齐桓公的信任是那样专一，执掌国政是那样长久，而功业却是那样卑微。你为什么竟拿我同这个人相比？'"孟子接着说："管仲是曾西都不愿跟他相比的人，你以为我愿意跟他相比吗？"

公孙丑说："管仲辅佐桓公称霸天下，晏子使他的君主扬名诸侯，管仲、晏子还不值得效仿吗？"

孟子说："凭齐国的实力称王天下，真是易如反掌。"

公孙丑说："您这样一说，弟子我就更加疑惑不解了。凭文王的德行，寿近百岁才去世，尚且没能使仁政遍及天下；武王、周公继承他的事业，这才使仁政遍及到天下。现在您说起称王天下，似乎很容易的样子，那么连周文王都不值得学习了吗？"

孟子说："我们怎么可以比得上周文王呢？从商汤到武丁，贤圣的君主出了六七个，天下归顺殷朝很久了，久了就难改变了。武丁使诸侯来朝拜，统治天下，就像将它放在手掌中转动一样容易。商纣距武丁的时代不算长，武丁时代勋旧世家遗留的习俗，及当时流行的良好风气和仁惠的政教措施，仍然有影响；又有微子、微仲、王子比干、箕子、胶鬲，这些贤德的人一起辅佐他，所以过了很长的时间才失掉天下。当时没有一尺土地不属于纣王所有，没有一个百姓不属于纣王统治，在那种情况下，文王还只能从方圆百里的小地方兴起，所以是非常困难的。"

"齐国人有句话说：'虽然有智慧，不如趁形势；虽然有锄头，不如等农时。'现在要称王天下却是很容易的。夏、殷、周三朝兴盛时，土地没有超过纵横一千里的，而现在齐国有如此辽阔的土地；而且人烟稠密，鸡鸣狗叫之声，一直传到四周的国境，处处相闻，齐国已经有那么多的百姓了。国土不需要新开辟，老百姓不需要新团聚，如果施行仁政来统一天下，没有谁能够阻挡。况且，仁德的君王不出现，没有比现在隔得更长的了；百姓受暴政折磨的痛苦，没有比现在更厉害的了。饥饿的人什么都吃不挑拣，干渴的人什么都喝不挑拣。孔子说：'德政的流行，比驿站传递政令还要快。'当今这个时候，拥有万辆兵车的大国施行仁政，百姓对此感到喜悦，就像在倒悬着时被解救下来一样。所以，做古人一半的事，就可以成就古人双倍的功绩。只有这个时候才做得到吧。"

【义理评析】

在本节中，孟子通过与公孙丑的对话，借着管仲、晏子等人的事例，指出齐国当时施行仁政的可行性。齐国经过数百年的诸侯混战，老百姓都渴望有一能行王道爱民的君主出现，以能一统天下，给人民一个安居乐业的生存环境。孟子分析说，此时行仁政，则易如反掌也。若是统治者能痛改前非，行仁政而爱民，老百姓的高兴，就好像被倒吊着的人得到解脱一样。由此而可以看出，孟子的中心思想仍是寻求最佳行为方式而"爱民"，因为只有统治者爱民，人民也才能爱戴统治者。

【跟进解读】

顺应社会发展是智者的选择

孟子对包括齐桓公在内的春秋五霸是颇有微词的，并且对齐国两位有着贤相之称的管子和晏子也有所批评，认为他们应当引导齐王效圣人之风，实行仁政，而不应当一心谋求称霸。

　　周文王施行仁政百年而没有王天下，并不是仁政不能王天下，而是机遇、环境条件等诸多因素的原因，十三年后，武王一举克殷，并不能说武王强过文王，而是武王在文王施行仁政的基础上，才能一举而王天下。

　　孟子认为，管仲、晏子等人应当向周文王学习，学习他的圣人之风。在孟子看来，周文王仅凭方百里的土地，且在殷纣王初期，似乎难以有很大作为的时候，仍然促成了通过实行仁政，而使周国日益强大的形势，为日后武王伐纣奠定了基础。因此，孟子认为文王是真正的圣人，文王的政治是真正的仁政，而春秋五霸以及管子、晏子都无法与文王相提并论。孟子认为，只有真正实行仁政，才能顺应社会的发展，使天下归心，从而使九州之内都归于仁，以达到国强民富。

浩然正气是大丈夫的气度

【原典欣赏】

　　公孙丑问曰："夫子加齐之卿相，得行道焉，虽由此霸王不异矣。如此，则动心否乎？"

　　孟子曰："否。我四十不动心。"

　　曰："若是，则夫子过孟贲①远矣？"

　　曰："是不难，告子②先我不动心。"

　　曰："不动心有道乎？"

　　曰："有。北宫黝③之养勇也：不肤挠，不目逃；思以一毫挫于人，若挞之于市朝；不受于褐宽博，亦不受于万乘之君；视刺万乘之君，若刺褐夫；无严诸侯，恶声至，必反之。孟施舍④之所养勇也，曰：'视不胜犹胜也；量敌而后进，虑胜而后会，是畏三军者也。舍岂能为必胜哉，能无惧而已矣！'孟施舍似曾子，北宫黝似子夏⑤；夫二子之勇，未知其孰贤；然而孟施舍守约也。昔者曾子谓子襄曰：'子好勇乎？吾尝闻大勇于夫子矣：自反而不缩，虽褐宽博，吾不惴焉。自反而缩，虽千万人吾往矣。'孟施舍之守气，又不如曾子之守约也。"

曰："敢问夫子之动心，与告子之不动心，可得闻与？"

"告子曰：'不得于言，勿求于心；不得于心，勿求于气。'不得于心，勿求于气，可；不得于言，勿求于心，不可。夫志、气之帅也；气，体之充也。夫志至焉，气次焉。故曰：'持其志，无暴其气。'"

既曰："志至焉，气次焉"。又曰："持其志，无暴其气"者，何也？

曰："志壹则动气，气壹则动志也。今有蹶者趋者，是气也，而反动其心。"

"敢问夫子恶乎长？"

曰："我知言，我善养吾浩然之气。"

"敢问何谓浩然之气？"

曰："难言也。其为气也，至大至刚，以直养而无害，则塞于天地之间。其为气也，配义与道；无是，馁也。是集义所生者，非义袭而取之也。行有不慊于心，则馁矣。我故曰，告子未尝知义，以其外之也。必有事焉，而勿正，心勿忘，勿助长也。无若宋人然：宋人有闵其苗之不长而揠之者，芒芒然归，谓其人曰：'今日病矣！予助苗长矣！'其子趋而往视之，苗则槁矣。天下之不助苗长者寡矣。以为无益而舍之者，不耘苗者也；助之长者，揠苗者也。非徒无益，而又害之。"

【玄义注释】

①孟贲：卫国人，古代著名勇士。②告子：战国时人，生平事迹不详。③北宫黝：姓北宫，名黝，齐国人，事迹不详。④孟施舍：姓孟，名施舍；一说姓孟施，名舍。事迹不详。⑤子夏：姓卜名商，字子夏，孔子的学生。

【白话翻译】

公孙丑问道："先生如果做了齐国的卿相，得以推行自己的主张，即使成就了霸王的事业，也是不奇怪的。如果这样，您会动心吗？"

孟子答道："不会。我四十岁以后就不会动心了。"

公孙丑说："若是这样，先生比孟贲要强多了。"

孟子说："做到这个并不难，告子做到不动心比我还要早。"

公孙丑问："做到不动心有什么方法吗？"

孟子说："有，北宫黝培养勇气的方法是，肌肤被刺破而不屈服，看见可怕的不逃避，即使有一根毫毛被别人伤害，也觉得犹如在广庭大众下遭到鞭打一样，他不受制于贫贱的人，也不受制于大国的君主；把刺杀大国君主看作如同刺杀普通平民一样；他不尊敬诸侯，受到辱骂必然要回骂。孟施舍这样培养勇气，他说：'把不能取胜看作能够取胜；估量了势力相当才前进，考虑到能够取胜再交战，这是畏惧强大的敌人。我哪能做到必胜呢？能无所畏惧罢了。'孟施舍像曾子，北宫黝像子夏。这两人的勇气，不知道谁强些，但孟施舍是把握住了要领。从前，曾子对子襄说：'你喜欢勇敢吗？我曾经在孔子那里听到过关于大勇的道理：反省自己觉得理亏，那么即使对普通百姓，我也不去恐吓；反省自己觉得理直，纵然面对千万人，我也勇往直前。'孟施舍的保持勇气，又不如曾子能把握住要领。"

公孙丑说："请问先生的不动心与告子的不动心，可以说来听听吗？"

孟子说："告子曾说：'言论上有所不通，心里不必去寻求道理；心里有所不安，不必求助于意气。'心里有所不安，不必求助意气，这是可以的；言论上有所不通，心里不寻求道理，这不可以。心志是意气的主帅，意气是充满体内的。心志关注到哪里，意气就停留到哪里。所以说：'要把握住心志，不要妄动意气。'"

公孙丑又问："既然说：'那意志是周密而周到的，意气比起来就稍差一点。'又说：'保持自己的意志，不要糟蹋自己的意气。'这是为什么呢？"

孟子说："意志专一则会使意气转移，意气专一又会使意志摇摆，现在看那些倒行逆施、趋炎附势的人，正是因为意气用事，反而牵动他们的心。"

公孙丑问："请问，老师擅长哪方面？"

孟子说："我善于分析别人的言辞，也善于培养我的浩然之气。"

公孙丑说："请问什么叫浩然之气？"

孟子说："这很难说透，这种气，最伟大、最刚强，用正直去培养它而不损害它，那就会充满于天地之间。这种气，要配上最佳行为方式和正常的道路，如果不是，就会泄气。它是不断积累义而产生的，不是偶然地有过正义的举动就取得的。如果行为有愧于心，气就萎缩了。因此我说，告子不曾懂得义，因为他把义看作是外在的东西。浩然之气一定要培养，不能停止下来；心里不能忘记它，也不妄自助长它。不要像宋国人那样：宋国有个担心他的禾苗不长而去拔高它的人，昏昏沉沉地回到家中，对家里人说：'今天累极了，我帮助禾苗长高啦！'他的儿子赶忙跑到田里去看，禾苗已经枯死了。天下不助苗生长的人实在很少啊。以为培养浩然之气没有用处而放弃的人，就像是不给禾苗锄草的懒汉；妄自帮助它生长的，就像拔苗助长的人，非但没有好处，反而会危害它。"

【义理评析】

孟子所说的"浩然之气"是一种在意志主导下的豪气，需要有强烈的正义感来支撑，这和孔子所说的"君子坦荡荡，小人长戚戚"意思差不多。君子永远是心胸宽广坦荡的，因为他不是为了自己着想，不会祈求什么，所以才能做到心胸坦荡地面对这一切。反映在行动上，拥有浩然之气的人的行动向来是从容不迫的，而行动上急速紧迫的人则不具备这种气质。

【跟进解读】

浩然正气会祛除邪气

孟子所阐释的浩然之气，对培养中华民族的民族气节产生了积极而深远的影响。

唐代宗时，郭子仪的儿子郭晞率兵协助邠州节度使白孝德，以防外蕃入侵。但是郭旗下的兵士大都纪律松弛，大白天就成群结队在街上为非作歹，抢掠街上的商铺。

邠州节度使白孝德是郭子仪的老部下，不愿去管郭家的人。泾州刺史段秀实听到后，自愿前来担任都虞侯，管理地方治安。

不久，郭晞军中的兵士在街上酒店里酗酒闹事，刺伤主人。段秀实不徇情面，立即把十七名酗酒闹事的人统统就地正法。消息传到郭晞军营，兵士们都穿戴好盔甲，准备去找段秀实算账。

段秀实解下佩刀，选了一个跛脚的老兵替他拉着马，一个人来到了郭晞军营中。郭晞的卫士们杀气腾腾地拦住段秀实，但看到段秀实一身浩然正气，谁也不敢轻举妄动，于是报告郭晞，郭晞连忙请段秀实进来。

段秀实见了郭晞，说："郭令公立了那么大的功劳，大伙都敬仰他。现在您却纵容兵士横行不法。这样不大乱才怪呢！如果国家再发生大乱，你们郭家的功名也就完了。"

郭晞猛然惊醒，回过头对左右兵士说："快去传我的命令，全军兵士一律卸下盔甲，回自己营里休息，再敢胡闹的一律军法处置。"

孟子全编

第二天，郭晞就亲自到白孝德那里请罪，表示要改过自新，从此邠州再也没有出现过士兵为非作歹的事。

通过这个故事我们看到，一个人的行为方式，虽然是在外表上表现出来，但却是他内心情感的流露，只有心中存有浩然正气，行动时才会魄力非凡，起到震慑恶势力的作用。所以，做人要保持浩然正气，要有不失节、不折腰的骨气，端正心态，培养正义感。

以德服人方能教化天下

【原典欣赏】

孟子曰："以力假仁者霸，霸必有大国。以德行仁者王，王不待大——汤以七十里，文王以百里。以力服人者，非心服也，力不赡也；以德服人者，中心悦而诚服也，如七十子之服孔子也。《诗》云：'自西自东，自南自北，无思不服。'此之谓也。"

【白话翻译】

孟子说："倚仗实力假装爱民的人是霸道，行霸道就可以建立大的国家。依靠治理规律而爱民的人是王道，行王道不一定要大国；商汤凭借七十里国土，周文王凭借百里国土就使人心归服。靠武力使人服从，不是真心服从，只是力量不够反抗罢了；靠道德使人服从，是心里高兴，真心服从，就像七十位弟子敬服孔子那样。《诗经》上说：'从西从东，从南从北，无不心悦诚服。'就是说的这种情况。"

【义理评析】

孟子主张以德服人，反对以武力压人。以暴力压服人者，人家并非心服，只是实力不足，难以反抗罢了。以仁德服人者，人家才会心悦诚服的。这与孔子在《论语·子路》和《论语·季氏》中的有关论述一样，都是讲的以德服人而不是以力服人，孔孟学说一脉相承，采用的都是攻心为上，以柔克刚的政治方针。

让人心服口服才算服人

三国时期，蜀国的丞相诸葛亮在收服孟获上就很好地运用了孟子以德服人的思想。

公元 225 年，蜀汉丞相诸葛亮为了巩固后方，率领军队南征。正当大功告成准备撤兵的时候，南方彝族的首领孟获，纠集了被打败的散兵来袭击蜀军。

诸葛亮得知，孟获不但作战勇敢，意志坚强，而且待人忠厚，在彝族中极得人心，就是汉族中也有不少人钦佩他，因此决定把他争取过来。

孟获虽然勇敢，但不善于用兵。第一次上阵，见蜀兵败退下去，就以为蜀兵不敌自己，不顾一切地追上去，结果闯进埋伏圈被擒。

孟获认定自己要被诸葛亮处死，不料诸葛亮亲自给他松绑，好言劝他归顺。孟获不服这次失败，说什么胜败乃兵家常事。诸葛亮也不勉强，下令放孟获回去。

放走孟获后，诸葛亮找来他的副将，故意说孟获将此次叛乱的罪名都推到了他的头上。副将听了十分生气，大声喊冤，于是诸葛亮将他也放了回去。副将回营后，心里一直愤愤不平。一天，他将孟获请入自己帐内，将孟获捆绑后送至了汉营。诸葛亮用计二次擒获了孟获，孟获却还是不服，诸葛亮便又放了他。

这次，汉营大将们都有些想不通。诸葛亮却自有道理：只有以德服人才能真的让人心服，以力服人将必有后患。如此一共捉放了七次。

等孟获第七次被擒，诸葛亮又要放他时，孟获流着眼泪说："作战中七纵七擒，自古以来没有听说过，丞相对我们仁至义尽，我没有脸再回去了。"就这样，孟获等终于顺服蜀汉。孟获回去以后，还说服各部落全部投降，南中地区就重新归蜀汉控制。

武力使人屈服，作用只是暂时的，一旦人家缓过劲来，又会兵戎相见的。所以，孟子提出以德服人的主张，这才是实现国家长治久安的良策。

自作孽，不可活

【原典欣赏】

孟子曰："仁则荣，不仁则辱；今恶辱而居不仁，是犹恶湿而居下也。如恶之，莫如贵德而尊士，贤者在位，能者在职；国家闲暇，及是时，明其政刑。虽大国，必畏之矣。《诗》云：'迨天之未阴雨，彻彼桑土，绸缪牖户。今此下民，或敢侮予？'孔子曰：'为此诗者，其知道乎！能治其国家，谁敢侮之，'今国家闲暇，及是时，般乐怠敖，是自求祸也。祸福无不自己求之者。《诗》云：'永言配命民自求多福。'《太甲》曰：'天作孽，犹可违；自作孽，不可活。'此之谓也。"

【白话翻译】

孟子说："爱民则荣耀，不爱民则会被埋没；如今憎恶埋没而又不爱民，就好像是憎恶潮湿又居住在地势低下的地方一样。如果憎恶埋没，不如尊重客观规律而且尊敬读书人，使贤能者在位，能干的人在职。国家太平无事，趁这时候修明政教刑法，这样即使大国也必然会怕它。《诗经》上说：'赶上天气没阴雨，取来桑皮拌上泥，窗洞门户细修葺。从今下边的人，有谁再敢把我欺？'孔子说：'做这篇诗的人，真懂得道啊！能治理好他的国家，谁还敢欺侮他？'如果国家太平无事，趁这时候寻欢作乐，怠惰傲慢，这是自找灾祸啊。祸与福，没有不是自己找来的。《诗经》上说：'永远配合天命，自己求来众多的幸福。'《太甲》说：'天降灾祸，还可以躲避；自己做坏事，就逃脱不了灭亡。'说的就是这个意思。"

【义理评析】

孟子认为，无论是福是祸，都是人们自己求得的，"般乐怠傲"就是自求祸事。天降灾祸而给人带来痛苦，那是大自然运行规律所造成的，人们拿天没有办法；但为了满足一己私欲而带给别人痛苦，就逃脱不了灭亡的结果了，因为人拿人总会是有办法的。

【跟进解读】

自毁长城招大祸

南北朝时期，宋国有位大将名叫檀道济，他曾跟随宋武帝刘裕北伐，屡建战功，官至征南大将军。

宋文帝刘义隆即位后，因为檀道济名声太高，左右部将又都骁勇善战，他的几个儿子也都掌管兵权，所以皇帝很不放心，加上朝中一些大臣的挑拨，宋文帝遂起除掉檀道济的心思。

公元436年（元嘉十三年），刘义隆生重病，彭城王刘义康执政，担心檀道济会在刘义隆死后谋反，矫诏召檀道济入朝。

临行前，其妻劝檀道济说："震世功名，必遭人忌，古来如此。朝廷今无事相招，恐有大祸！"檀道济不听劝告，说："我率师抵御外寇，镇守边境，从没有辜负国家，国家又怎么会辜负我心呢？"

结果，檀道济一到建康，就被逮捕了，罪名是图谋造反，接着他的儿子和部将也全部被杀戮。临刑前檀道济又气又恨，对天长呼："乃坏汝万里长城。"

消息传到北魏，魏军将领弹冠相庆："檀道济一死，南方就再没有可畏惧的人了！"于是便无所畏惧地进攻宋国，直到宋都建康。

此时宋文帝才后悔杀了檀道济等几位名将，意识到军队确实犹如长城般重要。他登城叹曰："假若檀道济在的话，何至于此呀！"

宋文帝猜忌大臣导致国亡的事，正应了"天作孽，尤可违；人作孽，不可活"之说，真可谓是自取灭亡。

爱护百姓才能受到拥护

【原典欣赏】

孟子曰："尊贤使能，俊杰在位，则天下之士皆悦，而愿立于其朝矣；市，廛①而不征，法而不廛，则天下之商皆悦，而愿藏于其市矣；关，讥而不征，则天下之旅皆悦，而愿出于其路矣；耕者，助而不税，则天下之农皆悦，而愿耕于其野矣；廛，无夫里之布，则天下之民皆

孟子全编

悦，而愿为之氓矣。信能行此五者，则邻国之民仰之若父母矣。率其子弟，攻其父母，自有生民以来未有能济者也。如此，则无敌于天下。无敌于天下者，天吏②也。然而不王者，未之有也。"

【玄义注释】

①廛（chán）：古代指一户平民所住的房屋和宅院，泛指城邑居民。②天吏：代表上天管理人民的官员之意。

【白话翻译】

　　孟子说："尊重贤才使用能干的人，英俊豪杰在位，那么天下的士子们都会喜悦，就会愿意在这样的朝廷里供职；在市场上，出租房屋而不征税，有法而不针对房屋，那么天下的商人们都会喜悦，从而愿意将货物屯藏在这样的市场；在关卡上，只检查不征税，那么天下的旅客都会高兴，愿意经过那条道路了；对于种田的人，只要他们助耕公田，不征收私田的赋税，那么天下的农夫都会高兴，愿意在那样的田野里耕种了；人们居住的地方，没有劳役税和额外的地税，那么天下的人都会高兴，愿意来做那里的百姓了。如果能做到这五点，那么邻国的人民，就会像对父母一样敬仰。而率领儿女们，攻打父母亲，自有人类以来，是没有人会这样做的。如果做到这样，就能无敌于天下。无敌于天下的人，是奉了上天使命的人。这样还不能称王的，是从来没有过的事。"

【义理评析】

　　在本节中，孟子从五个方面详细谈了他的"仁政"构想，表明实行"爱民"政策的作用，让士、农、商、旅、居民都享受到"爱"的实惠，体会到统治者的爱心，那么人民就会富裕，国家也才有可能富强。这时如果有人要毁掉这样的政权，破坏老百姓的好日子，老百姓就会团结起来捍卫家园。

【跟进解读】

养民爱民就能变得强大

　　公元前496年，吴王夫差为报父仇而率军攻越，在夫差打败越军后，越军退守会稽山，眼看亡国之局已定。范蠡出策，假装投降，留得青山在，不怕没柴烧。越王勾践遂率披甲持盾的 5000 名士兵守卫向吴求和。同时贿赂吴太宰伯嚭，又给夫差进献美女求和。夫差不听老臣伍子胥的劝告，留下了勾践等人，与越媾和。

勾践与范蠡作为人质留在吴国，卑事夫差。三年后，勾践遇赦归国，他立志报仇，为了不忘屈辱，他把苦胆挂在室内，吃饭之时一定要先尝苦胆。睡觉时候身下垫着木柴，以使自己警惕，不得居安忘危，丧失报仇雪恨的决心。

勾践实行了一系列养民爱民的政策，并亲自与百姓共同耕作，让夫人织布裁衣，食不加肉，衣不饰采，与民同甘共苦，渐渐得到了国民的拥护和爱戴。于是，国之父兄请战说："昔者夫差耻吾君于诸侯之国，今越国亦节矣，请报之！"

随着越国的逐渐强大，勾践终于做好了攻打吴国的准备。一次，夫差去别国赴会，走的时候将国内大部分兵马都带去了，勾践见时机已到，就率领精兵，一举拿下吴国主城，杀了吴国太子，并且大败急急赶回的夫差大军，迫使夫差自杀，实现了自己复国的大业。此后，周元王封勾践为伯，即为诸侯之长，勾践遂称霸于诸侯。

勾践的养民爱民政策正是孟子"仁政"思想的具体体现。让老百姓过上了好日子，就自然会得到他们的拥护，他们也就自愿为你而战，这样的国家当然会称王天下。

孟子全编

人皆有不忍人之心

【原典欣赏】

孟子曰："人皆有不忍人之心。先王有不忍人之心，斯有不忍之政矣。以不忍人之心，行不忍人之政，治天下可运之掌上。所以谓人皆有不忍人之心者，今人乍见孺子将入于井，皆有怵惕恻隐之心。非所以内交于孺子之父母也，非所以要誉于乡党朋友也，非恶其声而然也。由是观之，无恻隐之心，非人也；无羞恶之心，非人也；无辞让之心，非人也；无是非之心，非人也。恻隐之心，仁之端也；羞恶之心，义之端也；辞让之心，礼之端也；是非之心，智之端也。人之有是四端也，犹其有四体也。有是四端而自谓不能者，自贼者也；谓其君不能者，贼其君者也。凡刚端于我者，知皆扩而充之矣，若火之始然，泉之始达。苟能充之，足以保四海；苟不充之，不足以事父母。"

【白话翻译】

孟子说："每个人都有怜悯体恤别人的心情。先王由于怜悯体恤别人的心情，所以才有怜悯体恤百姓的政治。用怜悯体恤别人的心情，施行怜悯体恤百姓的政治，治理天下就可以像在手掌心里面运转东西一样容易了。之所以说人都有不忍伤害别人的心，根据在于，假如现在有人忽然看到一个孩子要掉到井里去了，都会有惊恐同情的心情——不是想借此同孩子的父母攀交情，不是要在乡邻朋友中博取名声，也不是讨厌那孩子惊恐的哭叫声才这么做的。由此看来，没有同情心的，不是人；没有羞耻心的，不是人；没有谦让心的，不是人；没有是非心的，不是人。同情心是仁的开端，羞耻心是义的开端，谦让心是礼的开端，是非心是智的开端。人有这四种开端，就像他有四肢一样。有这四种开端却说自己不行，这是自己害自己；说他的君主不行，这是害他的君主。凡自身保有这四种开端的，就懂得扩大充实它们，它们就会像火刚刚燃起、泉水刚刚涌出一样，不可遏止。如果能够扩充它们，便足以安定天下，如果不能够扩充它们，就连赡养父母都成问题。"

【义理评析】

孟子认为，每个人都有不忍伤害别人的仁爱之心，正因为有不忍伤害别人之心，才有不忍伤害别人的爱民政治。人们的同情恻隐之心、憎恶羞耻之心、谦让之心、是非辨别之心是与生俱来的一种天性，是人与动物的根本区别，是人性与兽性的根本区别。人若是失去了人性，也就等同于动物了。

【跟进解读】

对老百姓要有不忍之心

曹彬是北宋开国名将，他对人仁爱而多宽恕，从不草菅人命。在任徐州知府的时候，有个官吏犯了罪，曹彬通过审理，判决一年后对罪犯执行杖刑。大家对他缓刑的做法不理解，曹彬说："我听说这人刚娶了媳妇，如果立即对其执行杖刑，此女的公婆就必然认为这个媳妇不吉利，从而厌恶她，一天到晚打骂折磨她，使她无法生存下去，这就是我不忍立即对他执行杖刑的缘故啊。"众人这才恍然大悟。

曹彬率领宋军围攻南京半年多，连秦淮河、白露洲、西门水寨都占领了。到最后，只要一仗就可以轻易攻进金陵（南京）了。然而，他却在这紧要关头突然生病了，大家都着急，于是前去探病。曹彬说："我得的是心病。"大家听了纷纷主张找医生，还要找名医。曹彬说："不必找医生，我的病医生治不好，只有你们各位能医好。"大家问什么办法。曹彬说："只有一个办法，就是打进南京的时候，不许随便杀一个人，也不许任何人奸淫掳掠，做不做得到？"这一班将领们说："你下命令就好了，何必如此呢？"曹彬说："不行，要先发誓。"于是大家都焚香起誓，发过誓后，曹彬才下令攻城。

曹彬不忍金陵城的老百姓受到伤害，心中非常担忧，这就是他心病的来源，也正是他的这场"病"，才使金陵城得以保全，也使宋军获得了金陵百姓的拥戴。

我们每个人都应该拥有一颗仁爱之心，从大的方面讲，心怀仁爱、体恤百姓是当权者的首要行政准则；而就我们个人来说，能够体谅他人也是做事做人必须要具备的品质。

遇事多从自身找原因

【原典欣赏】

孟子曰："矢人岂不仁于函人哉？矢人唯恐不伤人，函人唯恐伤人。巫匠亦然。故术不可不慎也。孔子曰：'里仁为美，择不处仁，焉得智？'夫仁，天之尊爵也，人之安宅也。莫之御而不仁，是不智也。不仁、不智，无礼、无义，人役也。人役而耻为役，由弓人而耻为弓，矢人而耻为矢也。如耻之，莫如为仁。仁者如射：射者正己而后发；发而不中，不怨胜己者，反求诸己而已矣。"

孟子曰："子路，人告之以有过，则喜。禹闻善言，则拜。大舜有大焉，善与人同，舍己从人，乐取于人以为善。自耕稼、陶、渔以至为帝，无非取于人者。取诸人以为善，是与人为善者也故君于莫大乎与人为善。"

孟子曰："伯夷，非其君，不事；非其友，不友。不立于恶人之朝，不与恶人言；立于恶人之朝，与恶人言，如以朝衣朝冠，坐于涂炭。推恶恶之心，思与乡人立，其冠不正，望望然去之，若将焉。是故，诸侯虽有善其辞命而至者，不受也；不受也者，是亦不屑就已。柳下惠不羞污君，不卑小官；进不隐贤，必以其道，遗佚而不怨，厄穷而不悯。故曰：'尔为尔，我为我；虽袒裼裸裎于我侧，尔焉能浼我哉！'故由由然与之偕而不自失焉。援而止之而止；援而止之而止者，是亦不屑去已。"

孟子曰："伯夷隘，柳下惠不恭，隘与不恭，君子不由也。"

【白话翻译】

孟子说："造箭的人难道不如造铠甲的人仁慈吗？造箭的人唯恐自己造的箭不能够伤害人，造铠甲的人却唯恐箭伤害了人。医生和棺材匠之间也是这样。所以谋生的职业不能不慎重选择啊。孔子说：'住在有仁德的地方才好。经过选择却不住在有仁德的地方，哪能算聪明？'仁，是天赋予人的最尊贵的爵位，是人最安定的住所。没有谁阻挡他行仁，他却不仁，这是不明智。不仁、不智，无礼、无义，只配当别人的仆役。当了仆役而觉得当仆役羞耻，就像造弓的觉得造弓可耻，造箭的觉得造箭可耻一样。果真觉得可耻，不如就行仁。行仁的人就如比赛射箭：射箭手先要端正自己的姿势，然后放箭；射不中，不怨恨赢了自己的人，只有反过来在自己身上找原因罢了。"

孟子说："子路，别人指出他的过错，他就很高兴。禹，听到善言，就拜谢。伟大的舜又超过了他们，好品德愿和别人共有，抛弃缺点，学人长处，乐于吸取别人的优点来培养自己的品德。舜从当农夫、陶工、渔夫，直到成为天子，没有哪一点长处不是从别人那里学来的。吸取众人的长处来修炼自己的品德，这又有助于别人培养品德。君子。最重要的就是要与别人一起来行善。

孟子说："伯夷这个人，不是他所理想的君主不侍奉，不够格的朋友不交往，不在凶恶的人的朝廷里做官，不与凶恶的人谈话；如果在恶人的朝廷里做官，和恶人交谈，就好像穿着礼服戴着礼帽坐在污泥和炭灰等污浊的地方上一样。把这种厌恶恶人的心情推广开去，他就会想，如果同一个乡下人站在一起，那人帽子戴得不正，就该生气地离开他，就像会被他玷污似的。

因此，诸侯即使用动听的言辞来请他，他也不接受。不接受，就是不屑于接近他们。柳下惠不认为侍奉坏君主是羞耻的事，也不因为官职小而瞧不上；到朝廷做官，不掩藏自己的贤能，必定按自己的原则行事；被国君遗弃而不怨恨，处境穷困而不忧伤。所以他说：'你是你，我是我，即使你赤身裸体地在我身旁，你又哪能玷污我呢？'所以他能高高兴兴地同这样的人处在一起而不失去自己的风度，拉他留下，他就留下。拉他留下他就留下，这也就是不屑于离开罢了。"

孟子又说："伯夷这个人狭隘，柳下惠有失庄严。狭隘和有失庄严，都是君子不该遵从和仿效的。"

【义理评析】

孟子认为，实行"仁"好比射箭，射箭的人先端正自己的姿势然后才发射。如果发射而没有射中，不要去埋怨胜过自己的人，只要反过来找自己的问题就行了。而如果别人指出了自己的错误，那更是应该高兴，并对其表示感谢，这样才能改正自己的缺点。

【跟进解读】

多从自身找原因往往能成功

相传四千多年前，正是历史上的夏朝，当时的君王就是赫赫有名的大禹。

有一次，诸侯有扈氏起兵入侵，夏禹派伯启前去迎击，结果伯启战败。部下们很不甘心，一致要求再打一仗。

伯启说："不必再战了，我的兵马、地盘都不小，结果反倒还吃了败战，可见这是我的德行比他差，教育部下的方法不如他的缘故。所以我得先检讨我自己，努力改正自己的毛病才行。"

从此，伯启发愤图强，每天天刚亮就起来工作，生活俭朴，爱民如子，尊重有品德的人。这样经过了一年，有扈氏不但不敢来侵犯，反而心甘情愿地降服归顺了。

从这个故事中我们学到，人应该善于反省自我，从自身的不足中找到通向胜利的正确方法，这样才能达到当初的既定目标。

卷四 公孙丑（下）

本卷主要记述了孟子在齐国的言论和活动，反映了孟子的思想品德和政治主张。

在前半部分，他论述了对战争胜负起决定作用的因素不是天时、地利，而是人和。并提炼出一个主题：『得道多助，失道寡助』，表现出孟子民本思想的一个侧面。

在后半部分，记述孟子在进退去就方面的言行，以及待人接物的事迹。孟子到齐国活动，不仅是为了宣传自己的学说和主张，同时也是极力想找一个能够重用自己、施展自己抱负的地方。但齐国的统治者不能礼贤下士，对老百姓横征暴敛，且不断地发动战争，施行兼并和征伐。这和孟子的学说、主张背道而驰，于是孟子终于离开了齐国。

得道者多助，失道者寡助

【原典欣赏】

　　孟子曰："天时不如地利，地利不如人和。三里之城，七里之郭^①，环而攻之而不胜。夫环而攻之，必有得天时者矣，然而不胜者，是天时不如地利也。城非不高也，池非不深也，兵革非不坚利也，米粟非不多也，委而去之，是地利不如人和也。故曰：域民不以封疆之界，固国不以山溪之险，威天下不以兵革之利。得道者多助，失道者寡助。寡助之至，亲戚畔^②之；多助之至，天下顺之。以天下之所顺，攻亲戚之所畔，故君子有不战，战必胜矣。"

【玄义注释】

　　①三里之城，七里之郭：内城叫"城"，外城叫"郭"。内外城比例一般是三里之城，七里之郭。②畔（pàn）：通"叛"，叛变。

【白话翻译】

　　孟子说："有利的时机和气候不如有利的地势，有利的地势不如人的齐心协力。三里的内城，七里的外城，包围起来攻打它，却不能取胜。包围起来攻打它，必定有得天时的战机，然而却不能取胜，这是有利的天时不如有利的地势。城墙不是不高，护城河不是不深，兵器铠甲不是不坚利，粮食不是不多，（可是敌人一来却）弃城逃离，这便是有利的地势不如人心的团结。所以说，控制人民不迁逃，不靠国家的疆界，巩固国家不靠山川的险阻，威服天下不靠兵器铠甲的坚利。得到仁义的人，帮助他的就多；失掉仁义的人，帮助他的就少。帮助他的人少到极点，连家里人都背叛他；帮助他的人多到极点，天下的人都归顺他。以全天下人都顺从的力量去攻打连亲戚都会叛离的人，必然是不战则已，战无不胜的了。"

孟子全编

【义理评析】

在本节中，孟子主要是从军事方面来分析论述天时、地利、人和之间关系的，而且观点鲜明地指出："天时不如地利，地利不如人和。"三者之中"人和"是最重要的，"地利"次之，"天时"又次之。正是从强调"人和"的重要性出发，他得出了"得道者多助，失道者寡助"的结论，这就把问题从军事引向了政治，实际上又回到"仁政"话题。

【跟进解读】

人和是天地人三者关系中最重要的

春秋初年，郑武公去世后，太子寤生即位，就是郑庄公。但他的地位却受到生母和胞弟的威胁。郑庄公的母亲武姜偏爱郑庄公的胞弟共叔段，要求郑庄公把制邑封给共叔段。制邑是军事要塞，郑庄公没有同意，武姜又替共叔段要求易守难攻的京城，郑庄公答应了。

共叔段一到京城，就加高加宽城墙。郑国大臣们对此议论纷纷，对郑庄公说："各种等级都邑城墙的高度，先王都立有规定。如今共叔段不按规定修城墙，您应及时阻止他，以免后果难以收拾。"郑庄公说："我母亲希望这样，我又有什么办法呢？"

共叔段看哥哥没有对自己采取限制措施，便更加放肆起来，下令让西部、北部的军队听命于自己，并私自接收了周围的城邑来作为自己的封地。公子吕对郑庄公说："应及早下手制止他，否则周围的战略要地都会慢慢被他掌握！"郑庄公还是不紧不慢地说："用不着。得道多助，失道寡助，他对君不义，对兄不亲，这样不仁

不义的事做多了，即使占据再多的地方，也会自取灭亡。"

共叔段看到哥哥没有其他动静，更加放手聚集粮草、聚敛钱财、扩充部队，准备攻打郑庄公。共叔段治下的百姓对此都十分不满，纷纷跑到郑庄公的地盘上。这时，郑庄公说："时机到了！"他派人探听到共叔段起兵的日期后，派公子吕率领两百辆战车攻打共叔段，共叔段只好逃亡。

孟子所提出的"得道多助，失道寡助"，至今仍有不可低估的现实意义，对国家、集体、个人都有其永恒的指导价值。

对饱学之人要以礼相待

【原典欣赏】

孟子将朝王，王使人来曰："寡人如就见者也，有寒疾，不可以风。朝[①]，将视朝，不识可使寡人得见乎？"

对曰："不幸而有疾，不能造朝。"

明日，出吊于东郭氏[②]。公孙丑曰："昔者辞以病，今日吊，或者不可乎？"

曰："昔者疾，今日愈，如之何不吊？"

王使人问疾，医来。

孟仲子[③]对曰："昔者有王命，有采薪之忧，不能造朝。今病小愈，趋造于朝，我不识能至否乎？"

使数人要于路，曰："请必无归，而造于朝！"

不得已而之景丑氏[④]宿焉。

景子曰："内则父子，外则君臣，人之大伦也。父子主恩，君臣主敬。丑见王之敬子也，未见所以敬王也。"

曰："恶！是何言也！齐人无以仁义与王言者，岂以仁义为不美也？其心曰，'是何足与言仁义也'云尔，则不敬莫大乎是。我非尧舜之道，不敢以陈于王前，故齐人莫如我敬王也。"

景子曰："否非此之谓也。礼曰：父召，无诺；君命召，不俟驾。固将朝也，闻王命而遂不果，宜与夫礼若不相似然。"

曰："岂谓是与？曾子曰：'晋楚之富，不可及也。彼以其富，我以吾仁；彼以其爵，我以吾义，吾何慊乎哉？'夫岂不义而曾子言之？是或一道也。天下有达尊三：爵一，齿一，德一。朝廷莫如爵，乡党莫如齿，辅世长民莫如德。恶得有其一以慢其二哉？故将大有为之君，必有所不召之臣，欲有谋焉，则就之。其尊德乐道，不如是，不足与有为也。故汤之于伊尹，学焉而后臣之，故不劳而王；桓公之于管仲，学焉而后臣之，故不劳而霸。今天下地丑⑤德齐，莫能相尚，无他，好臣其所教，而不好臣其所受教。汤之于伊尹，桓公之于管仲，则不敢召。管仲且犹不可召，而况不为管仲者乎？"

【玄义注释】

①朝（zhāo）：即早晨。②东郭氏：齐国的一个姓东郭的大夫。③孟仲子：孟子的堂弟，同时也是他的学生。④景丑氏：齐国的大夫景丑。⑤丑：类似，相近。

【白话翻译】

孟子准备去朝见齐王，恰巧齐王派了个人来转达说："我本应该来看您，但是感冒了，吹不得风。明早我将上朝处理政务，不知您能否来朝廷上，让我见到您？"

孟子回话道："我不幸生了病，不能到朝廷上去。"

第二天，孟子要到东郭大夫家里去吊丧。公孙丑说："昨天您托辞生病谢绝了齐王的召见，今天却又去东郭大夫家里吊丧，这或许不太好吧？"

齐王派人来询问病情，医生也来了。

孟仲子应付来人说："昨天有王的召令，他不巧有点小病，不能到朝廷去。今天病好了点，急匆匆赶赴朝廷去了，不知道现在到了没有？"

孟仲子随即派了几个人到路上去拦截孟子，告诉他："请您一定不要回家，赶快到朝廷去！"

孟子不得已而到景丑的家里去住宿。景丑说："在家庭里有父子，在家庭外有君臣，这是人与人出问最重要的伦理关系。父子之间以慈恩为主，君臣之间以恭敬为主。我只看见齐王尊敬您，却没看见您尊敬齐王。"

孟子说："咳！这是什么话！齐国人没有一个拿仁义的道理去说给齐王

听的，难道是认为仁义不好吗？只是他们心里在想：'这个君王哪值得同他去谈仁义！'那么，对齐王的不恭敬没有比这更大的了。至于我，不是尧、舜之道不敢在齐王面前陈述，所以齐国人没有一个像我这样敬重齐王的。"

景子说："不，我不是说的这个方面。礼经上说过，父亲召唤，不等到应'诺'，'唯'一声就起身；君王召唤，不等到车马备好就起身，可您呢，本来就准备朝见齐王，听到齐王的召见却反而不去了，这似乎和礼经上所说的不大相合吧。"

孟子说："难道能这么说吗？曾子说过：'晋国、楚国的财富，没法比得上。不过，它们凭借财富，我凭借我的仁德；它们凭借爵位，我凭借我的道义，我欠缺什么呢？'难道这话没有道理而是曾子随便说说的么？这或许是另有一种道理。天下有三样最尊贵的东西：一样是爵位，一样是年龄，一样是德行。在朝廷上最尊贵的是爵位；在乡里最尊贵的是年龄；至于辅助君王治理百姓，最尊贵的是德行．他怎么能够凭爵位就来怠慢我的年龄和德行呢？所以想要有大作为的君主，必定有他不能召见的臣子，要有事情商议，那就亲自前去请教。如果他不像这样诚心实意地崇尚道德、喜爱仁义，就不值得同他一起干事。所以汤王对于伊尹，首先是向他学习，然后才把他当作臣子，所以不费力气就统一了天下；桓公对于管仲，首先也是向他学习；然后才把他当作臣子，所以不费力气就称霸诸侯。现在天下大的诸侯国土地相等，德行相似，谁也超不过谁，之所以如此没有别的原因，是因为君主喜欢任用听从他们使唤的人做臣，而不喜欢任用教导他们的人做臣。汤王对于伊尹，桓公对于管仲，就不敢随意召见。管仲尚且不能随意召见，何况不愿做管仲的人呢？"

【义理评析】

本节通过孟子与齐王见与不见的故事，用以说明爱民的起码行为，并通过孟子与公孙丑、景丑氏的问答，指出爱民所必须具备的修养。孟子是饱学之人，对于这样的一个人，齐王应去拜访，以表谦虚好学之意，然而齐王却像召唤手下人一样，召孟子去王宫。孟子认为这就是不谦虚好学，不礼贤下士，不爱民的表现，所以他托病不去。

清高与不可召是两回事

孟子曾说过，自己根本不屑于与管仲相比。比都不愿意比，当然就更不愿意做了。可见孟子是有自己独特的士人气节的，所以就不愿意被呼来唤去的了。自己主动要去朝见是一回事，被召唤去朝见又是另一回事。这种行为，孔孟皆有。

此做法，在民间的看法褒贬不一，说得好听一点是"清高"，说得不好听一点是"拿架子"，再说得难听一点那可就是"迂腐"而"酸溜溜"的了。或许正是因为他们"清高"而不肯苟且，所以无论是孔子还是孟子周游列国都不被重用，空有满腹经纶和济世良方。

回到对用人一方面的要求来看，孟子要求君王"尊贤使能"、"尊德乐道"、礼贤下士，像商汤王对待伊尹，齐桓公对待管仲那样。这也是儒学在用人问题上的基本观点。虽然孔、孟本人一生宣扬这种观点而自身并没有受到过这种待遇，但他们的思想却对后世的用人之道产生了极其深远的影响。事实上，孔、孟的思想永远都给我们以理想主义的感觉，他们所提出的一些思想观点，就是在两千多年后的今天，也仍然使人感到有很多理想的成分。

从用人和被用的问题上来看，既然当政者多半"好臣其所教，而不好臣其所受教"，既然任人唯贤、礼贤下士是如此困难，如此难遇，作为被用的人，有一点"不可召"的清高和骨气，也属自然所使。

所以，我们还不能简单地认为孟子"不能造朝"是故作姿态，是迂腐，而应该肯定他的清高和骨气，不然的话，"亚圣"之名从何得来呢？

君子不会被金钱收买

【原典欣赏】

陈臻①问曰："前日于齐，王馈兼金②一百而不受；于宋，馈七十镒③而受；于薛，馈五十镒而受。前日之不受是，则今日之受非也；今日之受是，则前日之不受非也。夫子必居一于此矣。"

孟子曰："皆是也。当在宋也，予将有远行，行者必以赆，辞曰：'馈赆④。'予何为不受？当在薛也，予有戒心，辞曰：'闻戒，故为兵馈之。'予何为不受？若于齐，则未有处也。无处而馈之，是货之也。焉有君子而可以货⑤取乎？"

【玄义注释】

①陈臻：孟子的学生。②金：古代所说的金，多是指黄铜。③镒（yì）：古代的重量单位之一，二十两为一镒。④馈赆（jìn）：赠给行者的旅费。⑤货：动词，收买，贿赂。

【白话翻译】

陈臻问道："以前在齐国的时候，齐王送给您好金一百镒，您不接受；到宋国的时候，家王送给您七十镒，您却接受了；如果以前不接受是对的，那么后来接受就是错的；后来接受如果是对的，那么以前不接受就是不对的。在这两种情况中，您必定处于其中的一种了。"

孟子说："都是正确的。当在宋国的时候，我准备远行，对远行的人理应送些盘缠。所以宋王说：'送上一些盘缠。'我怎么不接受呢？当在薛地的时候，我有防备在路上遇害的打算，主人说：'听说需要防备，所以送点钱给你买兵器。'我为什么不接受？至于在齐国，就没有送钱的理由。没有理由而赠送，这是收买我啊。哪有君子可以用钱收买的呢？"

【义理评析】

即使是在今天，金钱的受与不受问题也时常摆在人们的面前。孟子的基本作则是"焉有君子而可以货取乎？"即不拿不明不白的钱。在这样的原则前提下，当受则受，当辞则辞。这种处理态度对我们很有借鉴意义。当然，关键是在对那"当"的理解上。理解错误，或者是故意理解错误，把不当接受的作为了当接受的统统接受了下来，那就要出问题了。

孟子全编

杨震暮夜却金

杨震是东汉时期的名臣，他为官一向公正廉洁，不谋私利。

杨震任荆州刺史时发现王密才华出众，便向朝廷举荐王密为昌邑县令，后来他调任东莱大守，途经王密任县令的昌邑时，王密亲赴郊外迎接恩师。

晚上，王密前去拜会杨震，两人相谈甚欢，不知不觉已是深夜。王密起身准备告辞，却突然从怀中捧出十斤黄金放在桌上，说道："恩师难得光临，我准备了一点小礼，以报栽培之恩。"

杨震说："我是因为了解你的真才实学，才举你为孝廉，希望你做一个廉洁奉公的好官。可你现在这样做，岂不是违背我的初衷和对你的厚望。你对我最好的回报是为国效力，而不是送给我个人什么东西。"

可是王密还坚持说："三更半夜，不会有人知道的，恩师请收下吧！"

杨震立刻变得非常严肃，声色俱厉地说："你这是什么话？天知，地知，我知，你知！你怎么可以说没有人知道呢？没有别人在，难道你我的良心就不在了吗？这种不义之财，我断不能收。"

王密顿时满脸通红，十分惭愧，只好作罢。

杨震为官，严于律己，不贪图不义之财，在没有第三人知道的情况下，仍然坚持原则，拒收重金，其品德之高尚，堪称楷模。

以不义的方法得来的东西，必将以不义的方法失去。人生的许多悲剧多起源于一个"贪"字，倘若不能克制欲望，终将误入歧途。所以，君子常常进行自我反省，宁愿用安贫乐道来换取良心上的轻松和精神上的舒畅，也不会做害人害己的行为。

在其位就要谋其政

【原典欣赏】

孟子之平陆①，谓其大夫②曰："子之持戟之士，一日而三失伍，则去之否乎？"

曰："不待三。"

"然则子之失伍也亦多矣。凶年饥岁，子之民，老羸转于沟壑，壮者散而之四方者，几千人矣。"

曰："此非距心之所得为也。"

曰："今有受人之牛羊而为之牧之者，则必为之求牧与刍矣。求牧与刍而不得，则反诸其人乎？抑亦立而视其死与？"

曰："此则距心③之罪也。"

他日，见于王，曰："王之为都者，臣知五人焉。知其罪者，惟孔距心。"为王诵之。

王曰："此则寡人之罪也。"

孟子谓蚳蛙④曰："子之辞灵丘而请士师⑤，似也，为其可以言也。今既数月矣，未可以言与？"

蚳蛙谏于王而不用，致为臣而去。

齐人曰："所以为蚳蛙则善矣，所以自为，则吾不知也。"

公都子⑥以告。

曰："吾闻之也：有官守者，不得其职则去；有言责者，不得其言则去。我无官守，我无言责也，则吾进退，岂不绰绰然有余裕哉？"

【玄义注释】

①平陆：齐国边境的邑，在今山东汶上县北。②大夫：这里指地方上的行政长官。③距心：人名，即平陆县长官，姓孔，名距心。④蚳（chí）蛙：齐国大夫。⑤灵丘：齐国邑名。士师：官名，掌禁令、狱讼、刑罚，为古代法官之通称。⑥公都子：孟子的学生。

【白话翻译】

孟子到了齐国的平陆县，对这个县的长官说："如果你的守卫战士在一天内三次失职，你会开除他们吗？"

长官说："不必等三次。"

孟子说："那么您失职的地方也够多的了。荒年饥岁，您的百姓，年老体弱抛尸露骨在山沟的，年轻力壮逃荒到四方的，将近一千人了。"

长官说："这个问题不是我能够解决的。"

孟子说："假如现在有个人，接受了别人的牛羊而替他放牧，那么必定

孟子全编

要为牛羊寻找牧场和草料了。如果找不到牧场和草料，那么是把牛羊还给那个人呢，还是就站在那儿眼看着牛羊饿死呢？"

长官说："这是我孔距心的罪过。"

往后的某一天，孟子朝见齐王说："大王的地方长官我认识五个，能认识自己罪过的，只有孔距心。"孟子给齐王复述了一遍他与孔距心的谈话。

齐王说："这是我的罪过啊。"

孟子对蚳蛙说："您辞去灵丘县长而请求做法官，这似乎有道理，因为可以向齐王进言。可是现在你已经做了好几个月的法官了，还不能向齐王进言吗？"

蚳蛙向齐王进谏而不被采纳，便辞官而去。

齐国有人议论说："孟子替蚳蛙出的主意倒是很好了，他怎么为自己考虑，我就不知道了。"

公都子把齐国人的议论告诉了孟子。

孟子说："我听说过这样的话：有官职的人，如果无法行使他的职责就辞职；有进谏责任的，无法尽到进谏的责任就辞职。我既没有官职，又没有进谏的责任，那么我的行动进退，难道不是宽宽绰绰大有回旋余地了吗？"

【义理评析】

本节是孟子对爱民而尽忠职守的论证。在其位就要谋其政，作为一个地方的统治者，其主要职责就是帮助和管理普通人民，使人们都能共同遵守一个约定俗成的或领导者根据实际情况作出的社会行为规范。如果不能尽职尽责，当然就要辞职不干，而真正的忠于职守即是一种最佳行为方式，就是关爱百姓，施行仁政。

【跟进解读】

大禹治水，忠于职守

上古时期，洪水泛滥，为了让人们能过上安定的生活，舜帝派大禹去整治洪水，大禹这一去十三年，期间曾三过家门而不入。

第一次是在四年后的一个早晨。大禹走近家门，听见母亲的骂声和儿子的哭声，大禹想进去劝解，又怕更惹恼了母亲，唠叨起来没完，耽搁了治水的时辰，于是就悄悄地走开了。

治水六七年后，大禹第二次经过家门。那天中午，大禹刚登上家门口的小丘，就看见家里烟囱冒出的袅袅炊烟，又听见母亲与儿子的笑声，大禹放心了。为了治水大业，他还是饶过家门，赶紧向工地奔去。

又过了三四年，一天傍晚，大禹因治水来到家的附近。突然天下起了滂沱大雨，大禹来到自己家的屋檐下避雨，只听见屋里母亲在对儿子说："你爹爹治平了洪水就回家。"大禹听得非常感动，更坚定了治水的决心，立刻又转身上路了。

这些记载都是颂扬大禹一生为公，竭尽全力治理洪水，解除民众受水患所苦的崇高行为。据说，禹妻涂山氏生启时，禹也一直在外治水。禹的这种大公无私的精神，受到了民众的赞扬，也为舜所重视。所以舜在晚年举荐禹为继承人，并把首领的位置禅让给禹。

"三过家门而不入"表现了舍小家为大家的精神，大禹正是以天下为己任，在其位而谋其政，爱岗敬业，忠于职守，坚定信念，才最终战胜了洪水。

亲人丧礼不能马虎

【原典欣赏】

孟子为卿于齐，出吊于滕，王使盖①大夫王为辅行②。王朝暮见，反齐滕之路，未尝与之言行事也。

公孙丑曰："齐卿之位，不为小矣；齐滕之路，不为近矣，反之而未尝与言行事，何也？"

曰："夫既或治之，予何言哉？"

孟子自齐葬于鲁，反于齐，止于嬴③。

充虞④请曰："前日不知虞之不肖，使虞敦匠事，严，虞不敢请。今愿窃有请也：木若以美然。"

曰："古者棺椁无度，中古⑤棺七寸，椁称之。自天子达于庶人，非直为观美也，然后尽于人心。不得，不可以为悦；无财，不可以为悦。得之为有财，古之人皆用之，吾何为独不然？且比化者无使土亲肤，于人心独无恔乎？吾闻之也：君子不以天下俭其亲。"

【玄义注释】

①盖（gě）：齐国邑名，在今山东沂水县西北。②辅行：副使，指协助孟子到滕国的副手。③嬴：齐国南部邑名，在今山东莱芜县西北。④充虞：孟子的学生。⑤中古：指周公治礼以后的时代。

【白话翻译】

孟子在齐国担任卿，奉命到滕国去吊丧，齐王派盖地的大夫王作为副使与孟子同行。王同孟子朝夕相见，但在从齐国到滕国的来回路上，孟子不曾同他谈起出使的事情。

公孙丑说："齐国卿的职位不算小了，齐国与滕国之间，路不算近，往返途中不曾同他谈起出使的事情，为什么呢？"

孟子说："那个人既然独自包办了，我还说什么呢？"

孟子从齐国到鲁国安葬母亲后返回齐国，住在嬴县。

充虞请问道："前些日子您不知道我缺乏能力，派我监理打造棺椁的事，当时事情匆迫，我不敢请教。现在想冒昧地问一下，那棺椁似乎太华美了吧？"

孟子回答说："上古对于棺椁用木的尺寸没有规定；中古时规定棺木厚

七寸，椁木以与棺木的厚度相称为准。从天子到平民百姓，棺椁讲究不只是为了好看，而是这样才称尽了孝心。由于等级的限制不能用好的棺椁，就不会称心；没有钱财用好的棺椁，也不会称心。既有资格又有钱财，古人就都用好棺椁，为什么偏我不能这样？而且为了避免泥土挨近死者的肌肤而用厚棺椁，对于孝子之心岂不是一件感到慰藉的事吗？我听说过这样的话：君子是不会因为爱惜天下财物而从俭办父母的丧事的。"

【义理评析】

充虞不明白孟子为什么很简陋地埋葬了母亲，事后就问孟子。孟子就告诉他，古时候棺椁都没有尺寸，人们想怎样埋就怎样埋葬，而且国家没有这方面的规定，民间也没有这方面的习俗。孟子还说明，从天子一直到百姓，并非是不讲究棺椁的美观，而只是能够做到这样美观才能算尽到后人的心意；没有具备条件而使棺椁不美观，也是个人的心愿，只要心里畅快就行了。这就是孟子不拘泥于陈规陋矩的更新思想，也是孟子采取的最佳行为方式。

【跟进解读】

处理丧事是"孝心"的重要体现

从流传下来很少的记载来看，我们已经知道孟子的母亲是一位慈母，在孟子的教育上很花了些心血。所以，当母亲去世的时候，孟子的孝子之心是可以理解的，把棺椁做得好一点也没有什么不可以。

孟子认为，在安葬父母的问题上，只要是礼制和财力两方面许可，就要尽力做得好一些。尤其是本章最后的一句话——"君子不以天下俭其亲"，更是格言似的表达了孟子关于"孝"的看法。

我们已经知道，《论语》里有不少孔子及其弟子关于"孝"、关于"丧"的问题的论述。其中比较重要而又与本章所论问题关系密切的如孔子在《八佾》篇里的说法："与其易也，宁戚。"意思是说，丧礼与其铺张浪费，宁可悲哀可度。所以，孔子其实更重视的是内在情感方面，而要求在物质方面节俭办事，反对丧事过分大办，铺张浪费。这一点，在孟子这里显然已发生了变化。时代不同，个人所处地位不同，财力状况不同都导致了这种变化。但万变不离其宗，有一点是肯定的，就是强调丧事是"孝心"的重要体现，必须引起我们的高度重视。

孟子全编

犯错了就不要找借口

读书人典藏书系 孟子全编

【原典欣赏】

沈同①以其私问曰："燕可伐与？"

孟子曰："可。子哙不得与人燕，子之不得受燕于子哙。有仕②于此，而子悦之，不告于王而私与之吾子之禄爵，夫士也，亦无王命而私受之于子，则可乎？何以异于是？"

齐人伐燕。或问曰："劝齐伐燕，有诸？"

曰："未也。沈同问'燕可伐与'，吾应之曰，'可'，彼然而伐之也。彼如曰：'孰可以伐之？'则将应之曰：'为天吏③，则可以伐之。'今有杀人者，或问之曰：'人可杀与？'则将应之曰：'可。'彼如曰：'孰可以杀之？'则将应之曰：'为士师，则可以杀之。'今以燕伐燕，何为劝之哉？"

燕人畔。王曰："吾甚惭于孟子。"

陈贾④曰："王无患焉。王自以为与周公孰仁且智？"

王曰："恶！是何言也！"

曰："周公使管叔监殷，管叔以殷畔。知而使之，是不仁也；不知而使之，是不智也。仁智，周公未之尽也，而况于王乎？贾请见而解之。"

见孟子，问曰："周公何人也？"

曰："古圣人也。"

曰："使管叔监殷，管叔以殷畔也，有诸？"

曰："然。"曰："周公知其将畔而使之与？"

曰："不知也。""然则圣人且有过与？"

曰："周公，弟也；管叔，兄也。周公之过，不亦宜乎？且古之君子，过则改之；今之君子，过则顺之。古之君子，其过也，如日月之食⑤，民皆见之；及其更也，民皆仰之。今之君子，岂徒顺之，又从为之辞。"

【玄义注释】

①沈同：齐国的大臣。②仕：同"士"。③天吏：代表上天管理人民的官员之意。④陈贾：齐国大夫。⑤食：通"蚀"。

【白话翻译】

沈同以个人名义问道："燕国可以讨伐吗？"

孟子说："可以！燕王子哙不应该把燕国轻率地交给别人，相国子之也不应该从子哙手中接受燕国。比方说，有这样一个人，你很喜欢他，便不向国君奏准而自作主张地把你的俸禄官位转让给他；而他呢，也没有得到国君的任命就从你手上接受了俸禄官位，这样行吗？子哙、子之私下互相授受的事和这个例子有什么不同吗？"

齐国攻打燕国。有人问孟子："听说您劝说齐国去攻伐燕国，有这回事吗？"

孟子说："没有。沈同问'燕国可以征伐吗？'我答复他说'可以'，他们认为这个说法对，便去征伐燕国。他如果问'谁能去征伐燕国？'那我将答复他说：'奉了上天使命的人才可以去征伐。'就好比这里有个杀人犯，如果有人问我：'这个人该杀吗？'我就回答说：'可以。'他如果再问：'谁可以去杀这个杀人犯？'那我就会回答他：'做法官的才可以杀他。'现在，让一个跟燕国一样无道的国家去征伐燕国，我为什么要鼓励它呢？"

齐国占领燕国后，燕国人反叛。齐王说："我很是愧对孟子。"

陈贾说："大王不要忧患。大王自以为和周公相比，谁更爱民，谁更有智慧？"

齐王说："唉呀，你这是什么话？"

陈贾说："周公使派他的哥哥管叔监管殷商的遗国，管叔却带领殷族人叛乱；如果周公知道但还这样做，就是不爱民；如果不知道而这样做，就是没有智慧。爱民和智慧，周公都没有尽量做到，何况大王您呢？我请求见孟子并向他解释。"

于是陈贾去见了孟子，见面后陈贾问："周公是个什么样的人？"

孟子说："是古代的圣贤。"

陈贾说："他派管叔监管殷族人，但管叔却带领殷族人叛乱，有这回事吗？"

孟子说："有的。"

陈贾说："周公知道管叔将要叛乱而还要派他去吗？"

孟子说："他不知道。"

陈贾说："那么圣贤之人也会犯错误？"

孟子说："周公，是弟弟；管叔，是哥哥。周公的过错，不是很近情理吗？况且古时候的君子，有了过错就会改正；如今的君子，有了过错则任其发展。古时候的君子，他的过错，就像日食月食一样，人民都看得见，等到他改正过错时，人民就会很敬仰。如今的君子，何止是让过错顺其自然发展，而且还会编一套言辞来为自己辩解。"

齐宣王不听执意伐燕，结果导致燕人反叛，此时齐王才后悔而感到愧对孟子。然而陈贾却用周公用错管叔的事来安慰齐王，为齐王开脱罪过。孟子向陈贾解释说，周公是弟弟，管叔是哥哥，难道弟弟会怀疑哥哥反叛吗？所以，周公犯这样的过错是可以理解的。然而，古代的君子是"有过则改"，如今的君子却是"文过饰非"，这是很不一样的。

过而能改，善莫大焉

"人非圣贤，孰能无过"，犯了错误并不可怕，可怕的是明知有错却不悔改，不认真解决问题，反而百般掩饰，企图瞒天过海，致使积重难返，深陷泥潭而不能自拔。只有勇敢的承认自己的过失，不找借口，不文过饰非，才能脱胎换骨，走向成功。

周宣王在位初期，曾在内修政事、外攘夷狄方面都有一些作为。但进入中年以后，他渐渐开始贪图享乐，不思进取，终日混迹于后宫之中，与宫妃们为乐，过着早睡晚起的生活。大臣有要事奏见，也找不到他的踪影。这种懒散的作风，引得朝廷上下议论纷纷。

周宣王的正妻姜后是齐国国君的女儿，她从小接受良好的教育，贤良淑德，从没有过越礼的行为。她看到宣王整日在后宫游荡，不理朝政，大臣们议论很多，心中感到十分着急。她想对宣王进以忠告，但又找不到合适的机会。

一日，太阳已经很高，宣王却还在睡觉。姜后犹豫再三，终于忍无可忍，她脱下头发上的簪子和玉制耳环，呆在后宫的永巷中，好像自己有罪听候君王处置的样子。她请负责宫廷中君王和后妃饮食起居的傅母传言给宣王说："因为我的不好，以致使得皇帝失了礼，还请陛下重重处罚我。"

周宣王听到傅母传来姜后待罪于永巷听候处治的言词，心里感到十分惭愧，他亲自去长巷里迎回姜后，对她说："是寡人没有道德，实在是自己生成的过错，不是夫人的罪啊，我今后一定要改正。"

从此周宣王一改往日的作风，对于政事都勤力去做，最终于执政四十五年的时间里，不仅有效延缓了西周王朝的快速衰落，而且还恢复到了周厉王前的太平局面，各诸侯国也纷纷来朝见天子，历史上把这一时期称为"宣王中兴"。

孔子说过："既往不咎"，我们必须正确对待他人和自己的过错，引以为戒，并主动的克服和改正，这样才能有所进步。

官场与商场都存在垄断

　　孟子致为臣而归。王就见孟子，曰："前日愿见而不可得，得待同朝，甚喜；今又弃寡人而归，不识可以继此而得见乎？"

　　对曰："不敢请耳，固所愿也。"

　　他日，王谓时子[1]曰："我欲中国而授孟子室，养弟子以万钟[2]，使诸大夫国人皆有所矜式。子盍为我言之？"

　　时子因陈子[3]而以告孟子，陈子以时子之言告孟子。

　　孟子曰："然，夫时子恶知其不可也？如使予欲富，辞十万而受万，是为欲富乎？季孙[4]曰：'异哉子叔疑[5]！使己为政，不用，则亦已矣，又使其子弟为卿。人亦孰不欲富贵？而独于富贵之中有私龙断焉。'古之为市也，以其所有易其所无者，有司者治之耳。有贱丈夫焉，必求龙断而登之，以左右望，而罔[6]市利。人皆以为贱，故从而征之。征商自此贱丈夫始矣。"

【玄义注释】

　　①时子：齐国的大夫。②钟：古代容量单位，一钟合古代的六石四斗。③陈子：即陈臻，孟子的学生。④季孙：人名，人物生平不可考。⑤子叔

疑：人名，人物生平不可考。⑥罔：网罗，搜寻。

【白话翻译】

孟子辞去齐国的官职准备回乡。齐王专门去看孟子，说："从前希望见到您而不可能；后来终于得以在一起共事，我感到很高兴。现在您又将抛弃我而归去了，不知我们以后还能不能够相见？"

孟子回答说："我不敢请求罢了，这本来就是我的愿望。"

过后的某一天，齐王对时子说："我打算在都城里给孟子一所房屋，用一万钟粮食供养他的弟子，让大夫和百姓都有个效法的榜样。你何不替我去对孟子谈谈这件事呢？"

时子通过陈子把齐王的打算告诉给孟子，陈子就把时子的话告诉了孟子。

孟子说："是啊，时子哪知道这件事是不能做的呢？如果我想富，辞掉了十万钟的俸禄却来接受这一万钟的赏赐，这是想要富吗？季孙说：'子叔疑这个人，真奇怪啊！想让自己做官，没被任用，那也就算了，却又叫他的子弟去做卿。人们谁个不想富贵？而偏偏在富贵之中有人想独自垄断。'古时候做买卖，是拿自己所有的东西交换所没有的东西，有关部门的官吏管理这种事罢了。有个下贱的汉子，总要找块高地登上去，用来左右张望，企图把集市贸易的好处都捞到。人人都认为他卑鄙，于是就对他征税。对商人征税就是从这个下贱的汉子开始的。"

【义理评析】

孟子意识到是自己轻率的言论致使齐国伐燕，所以他决定辞职返乡。从这件事中，他也悟到一个人的言论对别人的影响是多么巨大，因此他对陈子解说了商人垄断市场的根由，从中揭示出言论垄断思想的危害性。

【跟进解读】

不做"贱丈夫"

孟子在齐宣王那里虽然受到比较好的接待，甚至做了客卿，在不少问题上齐宣王也征求他的意见。但齐宣王却始终不愿意实施孟子所提出的"仁政"方案，所以，孟子还是只有"致为臣而归"，辞职归家了。

当齐宣王通过臣下来转达留住孟子的愿望时，孟子以"辞十万而受万，是为欲富乎？"作为答语，表明了自己做官绝对不是为了个人发财致富，而是为实现政治抱负，济世救民。接着，孟子便说了一段寓言式的话，指出了官场和商场都有人想进行垄断的现象。

之所以说孟子的这段话像寓言，是因为它的含义极其深刻而具有哲理。官场的垄断现象不用多说大家也很清楚，自古便有裙带关系，就像孟子这里所指出的子叔疑，自己做官不算，还要让自己的子弟都去做官。尤其具有超前意义的是，孟子在指出官场垄断现象的同时，还指出了市场垄断现象的起源。

就我们今天而言，市场竞争已愈来愈激烈。"赚进每一分可能赚到的钱"，已成为很多经商者的心愿。但是，如果只图自己赚钱而"罔市利"，不顾别人利益，则很可能成为孟子笔下的"贱丈夫"，成为大家群起而攻之的对象。结果很可能会事与愿违，不仅不能"罔市利"，反而还会被"市利"所罔，走投无路。所以，还是不要做"贱丈夫"的好。

孟子全编

礼贤下士才会招来人才

【原典欣赏】

孟子去齐，宿于昼①。有欲为王留行者，坐而言；不应，隐几而卧。

客不悦曰："弟子齐②宿而后敢言，夫子卧而不听，请勿复敢见矣。"

曰："坐。我明语子。昔者鲁缪③公无人乎子思之侧，则不能安子思；泄柳申详④，无人乎缪公之侧，则不能安其身。子为长者虑，而不及子思；子绝长者乎？长者绝子乎？"

孟子去齐，尹士⑤语人曰："不识王之不可以为汤武，则是不明也；识其不可，然且至，则是干⑥泽也；千里而见王，不遇故去，三宿而后出昼，是何濡滞也！士则兹不悦。"

高子⑦以告。

曰："夫尹士恶知予哉！千里而见王，是予所欲也；不遇故去，岂予所欲哉！予不得已也。予三宿而出昼，于予心犹以为速。王庶几改之；王如改诸则必反予。夫出昼而王不予追也，予然后浩然有归志。予虽然，岂舍王哉！王由足用为善；王如用予，则岂徒齐民安，天下之民举安。王庶几改之，予日望之。予岂若是小丈夫然哉！谏于其君而不受，则怒，悻悻然见于其面，去则穷日之力而后宿哉！"

尹士闻之曰："士诚小人也。"

【玄义注释】

①昼：齐国西南部的近邑，在今山东省淄博市临淄西北。②齐：同"斋"，斋戒。③鲁缪：鲁国国君，名显，公元前 409—前 377 年在位。④申详：孔子学生子张的儿子，子游的女婿。⑤尹士：齐国人。⑥干：求得。⑦高子：齐国人，孟子的学生。

【白话翻译】

孟子离开齐国，在昼邑宿夜。有个想为齐王挽留孟子的人，恭敬地坐着跟孟子说话。孟子不搭理他，靠着小桌子打盹。

客人不高兴地说："我先斋戒了一天，然后才敢来同您说话，您却睡觉不听我说，今后再不敢来见您了。"

孟子说："坐下来！我明白地告诉你，从前鲁缪公要是没有人在子思身边侍候，就不能让子思安心。泄柳、申详要是没有人在鲁缪公身边侍候，就不能使自己安身。请你为年长的人考虑，远远是比不上子思的，是你拒绝长者呢？还是长者拒绝你？"

孟子离开齐国，有个叫尹士的人就对别人说："不知道齐王不能成为商汤、周武王那样的君主，那就是不明智；知道齐王不可能，然而还是到齐国来，那就是为了得到好处。不远千里地来见齐王，不相投合而离开，在昼邑住了三夜才走，为什么这样滞留迟缓呢？我对（孟子）这一点很不满意。"

高子把这些话告诉了孟子。

孟子说："那个尹士怎么能知道我呢？不远千里来见齐王，是我的愿望！不得赏识而离开，怎么能是我希望的呢？我是无可奈何呀。我住了三天才离开昼地，在我心里仍觉得快了，就是希望齐王能改变。齐王如果改变，那就会反过来找我。而我离开昼地，齐王没有来追赶我，我这才产生了很多回家的感想。我虽然这样做，怎么是舍去齐王呢？这是齐王遵照足用为善的原则，齐王如果使用我，我怎么会只是让齐国的人民能安居乐业？全天下的人民都可以安居乐业了。就是希望齐王能改变，我才每天盼望着。我难道像是一个目光短浅的小人吗？向国君进谏言而不被接受，就发怒，怨恨失意的神色露在脸上，离开时就要拼命尽力后才住宿吗？"

尹士听了这话，说："我真是个小人啊。"

【义理评析】

孟子认为，礼贤下士是对待贤才的基本态度，每个人都有自己的人格，人人都渴望被别人理解、尊重，那些出类拔萃的人才，在这方面要求就更为强烈。无论在哪个朝代，统治者要想使国家富强，都必须重视人才的选拔和任用。在现代社会，重视人才的观念也越来越深入人心，一个没有人才意识的领导者不是称职的领导者，他的事业也必然是举步维艰。

【跟进解读】

求贤若渴，三顾茅庐

《三国演义》中记载：刘关张三人自桃园结义后，经过伐黄巾、伐董卓，经历大小数百战，仍颠沛流离，无立锥之地。后幸得徐庶，方才扭转形势，重创曹军，得到喘息之机。此时的徐庶，对于刘备是何等重要！然而，曹操为了断其臂膀，挖刘备的"墙角"，把徐庶的母亲抓起来，以此要挟，徐庶又是一个大孝子，岂能不弃刘备而去。

徐庶离去，刘备失去了一个运筹帷幄的军师，其损失不言而喻。但刘备的可爱处也正是在这里，苦留不住，便毅然为徐庶送行。临别，刘备捶胸大呼："军师去矣！"徐庶走远了，刘备又令人砍掉前面林木，因为它挡住了刘备目送徐庶的视线，其情景让人感动。

徐庶行数里又拍马返回，他对刘备说："刚才心乱如麻，差点忘了一件大事，襄阳城外二十里的隆中，有一奇士叫诸葛亮，此人有经天纬地之才，乃天下第一人也，如他能出来帮助，将军就可以稳坐天下了。"刘备想请徐庶辛苦一趟把诸葛亮请来，徐庶摇头说："这样的人才，只能将军亲自去请，他愿不愿出来，还得看将军的诚意。"徐庶说完，再别刘备，策马离去。后来刘备三顾茅庐，恭敬拜请，终于请出诸葛亮，在他的辅佐下成就了一方霸业。

得人才者得天下，这是所有成大事者都明白的道理。无论是刘邦还是刘备，他们之所以能够成就霸业，最大的原因就在于他们能够礼贤下士，把很多出色的人才招揽到自己身边。

孟子全编

当今之世，舍我其谁

【原典欣赏】

孟子去齐。充虞①路问曰："夫子若有不豫色然。前日虞闻诸夫子曰：'君子不怨天，不尤人②。'"

曰："彼一时，此一时也。五百年必有王者兴，其间必有名世者②。由周而来，七百有余岁矣。以其数则过矣；以其时考之，则可矣。夫天未欲平治天下也；如欲平治天下，当今之世，舍我其谁也？吾何为不豫哉？"

孟子去齐，居休③。公孙丑问曰："仕而不受禄，古之道乎？"

曰："非也。于崇吾得见王，退而有去志；不欲变，故不受也。继而有师命④，不可以请，久于齐，非我志也。"

【玄义注释】

①充虞：孟子的学生。②名世者：有名望而辅佐君王的人。③休：地名，在今山东滕县北，距孟子家约百里。④师命：师旅之命，指发生战争。

【白话翻译】

孟子离开齐国，充虞在路上问道："老师似乎有不快乐的样子。可是以前我曾听老师您讲过：'君子不抱怨上天，不责怪别人。'"

孟子说："那是一个时候，现在是一个时候。每五百年必定会有圣王出现，这期间也必定会有闻名于世的贤才。从周以来，已经七百多年了。按年数说，已经超过了；按时势来考察，该出现圣君贤臣了。上天还不想让天下太平罢了，如果想让天下太平，在当今这个时代，除了我还有谁能担当这个重任呢？我为什么不愉快呢？"

孟子离开齐国，停住在休地。公孙丑问道："做了官却不接受俸禄，这是古代的规矩吗？"

孟子回答道："不是的。在崇地，我见到了齐王，回来后就有了离开齐国的想法，我不想改变这种想法，所以就不接受俸禄。后来发生了战争，不能够申请离开。长期留在齐国，不是我的想法。"

【义理评析】

孟子之辞职，最深层的原因恐怕就是本章孟子所说的了。他这种忧国爱民的坚定信念和伟大抱负，他这种不怨天尤人、乐天知命的优良品德，他对社会发展规律的总结，确实是难能可贵的，这就是一代圣贤所必然要具备的修养。

【跟进解读】

培养"以天下为己任"的精神

这段话包含的名句很多，它所表达的孟子的思想感情是极复杂的。有些像告老还乡歌，又有些像解甲归田赋。

孟子的学生是很不错的，在这时深知老师的心情，于是引用了孔子平时所说的"不怨天，不尤人"来加以劝慰。老师也是很不错的，坦率承认"彼一时，此一时也"。人非圣贤，怎么可能没有自己的情绪呢？

"五百年必有王者兴，其间必有名世者。"这是孟子的政治历史现，成为名言，对后世发生着深刻影响。按照这个观点推算，孟子的时代正应该有"王者"兴起了，可孟子周游列国，居然没有发现这样的"王者"，好不容易遇到齐宣王，看来还有些眉目，可最终还是斗不过那些"贱丈夫"，自己没有能够说服齐宣王实施"王天下"的一套治国平天下方案。没有"王者"，"名世者"又怎么显现出来呢？而孟子分明觉得自己就正应该是那"名世者"，所以才有如许惆怅。

"当今之世，舍我其谁也？"细想来，其底蕴是一种"以天下为己任"的社会责任感和使命感。当然，孟子的表达是有愤激情绪的。要说狂妄，伟大的人物从内心来说总是有那么一点点的。不过要考虑到当时的语言环境，那孟子此说也属正常不过的了。

孟子全编

卷五　滕文公（上）

本卷包括四个方面的内容：第一，孟子『道性善』，言必称尧舜。孟子向为政者宣扬儒家的道统，认为为政者应该向尧、舜、禹、汤、文、武、周公的遗训，才能振兴国家，治理天下。第二，孟子反对墨家倡导的『爱无差等』和薄葬的主张，强调要注重尊卑、亲疏的分别，孝敬父母应该守『三年之丧』。第三，孟子主张，治理国家要注重农事，要发展生产。他说，老百姓『有恒产者，有恒心也』；『无恒产者，无恒心』。因此，为政者要注意『治民之产』。第四，孟子主张，一个社会、一个国家，应该有『劳心者』和『劳力者』的差别，『劳心者治人，劳力者治于人』。

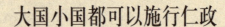

大国小国都可以施行仁政

【原典欣赏】

滕文公为世子[1]，将之楚，过宋而见孟子。孟子道性善，言必称尧舜。

世子自楚反，复见孟子。孟子曰："世子疑吾言乎？夫道一而已矣。成见[2]谓齐景公曰：'彼，丈夫也；我，丈夫也；吾何畏彼哉？'颜渊曰：'舜，何人也？予，何人也？有为者亦若是。'公明仪[3]曰：'文王，我师也；周公岂欺我哉？'今滕，绝长补短，将五十里也，犹可以为善国。《书》曰：'若药不瞑眩[4]，厥疾不瘳[5]。'"

【玄义注释】

①世子：即太子。②成见：齐国的勇士。③公明仪：人名，复姓公明，名仪，鲁国贤人，曾子的学生。④瞑眩（xuàn）：形容眼睛昏花看不清楚。⑤瘳（chōu）：病愈的意思。

【白话翻译】

滕文公还是太子的时候，要到楚国去，经过宋国时拜访了孟子。孟子给他讲善良是人的本性的道理，话题不离尧舜。

太子从楚国回来，又来拜访孟子。孟子说："太子不相信我的话吗？道理都是一致的啊。成见对齐景公说：'他是一个男子汉，我也是一个男子汉，我为什么怕他呢？'颜渊说：'舜是什么人，我是什么人，有作为的人也会像他那样。'公明仪说：'文王是我的老师，周公难道会欺骗我吗？'现在的滕国，假如把疆土截长补短也有将近方圆五十里吧。还可以治理成一个好国家。《尚书》说'如果药不能使人头昏眼花，那病是不会痊愈的。'"

孟子全编

【义理评析】

　　孟子之所以举这三个例子，就是想要还没有当政的滕文公笃信力行学习圣贤，以爱民的原则来治理国家，使虽然很小的滕国能成为一个善良友好的国家。然而为善去恶说起来容易，要想真正做到却很难，所以孟子告诫滕文公，要像《尚书》上说的那样，若是药物不能使人头晕眼花，那个病患是不能痊愈的。也就是说，行仁政要下猛药，用猛力，不可自卑于地狭位低，只要学习尧舜，就能成就一番事业。

【跟进解读】

人人都可施仁政

　　"道性善"和"称尧舜"是孟子思想中的两条纲，而这两方面又是密切联系在一起的。

　　"道性善"就是宣扬"性善论"。"性善"的正式说法，最早就见于这里。所以，本章还有重要的思想史资料价值。当然，从"性善"的内容来看，在"人皆有不忍人之心"（《公孙丑上》）的论述中就已经展开了。

　　"称尧舜"就是宣扬唐尧虞舜的"王道"政治，也就是孟子口口声声所说的"仁政"。所谓"先王有不忍人之心，斯有不忍人之政矣"。

　　"不忍人之心"的善良本性是"不忍人之政"的仁政的基础，二者的关系是密不可分的。所以，孟子"道性善"要"言必称尧舜"，这是非常清楚的了。

　　至于滕文公再次拜访时孟子所引述的那些话，不外乎鼓励他要有实施仁政的勇气罢了。因为，古往今来，不论是圣贤还是普通人，本性都是善良的，圣贤能做到的，普通人经过努力也能做得到。何况，滕国虽然小，但折算起来也有方圆五十里国土嘛，只要是实施仁政，照样可以治理成一个好的国家。

　　这就是孟子的苦心，无论大国小国，只要有机会就抓住不放，宣扬自己的政治学说和治国方案。

实施政令需要统治者以身作则

【原典欣赏】

滕定公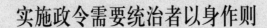①薨②，世子谓然友③曰："昔者孟子尝与我言于宋，于心终不忘，今也不幸至于大故④，吾欲使子问于孟子，然后行事。"然友之邹问于孟子。

孟子曰："不亦善乎！亲丧，固所自尽也。曾子曰：'生，事之以礼；死，葬之以礼，祭之以礼，可谓孝矣。'诸侯之礼，吾未之学也；虽然，吾尝闻之矣。三年之丧，齐疏之服，飦粥之食，自天子达于庶人，三代共之。"

然友反命，定为三年之丧。父兄百官皆不欲，曰："吾宗国鲁先君莫之行，吾先君亦莫之行也，至于子之身而反之，不可，且《志》曰：'丧祭从先祖。'曰：'吾有所受之也。'"

谓然友曰："吾他日未尝学问，好驰马试剑。今也父兄百官不我足也，恐其不能尽于大事，子为我问孟子！"然友复之邹问孟子。

孟子曰："然，不可以他求者也。孔子曰：'君薨，听于冢宰，歠粥⑤，面深墨，即位而哭，百官有司莫敢不哀，先之也。'上有好者，下必有甚焉者矣。君子之德，风也；小人之德，草也。草尚之风，必偃。是在世子。"然友反命。

世子曰："然；是诚在我。"五月居庐，未有命戒。百官族人可，谓曰知。及至葬，四方来观之，颜色之戚，哭泣之哀，吊者大悦。

【玄义注释】

①滕定公：滕文公的父亲。②薨（hōng）：古代称侯王死叫"薨"，唐代以后用于二品以上官员死。③然友：人名，太子的老师。④大故：形容重大的事故。⑤歠（chuò）：喝、饮。

【白话翻译】

滕定公死了，太子对老师然友说："上次在宋国的时候孟子和我谈了许多，我记在心里久久不忘。今天不幸父亲去世，我想请您先去请教孟子，然后才办丧事。"然友便到邹国去向孟子请教。

孟子说："好得很啊！父母的丧事本来就应该尽心竭力。曾子说：'父母活着的时候，依照礼节侍奉他们；父母去世，依照礼节安葬他们，依照礼节祭扫他们，就可以叫做孝了。'诸侯的礼节，我不曾专门学过，但却也听说过。三年的丧期，穿着粗布做的孝服，喝稀粥。从天子一直到老百姓，夏、商、周三代都是这样的。"

然友回国报告了太子，太子便决定实行三年的丧礼。滕国的父老官吏都不愿意。他们说："我们的宗国鲁国的历代君主没有这样实行过，我们自己的历代祖先也没有这样实行过，到了您这一代便改变祖先的做法，这是不应该的。而且《志》上说过：'丧礼祭祖一律依照祖先的规矩。'还说：'道理就在于我们有所继承。'"

太子对然友说："我过去不曾做过什么学问，只喜欢跑马舞剑。现在父老官吏们都对我实行三年丧礼不满，恐怕我处理不好这件大事，请您再去替我问问孟子吧！"然友再次到邹国请教孟子。

孟子说："要坚持这样做，不可以改变。孔子说过：'君王死了，太子把一切政务都交给家臣代理，自己每天喝稀粥，脸色深黑，就临孝子之位便哭泣，大小官吏没有谁敢不悲哀，这是因为太子亲自带头的缘故。'在上位的人有什么喜好，下面的人一定就会喜好得更厉害。领导人的德行是风，老百姓的德行是草。草受风吹，必然随风倒。所以，这件事完全取决于太子。"然友回国报告了太子。

太子说："是啊，这件事确实取决于我。"于是太子在丧庐中住了五个月，没有颁布过任何命令和禁令。大小官吏和同族的人都很赞成，认为太子知礼。等到下葬的那一天，四面八方的人都来观看，太子面容的悲伤，哭泣的哀痛，使前来吊丧的人都非常满意。

【义理评析】

领导人以身作则，上行下效是孔子反复申说的一个话题，孟子也同样继承了孔子的思想。他在本章里所说的"君子之德，风也；小人之德，草也。草尚之风，必偃"，正是孔子在《颜渊》里面说的"君子之德风，小人之德草，草上之风，必偃"的翻版。

孟子全编

【跟进解读】

领导以身作则非常重要

以身作则，上行下效是孔子、孟子都非常重视的政治领导原则，而本节正是这样一个上行下效的实例。

滕国的太子死了父亲，由于他在宋国听了孟子"道性善，言必称尧舜"，给他留下了很深刻很听得进去的印象，所以这一次遇事，他就托自己的老师去向孟子请教如何办丧事。孟子的意见回来以后，太子发出了实施三年丧礼的命令，结果遭到了大家的反对。于是太子又再次请老师去问计于孟子，这一次孟子讲了上行下效，以身作则的道理，希望太子亲自带头这样做。结果，丧事办得非常成功，大家都很满意。

从这件事上，我们固然可以看到儒家对于丧礼的观点，但对我们更有启发意义的，还是领导人以身作则的问题，正如我们在《论语·颜渊》的读解中所知的，这是一种"风吹草动"的统治术。风不吹，草怎么会动起来呢？反过来说，要草动，风就得不断地吹啊！

老百姓生活富足是最重要的

【原典欣赏】

滕文公问为国。

孟子曰："民事①不可缓也。《诗》云：'昼尔于茅，宵尔索绹②，亟其乘屋，其始播百谷③。'民之为道也，有恒产者有恒心，无恒产者无恒心。苟无恒心、放辟邪侈，无不为已。及陷乎罪；然后从而刑之，是罔民也。焉有仁人在位罔民而可为也？是故贤君必恭俭礼下，取于民有制。阳虎④曰：'为富不仁矣，为仁不富矣。'"

"夏后氏五十而贡，殷人七十而助，周人百亩而彻，其实皆什一也。彻者彻也，助者藉也。龙子曰：'治地莫善于助，莫不善于贡。'贡者，校数岁之中以为常。乐岁粒米狼戾，多取之而不为虐，则寡取之；凶年粪其田而不足，则必取盈焉。为民父母，使民盼盼然，将终岁勤动，不得以养其父母，又称贷而益之，使老稚转乎沟壑，恶在其为民父母也，夫世禄，滕固行之矣。《诗》云：'雨我公田，遂及我私。'惟助为有公田。由此观之，虽周亦助也。

设为庠、序、学、校以教之，庠者养也，校者教也。序者射也。夏曰校、殷曰序、周曰串，学则三代共之，皆所以明人伦也。人伦明于上，小民亲于下。有王者起。必来取法，是为王昔师也。《诗》云'周虽旧邦，其命惟新'，文王之谓也。子力行之，亦以新子之国。"

使毕⑤战问井地。

孟子曰："子之君将行仁政，选择而使子，子必勉之！夫仁政，必自经界始。经界不正，井地不钧，谷禄不平，是故暴君汗吏必慢其经界。经界既正，分田制禄可坐而定也。

夫滕壤地褊小，将为君子焉，将为野人焉。无君子莫治野人，无野人莫养君子。肩野九一而助，国中什一使自赋。卿以下必有圭田，圭田五十亩。余夫二十五亩。死徙无出乡，乡田同井，出入相友，守望相助，疾病相扶持，则百姓亲睦。方里而井，井九百亩，其中为公田，八家皆私百亩，同养公田，公事毕，然后敢治私事，所以别野人也。此其大略也，若夫润泽之则在君与子矣。"

【玄义注释】

①民事：指与民众有关的事务，朱熹则释为"农事"。②索绹（táo）：绞绳索。③百谷：泛指各种粮食作物。④阳虎：鲁国执政大夫季孙氏的家臣人曾挟持季桓子，操纵国政。鲁定公八年（公元前502年），他因废除三桓势力失败而逃奔他国。⑤毕战：人名，滕国的一个臣子。

【白话翻译】

滕文公询问孟子如何治理国家。

孟子说："人民的事情是刻不容缓的，《诗经》上说：'白天赶紧割茅草，晚上搓绳到通宵。抓紧时间补漏房，开年又要种百谷。'人民百姓的生活道理是，有固定产业的人就有固定生活的信心，没有固定产业的人就没有固定生活的信心。如果没有固定生活的信心，就会放荡任性，胡作非为，无恶不作。等到陷入罪网，然后对他们施以刑罚，这等于是设下网罗陷害民众。哪里有爱民的国君当政，却干出陷害民众的事呢？所以贤明的君主必须谦恭俭朴，礼贤下士，向百姓征税有制度。阳虎说过：'能富贵的人都不仁爱，能仁爱的人都不会富贵。'"

"夏族以五十亩为单位贡，商族以七十亩为单位助，周族以一百亩为单位彻，其实质都是十分取一。彻是抽取的意思，助是借助的意思。龙子说：'管理土地没有比助更好的，没有比贡更不好的。'贡是核定了几年收成的平均数作为常度。丰收之年谷物充溢，多收取些不算暴虐，却少收取；歉收之年给田上了肥料还收不上庄稼，却必定要取满定数。作为民众的父母，却使子民幽怨勤苦，即使终年辛劳也不足以赡养自己的父母，还要靠借贷来凑满租税，致使老人小孩在山沟荒野奄奄一息，哪里还算得上是民众的父母呢。世代承袭俸禄的制度，滕国原本已经实行。《诗》说：'雨水浇灌我们的公田，然后泽及我的私田。'助才会要有公田。由此看来，即使周代也施行助。

另外还要开办庠、序、学、校以教育人民。所谓庠，意思是培养；所谓校，意思是教导；所谓序，意思是有秩序地陈述。夏代称校，商代称序，周代称庠，学是三代都有的，都是用来使人们懂得人与人的伦常关系。在上者懂得了人与人的伦常关系，庶民们就会在下面拥护亲附。若有称王天下的人兴起，必定会来仿效取法，这样就成为称王天下者为老师了。《诗》所谓的'姬周虽旧国，天命却新受'，是指周文王。你努力实行吧，也使你的国家气象一新。"

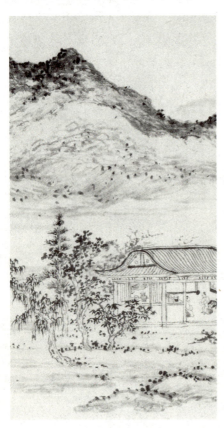

滕文公派毕战来询问井田，孟子说："你的国君要施行仁政，经过挑选才派你来。你一定要努力啊！施行仁政，必定要从田地的分界开始。田地的分界不规整，井田块就不均衡，作为俸禄所分的谷物就不公平，因此暴君和贪官污吏必定不会重视他们的田地分界。田地的分界规整了，分配田地、制定俸禄就能毫不费力地确定。

而滕国，虽然土地狭小，但一样要有官员，一样要有在田野里耕田的农民。没有官员，就没有办法管理农民，没有农民，也就没有办法养活做官员的君子。希望滕君在郊野施行九分取一的助，在都城中十分取一而让国民自行交纳。国卿以下的官员必定要有用于祭祀的圭田，圭田是五十亩。每户的多余人口给田二十五亩。丧葬、迁居都不出乡里，每个乡里同耕一块井田，出入劳作时相互伴随，抵御寇盗时相互帮助，有病痛意外相互照顾，这样百姓就友爱和睦了。一里见方作为一块井田，一块井田有九百亩，中央的一百亩是公田，八家各以一百亩为私田，共同料理公田。公田上的事情做完了，才可以做私田上的事情，是为了使耕田的农民有所区分。这是井田的大概，至于调整完善就靠国君和你了。"

【义理评析】

这一章，孟子较详细地论述了他的"仁政"思想。他认为，"有恒产者有恒心，无恒产者无恒心"，要治理国家，首先得要让老百姓都有"恒产"，让他们都过上丰衣足食的好日子，为此，必须要降低税率，藏富于民。为了合理征税，他批评夏代的"贡"法，而比较赞成"助"法——让农民出力气耕作公田，公田所产归官府，这就是纳税了。人民富裕后，要兴办学校，教育人民，这些思想在当时都有一定的进步意义。

【跟进解读】

有恒产者有恒心

汉文帝刘恒登基之初，因为天下刚刚受过连年战乱的影响，老百姓的生活异常艰苦。所以刘恒采取"无为而治"的时政方针，鼓励人民发展生产，使得颠沛流离、饱受战乱影响的百姓有了休养生息的机会。

如果恰逢天下旱灾或者是虫害，刘恒就免除各地的进贡，开放一些平时专供皇家狩猎的地方，供百姓渔猎捕获。在皇室开支方面，他率先带头，缩减自己的衣服、车马等，裁减政府机构多余的官吏，开仓放粮救济受灾百姓。

从当上皇帝一直到驾崩，刘恒从来没有扩建过皇宫林苑，也没有无故增加过车驾人马。发现任何不利于百姓的条例，他都会急令撤销。每年到了春耕季节，他都会亲自下地耕作，以鼓励人民生产。

到景帝后期，老百姓生活已经比较富足。老百姓有了恒产，心里才能踏实，这样社会才能安定，国家才能强盛，所以"文景之治"才成为中国历史上的经济文化发展水平最高的盛世。

劳心者治人，劳力者治于人

孟子全编

【原典欣赏】

有为神农之言①者许行，自楚之滕，踵②门而告文公曰："远方之人闻君行仁政，愿受一廛③而为氓。"

文公与之处。

其徒数十人，皆衣④褐，捆屦，织席以为食。

陈良之徒陈相与其弟辛，负耒耜而自宋之滕，曰"闻君行圣人之政，是亦圣人也，愿为圣人氓。"

陈相见许行而大悦，尽弃其学而学焉。

陈相见孟子，道许行之言曰："滕君则诚贤君也；虽然，未闻道也。贤者与民并耕而食，饔飧⑤而治。今也滕有仓廪府库，则是厉民而以自养也，恶得贤？"

孟子曰："许子必种粟而后食乎？"

曰："然。"

"许子必织布而后衣乎？"

曰："否，许子衣褐。"

"许子冠乎？"

曰："冠。"

曰："奚冠？"

曰："冠素。"

曰："自织之与？"

曰："否，以粟易之。"

曰："许子奚为不自织？"

曰："害于耕。"

曰："许子以釜甑爨⑥，以铁耕乎？"

曰："然。""自为之与？"

曰："否，以粟易之。"

"以粟易械器者，不为厉陶冶；陶冶亦以其诚器易粟者，岂为厉农夫哉？且许子何不为陶冶，舍皆取诸其宫中而用之？何为纷纷然与百工交易？何许子之不惮烦？"

曰："百工之事固不可耕且为也。"

"然则治天下独可耕且为与？有大人之事，有小人之事。且一人之身，而百工之所为备，如必自为而后用之，是率天下而路也。故曰，或劳心，或劳力；劳心者治人，劳力者治于人；治于人者食人，治人者食于人；天下之通义也。"

【玄义注释】

①许行：农家代表人物之一，生平不详。②踵（zhǒng）：至，到。③廛：住房。④衣（yì）：动词，穿。⑤饔飧：饔（yōng）：早餐；飧（sūn）：晚餐。⑥爨（cuàn）：烧火做饭。

【白话翻译】

有一个奉行神农氏学说，名叫许行的人从楚国到滕国进见滕文公说："我这个从远方来的人听说您施行仁政，希望得到一所住处，成为您的百姓。"

滕文公给了他住处。

许行的门徒有几十个人，都穿着粗麻衣服，靠打草鞋织席子谋生。

陈良的门徒陈相和他弟弟陈辛背着农具从宋国来到滕国，也进见滕文公说：听说您施行圣人的政治，那么，您也是圣人了，我们都愿意做圣人的百姓。"

陈相见到许行后非常高兴，完全抛弃了自己以前所学的而改学许行的学说。

陈相有一天去拜访孟子，转述许行的话说："滕君的确是个贤明的君主，不过，他还没有掌握真正的治国之道。贤人治国应该和老百姓一道耕种而食，一道亲自做饭。现在滕国却有储藏粮食的仓库，存放财物的仓库，这是损害老百姓来奉养自己，怎么能够叫做贤明呢？"

孟子说："许先生一定要自己种庄稼才吃饭吗？"

陈相回答说："对。"

"许先生一定要自己织布然后才穿衣吗？"

回答说："不，许先生只穿粗麻衣服。"

"许先生戴帽子吗？"

回答说："戴。"

孟子问："戴什么帽子呢？"

回答说："戴白帽子。"

孟子问："他自己织的吗？"

回答说："不是，是用粮食换来的。"

孟子问："许先生为什么不自己织呢？"

回答说："因为怕误了农活。"

孟子问："许先生用锅和甑子做饭，用铁器耕种吗？"

回答说："是的。"

孟子问："他自己做的吗？"

回答说："不是，是用粮食换的。"

孟子于是说："农夫用粮食换取锅、瓶和农具，不能说是损害了瓦匠铁匠。那么，瓦匠和铁匠用锅、瓶和农具换取粮食，难道就能够说是损害了农夫吗？而且，许先生为什么不自己烧窑冶铁做成锅、甑和各种农具，什么东西都放在家里随时取用呢？为什么要一件一件地去和各种工匠交换呢？为什么许先生这样不怕麻烦呢？"

陈相回答说："各种工匠的事情当然不是可以一边耕种一边同时干得了的。"

"那么治理国家就偏偏可以一边耕种一边治理了吗？官吏有官吏的事，百姓有百姓的事。况且，每一个人所需要的生活资料都要靠各种工匠的产品才能齐备，如果都一定要自己亲手做成才能使用，那就是率领天下的人疲于奔命。所以说：有的人脑力劳动，有的人体力劳动；脑力劳动者统治人，体力劳动者被人统治；统治者靠别人养活，被统治者养活别人，这是通行天下的原则。"

【义理评析】

这段文字，既可以把它看作是孟子对当时流行的农家学说的有力批驳，又可以把它看作是孟子对于社会分工问题的系统论述。社会分工是人类历史发展的必然规律，也是文明的表现。从理论上说，生产力的发展必然导致社会分工，这是不可阻挡的历史趋势；社会分工又将进一步促进生产力的发展和社会进步，这也是必然的结果。

【跟进解读】

孟子的"社会分工"观

随着人类由原始社会向文明社会过渡，脑力劳动和体力劳动之间，管理者与被管理者之间的分工也不可避免地出现了。而这种分工的出现，就必然导致统治者与被统治者，管理者与被管理者之间的矛盾。于是，当时思想家们提出了各自的观点和解决问题的办法。

许行的农家学说就是这些观点中的一种。他把各种社会问题的出现都归咎于社会分工，认为"贤者与民并耕而食"是解决社会矛盾的最佳办法。

孟子又使出了自己一贯擅长的推谬手法对许行的学说展开批驳，一问一答，把许行及其门徒的做法推到了极其荒唐的程度，迫使陈相承认"百工之事固不可耕且为也"，实际上就承认了社会分工的合理性。

"劳心者治人，劳力者治于人"，实际上体力劳动与脑力劳动的差别，在孟子的时代早已是一个普遍存在的社会现实，他不过是对这种现象加以概括，而在"或劳心，或劳力"的基础上进一步发挥为"劳心者治人，劳力者治于人"的著名"公式"而已。

从总体和全程的角度来看，"劳心者治人，劳力者治于人"就是人类社会发展阶段中的现象概括。如果我们还历史背景以真实，从孟子说这话的具体情况来理解，也就是从社会分工问题的角度来理解，那就没有什么可怪的了。

人与人之间的关爱是有差别的

【原典欣赏】

墨者夷之因徐辟而求见孟子，[1]孟子曰："吾固愿见，今吾尚病，病愈我且往见，夷子不来。"

他日，又求见孟子，孟子曰："吾今则可以见矣。不直则道不见[2]，我且直之。吾闻夷子墨者，墨之治丧也以薄为其道也。夷子思以易[3]天下，岂以为非是而不贵也，然而夷于葬其亲厚，则是以所贱事亲也。"

徐子以告夷子，夷子曰："儒者之道，古之人'若保赤子'，此言何谓也？之则以为爱无差等，施由亲始。"

徐子以告孟子，孟子曰："夫夷子信以为人之亲其兄之子为若亲其邻之赤子乎？彼有取尔也，赤子匍匐将入井，非赤子之罪也。且天之生物也，使之一本，而夷于二本故也。盖上世尝有不葬其亲者，其亲死则举而委之于壑。他日过之，狐狸食之，蝇蚋姑嘬之。其颡有泚，睨而不视。夫泚也非为人泚[4]，中心达于面目，盖归反蘽梩而掩之。掩之诚是也，则孝于仁人之掩其亲亦必有道矣。"

徐子以告夷子，夷子怃然，为间曰："命之矣！"

【玄义注释】

①墨者夷之：指一位信奉墨家学说的叫夷之的人。②见：同"现"。③易：改变的意思。④泚：（cǐ）：出汗的样子。

【白话翻译】

墨家学派的信奉者夷之想通过孟子的学生徐辟求见孟子。孟子说："我是很愿意见他的，但我现在正病着，等我病好了我去见他，夷子就不用来了。"

过了几天，夷子又提出想见孟子。孟子说："我今天可以见他，不公正地对他，则道理就会不显明；我且公正地对待。我听说夷子是信奉墨家学说的，墨家学说提倡办理丧事，以薄葬为正确的道路；夷子想用这种主张移风易俗于天下，难道不是认为不这样就不可贵吗？然而夷子又厚葬他的亲人，那就是用他认为低贱的方法来侍奉亲人。"

徐辟把这些话告诉了夷子。夷子说："儒家的道路，古代帝王对待百姓就像爱护婴儿一样，这是说的什么意思呢？我也认为爱是没有差别等级的，只是施行的时候由亲人开始。"

徐辟把这些话告诉了孟子。孟子说："这个夷子真的认为人们爱护他的哥哥的孩子和爱护邻居的孩子一样吗？那是有取舍的。婴儿在地上爬着将要跌进井里，这不是婴儿的罪过。况且天生万物，每物只有一个根本，而夷子却认为有两个根本。大概上古时候曾经有不安葬自己亲人的人，他的亲人死了，就把尸体扛起来丢到山沟里。后来路过那里，看见狐狸在撕食尸体，苍蝇蚊子也聚来叮咬。他的额头上就冒出了汗，斜着眼而不敢正视。这个汗呀，不是自己想出的汗，是内心真情表现在脸上的结果，于是这人就返去拿藤蔓野草和灌木来掩埋尸体。掩埋尸体确实是对的，那么孝子和仁爱的人埋葬自己的亲人，也必然是有道理的。

徐辟把这些话告别了夷子。夷子怅然若失，停了一会才说："命运就是这样啊。"

【义理评析】

本节论述了怎样行善，怎样以身作则的问题。孟子指出，人与人之间的爱是有差别的，爱护人民百姓是一种普遍性的关爱，但在对待具体的某人某事上，还是有差别。因此，爱民是对一个社会整体性的关爱，并不是泛爱。所以，任何一个人在具体行为时，都要选择不同的行为方式，而从中选择到最佳行为方式，才能建立起人与人之间相互亲爱的关系。

【跟进解读】

有差别的爱反应在丧礼上

儒墨两家，当时均为显学，却多有不同。本章涉及两大问题：在对待他人的态度上，儒家主张以仁爱之心推己及人，即"老吾老，以及人之老；幼吾幼，以及人之幼"。墨家主张兼爱，爱一切人；在父母丧事问题上，儒家多主厚葬，而墨家主张从俭。平心而论，儒家推己及人之说，比墨家兼爱之说更近人情，但儒家的厚葬主张却没有墨家的薄葬主张有说服力。

墨子的"节葬"是对当时各诸侯国厚葬的反对，他认为这种厚葬的风俗是极大的浪费，因此而提出节葬短丧的主张。这一点与孔子不厚葬伯鱼和颜渊是相同的，然而夷子则厚葬其亲，这就说明在夷子的思想中，人与人之间还是有差别的，这与墨子的"爱无差等"是相悖的。虽然夷子对此进行了辩解，"我也认为爱是没有差别等级的，只是施行的时候由亲人开始。"但他的这个辩解却承认了人与人之间的爱就是有差别等级的。

夷子一方面大谈墨家的"兼相爱"，一方面又说"施由亲始"，这就是有了两个根本。这就是说，既要鼓吹"爱无差等"，又要承认有差别等级，这显然就是矛盾的了！

因此孟子说："那是有取舍的。"这个取舍，也就是万事万物都有差别等级的意思，也就是要选择最佳行为方式的意思。正因为有差别等级，人们在行为时才会有所取舍。因为一个人只能由他的父母生育教养，而不能由很多人来生育教养，因此他在对待父母时，肯定会与对待其他的父母有所不同。

卷六　滕文公（下）

本卷主要的内容是：孟子强调士大夫要有『大丈夫』的气概，在立身行事方面要注重节操；要做到『富贵不能淫，贫贱不能移，威武不能屈』；孟子认为，士大夫作为一个学人，学有成就，应该为天下、国家贡献力量。即使是急于做官，也是应该的，是无可非议的。但是，官职的取得必依其道。

本卷不少章节都涉及对士的出路问题的论述。孟子指出，君子出仕必须走正道。其手段与途径必须讲原则，反对以利益衡量行为的主张，即『非功利的道德观』；君子必须用世而有为，两方互补就是儒家的『中庸』原则在出路问题上的具体表现。

另外，还对士之价值与使命、仁政之意义与推行仁政之决心、举贤授能等问题作了论述。

立身处世不能以屈求伸

【原典欣赏】

陈代①曰："不见诸侯，宜若小然；今一见之，大则以王，小则以霸。且《志》曰：'枉尺而直寻②'，宜若可为也。"

孟子曰："昔齐景公田，招虞人③以旌，不至，将杀之。志士不忘在沟壑，勇士不忘丧其元。孔子奚取焉？取非其招不往也。如不待其招而往，何哉？且夫枉尺而直寻者，以利言也。如以利，则枉寻直尺而利，亦可为与？昔者赵简子④使王良⑤与嬖奚⑥乘，终日而不获一禽。嬖奚反命⑦曰：'天下之贱工也。'或以告王良。良曰：'请复之。'强而后可，一朝而获十禽。嬖奚反命曰：'天下之良工也。'简子曰：'我使掌与女乘。'谓王良。良不可，曰：'吾为之范我驰驱，终日不获一；为之诡遇，一朝而获十。诗云：不失其驰，舍矢如破。我不贯小人乘，请辞。'御者且羞与射者比；比而得禽兽，虽若丘陵，弗为也。如枉道而从被，何也？且子过矣：枉己者，未有能直人者也。"

【玄义注释】

①陈代：孟子的学生。②寻：八尺为一寻。③虞人：狩猎场的小官。④赵简子：名鞅，晋国大夫。⑤王良：春秋末年著名的善于驾车的人。⑥嬖奚：一个名叫奚的受宠的小臣。⑦反命：复命。反同"返"。

【白话翻译】

陈代说："不去拜见诸侯，似乎只是拘泥于小节吧。如今一去拜见诸侯，大则可以实施仁政，使天下归服；小则可以称霸诸侯。况且《志》书上说：'弯曲着一尺长，伸展开来八尺长。'似乎是可以这样以屈求伸的吧。"

孟子说："从前齐景公田猎时，用旌旗召唤管理园林的官吏而召唤不来，就想杀掉他。'有志之士不会忘记自己身处沟壑的处境，有勇之士不会忘记抛头颅洒热血。'孔子会取哪一种呢？取不召唤就不去的那种。如果不待其召唤就前往，那算什么呢？况且那个屈曲一尺而伸展八尺的说法是从利上来说的，如果要说利，那么屈曲八尺而伸展一尺有利，是否也能做呢？从前赵简子命令王良为他所宠爱的名叫奚的小臣驾车去打猎，整整一天没有打着一只猎物。奚回去后向赵简子报告说：'王良真是天下最不会驾车的人了！'有人把这话告诉了王良。王良便对奚说：'请让我再为您驾一次车。'奚勉强同意了，结果一个清晨就打了十只猎物。奚回去后又向赵简子报告说：'王良真是天下最会驾车的人啊！'赵简子说：'我让他专门为你驾车吧。'当赵简子征求王良的意见时，王良却不肯干了。他说：'我按规范为他驾车，他一整天都打不到一只猎物；我不按规范为他驾车，他却一个清晨就打了十只猎物。《诗经》说：按照规范驾车去，箭一放出就中的。我不习惯为他这样的小人驾车，请您让我辞去这个差事。'驾车的人尚且羞于与不好的射手合作，即便合作可以打到堆积如山的猎物也不干。如果我现在扭曲自己去追随那些诸侯，那又是为了什么呢？况且，你的看法是错误的：扭曲自己，是不可能让别人正直的。"

【义理评析】

陈代为孟子所出的是一个以屈求伸的主意，这其实正是苏秦、张仪等纵横家的做法，有一点机会主义的味道。但孟子坚决不同意，他以齐景公时的猎场管理员和赵简子时的优秀驾车员王良为范例，说明了君子在立身处世上不能苟且，不能搞机会主义的道理。从这里我们可以看到，虽然孔、孟都很倡导通权达变的思想，但在立身处世的出处方面，却是非常认真而不可苟且的，因为这对他们来说是一个原则问题。

【跟进解读】

董宣强项

董宣是东汉初年著名的清官，他执法如山，不畏权贵，受到朝野的赞扬。

有一次，汉光武帝的姐姐湖阳公主的家奴青天白日杀了人，因躲在公主府中，逍遥法外。得知公主外出游乐，董宣即带领手下在夏门亭迎候，强行拦住公主的车马队，董宣以刀画地示威，大声数落公主包庇罪犯的过失，并呵斥那个杀人的家奴下车，当场把他乱棍打死。

公主回到宫中，向光武帝哭诉。光武帝大怒，即召董宣前来，令卫士用鞭子打死他。董宣说："请允许我说一句话，死而无怨！"光武帝怒道："你死到临头了，还有什么话说！"董宣正气凛然道："陛下您一心想严肃法纪，打击豪强，使江山社稷长治久安，人民安居乐业，没想到今天却糊涂到允许皇亲纵奴杀人的地步！要我死容易，用不着棍棒捶打，我自寻一死就是了。"说完一头撞向殿柱，登时血流满面。

光武帝忙命人拉起董宣，说："念你一片赤胆忠心，就不治你的罪了，赶快去给公主认错，赔个不是算了。"董宣理直气壮地说："我没有错，也无礼可赔！所以这个头不能磕！"侍卫上来强按他的头，董宣强项不屈，硬挺着脖梗子，坚决不让按下去。

湖阳公主问光武帝说："以前你当老百姓的时候，常常在家里窝藏逃亡的罪犯，根本不把官府放在眼里。现在当了皇帝，怎么反而连个小小的洛阳令也驾驭不了呢？"光武帝笑道："正因为我当了一国之君，才应该律己从严，严格执法，而不能像过去做平民时那样办事了。"遂赐予董宣"强项令"的美称，饶恕并且重赏了他。从那以后，京城再也没人敢仗势行凶了。

正所谓"邪不压正"，董宣为了维护正义坚持不以屈求伸，不向任性的公主低头认错，受到汉光武帝的嘉奖，也受到了天下人的敬佩。

孟子全编

什么是真正的大丈夫

【原典欣赏】

景春①曰："公孙衍②、张仪③岂不诚大丈夫哉？一怒而诸侯惧，安居而天下熄④。"

孟子曰："是焉得为大丈夫乎？子未学礼乎？丈夫之冠也，父命之⑤；女子之嫁也，母命之，往送之门，戒之曰：'往之女家，必敬必戒，无违夫子！'以顺为正者，妾妇之道也。居天下之广居，立天下之正位，行天下之大道⑥；得志，与民由之；不得志，独行其道。富贵不能淫，贫贱不能移，威武不能屈，此之谓大丈夫。"

【玄义注释】

①景春：人名，孟子的朋友。②公孙衍：魏国人，当时著名的说客。③张仪：魏国人，与苏秦同为纵横家的主要代表。致力于"连横"去服从秦国，与苏秦"合纵"相对。④熄：指战火熄灭，天下太平。⑤丈夫之冠也，父命之：古代男子到二十岁叫做成年，行加冠礼，父亲开导他。⑥广居、正位、大道：朱熹玄义注释为：广居，仁也；正位，礼也；大道，义也。

【白话翻译】

景春说："公孙衍和张仪，难道不是真正的大丈夫吗？他们一发怒，诸侯就害怕；他们一安于辨别，天下的争斗就熄灭。"

孟子说："这个怎么能够叫大丈夫呢？你没有学过礼吗？男子举行加冠礼的时候，父亲给予训导；女子出嫁的时候，母亲给予训导，送她到门口，告诫她说：'到了你丈夫家里，一定要恭敬，一定要谨慎，不要违背你的丈夫！'以顺从为原则的，是妾妇之道。至于大丈夫，则应该住在天下最宽广的住宅里，站在天下最正确的位置上，走着天下最光明的大道。得志的时候，便与老百姓一同前进；不得志的时候，便独自坚持自己的原则。富贵不能使我骄奢淫逸，贫贱不能使我改移节操，威武不能使我屈服意志。这样才叫做大丈夫！"

【义理评析】

在本节中，孟子对"大丈夫"的含义做出了明确的诠释，他认为趋炎附势、狐假虎威的人不是大丈夫，真正的大丈夫应该想百姓之所想，忧百姓之所忧，一切替百姓考虑，而且，富贵时不能过度，贫贱时不要动摇改变意志，面对威武之势而不屈服，从而采取最佳行为方式，这才叫真正的大丈夫！

【跟进解读】

妾妇之道与大丈夫之道

景春认为公孙衍、张仪能够左右诸侯，挑起国与国之间的战争，"一怒而诸侯惧，安居而天下熄"，是了不得的男子汉大丈夫。孟子却认为公孙衍、张仪之流靠摇唇鼓舌、曲意顺从诸侯往上爬，不过是小人、女人，奉行的是"妾妇之道"，哪里谈得上是大丈夫呢？

孟子的说法含蓄而幽默，只是通过言"礼"来说明女子嫁时母亲的嘱咐，由此得出"以顺为正者，妾妇之道也"。这里值得我们注意的是，古人认为，妻道如臣道。臣对于君，当然也应该顺从，但顺从的原则是以正义为标准，如果君行不义，臣就应该劝谏。妻子对丈夫也是这样，妻子固然应当顺从丈夫，但是，夫君有过，妻也就当劝说补正。简言之，应该是"和而不同"，只有太监小老婆婢女之流，才是不问是非，以一味顺从为原则，实际上也就是没有了任何原则。

可见，"妾妇之道"还不能一般性地理解为妇人之道，而实实在在就是"小老婆之道"。孟子的挖苦是深刻而尖锐的，对公孙衍、张仪之流可以说是深恶痛绝了。对此，孟子针锋相对地提出真正的大丈夫之道，这就是他那流传千古的名言："富贵不能淫，贫贱不能移，威武不能屈。"

孟子关于"大丈夫"的这段名言，句句闪耀着思想和人格力量的光辉，在历史上曾鼓励了不少志士仁人，成为他们不畏强暴并坚持正义的座右铭。

通过正当途径获得官职

【原典欣赏】

周霄①问曰："古之君子仕乎？"

孟子曰："仕。传曰：'孔子三月无君，则皇皇如也；出疆必载质。'公明仪②曰：'古之人三月无君，则吊。'"

"三月无君则吊，不以急乎？"

曰："士之失位也，犹诸侯之失国家也。《礼》曰：'诸侯耕助③，以供粢盛；夫人④蚕缫，以为衣服。牺牲不成，粢盛不洁，衣服不备，不敢以祭。惟士无田，则亦不祭。'牺杀、器皿、衣服不备，不敢以祭，则不敢以宴，亦不足吊乎？""出疆必载质，何也？"

曰："士之仕也，犹农夫之耕也；农夫岂为出疆舍其耒耜哉？"曰："晋国亦仕国也，未尝闻仕如此其急。仕如此其急也，君子之难仕，何也？”

日：“丈夫生而愿为之有室，女子生而愿为之有家；父母之心，人皆有之。不待父母之命、媒妁之言，钻穴隙相窥，逾墙相从，则父母国人皆贱之。古之人未尝不欲仕也，又恶不由其道。不由其道而往者，与钻穴隙之类也。”

【玄义注释】

①周霄：战国时期的魏国人。②公明仪：战国时期鲁国的贤人。③耕助：即“耕藉”。藉，藉田，帝王亲耕之田。古代每到开春，都有耕藉之礼，以示重视农业。其礼先由天子亲耕，然后三公九卿诸侯大夫等依次躬耕。④夫人：指诸侯的妻子。

【白话翻译】

周霄问孟子：“古时候的君子也出来做官吗？”

孟子说：“做官。古代的记载说：‘孔子三个月没有被君主任用，就惶惶不安；离开这个国家时，必定要带上谒见另一个国家君主的见面礼。’公明仪说过：‘古代的人如果三个月不被君主任用，那就要去安慰他。’”

周霄说：“三个月没有见到君子就有人去慰问，不是太急了吗？”

孟子说：“士失掉了官位，就像诸侯失掉了国家。《礼》上说：‘诸侯亲自耕种，用来供给祭品；夫人养蚕缫丝，用来供给祭服。用作祭祀的牛羊不肥壮，谷米不洁净，礼服不齐备，就不敢用来祭祀。失掉了官位就没有田地俸禄，也就不能祭祀。’祭祀用的牲畜、祭器、祭服都不齐备，不敢用来祭祀，也就不敢宴请，就像遇到办丧事的人一样，还不该去安慰他吗？”

周霄问道：“离开一国时，定要带上谒见别的国君的礼物，为什么呢？”

孟子说：“士做官，就像农夫种田；农夫难道会因为离开一个国家就丢弃他的农具吗？”

周霄说：“我们魏国也是个有官可做的国家，却不曾听说想做官这样急迫的。想做官是这样急迫，君子却又不轻易去做官，为什么呢？”

孟子说：“男孩生下来就希望为他找到妻室，女孩生下来就希望为她找到夫家，父母的这种心情，是人人都有的。但要是没有父母的许可，没有媒人的介绍，就钻洞偷看，爬墙相爱，那么父母、国人都会看不起他们。古时候的人不是不想出来做官，但讨厌不通过正道。不通过正道而做官的，就跟钻洞爬墙相类似。"

【义理评析】

周霄很想知道读书就是为了做官吗？这个问题很有意思，因为一直到现在，还有人在问这个问题。孟子认为，平民想要通过读书获得官职，本来无可厚非，但不能只为了富贵淫侈而不择手段的谋求官位，这样会让天下人都看不起他；而要以拯救天下黎民百姓为己任，根据自己的信仰、人生观、价值观来求取官位，这样才是走正道。

【跟进解读】

不走"钻穴之道"

孟子以男女苟合偷情为喻，谴责那些不由其道、不择手段去争取做事的人，实际上还是在谴责靠游说君王起家的纵横术士们。

根据孟子的观点，想做官，实现自己的政治抱负和理想是非常正当的。但另一方面，"又恶不由其道"。说穿了，还是立身处世的"出处"问题。其基本观点与"枉己者，未有能直人者"一章是相同的，就是不能靠不正当手段去争取做官，不能扭曲自己的人格。还是光明磊落走正道，不要"钻穴隙之类"的好。

空口白话不如实际业绩

【原典欣赏】

彭更①问曰："后车数十乘，从者数百人，以传食②于诸侯，不以泰③乎？"

孟子曰："非其道，则一箪食不可受于人；如其道，则舜受尧之天下，不以为泰——子以为泰乎？"

曰："否。士无事而食，不可也。"

曰："子不通功易事④，以羡⑤补不足，则农有余粟，女有余布。子如通之，则梓匠轮舆⑥皆得食于子。于此有人焉，入则孝，出则悌，守先王之道，以待⑦后之学者，而不得食于子。子何尊梓匠轮舆而轻为仁义者哉？"曰："梓匠轮舆，其志将以求食也；君子之为道也，其志亦将以求食与？"

曰："子何以其志为哉？其有功于子，可食而食之矣。且子食志乎？食功乎？"

曰："食志。"

曰："有人于此，毁瓦画墁⑧，其志将以求食也，则子食之乎？"

曰："否"

曰："然则子非食志也，食功也。"

【玄义注释】

①彭更：人名，孟子的学生。②传食：指住在诸侯的驿舍里接受饮食。③泰：同"太"，过分。④通功易事：交流成果，交换物资。⑤羡：多余的意思。⑥梓匠轮舆：梓人、匠人、批木工；轮人、舆人指制造车轮和车厢的工人。⑦待：同"持"，扶持。⑧墁：（man）：这里用指为土墙之意。

【白话翻译】

彭更问："后面跟随着数十辆车，又跟随着几百人，在客馆里吃遍了诸侯各国，不以为过分吗？"

孟子说："如果不正当，就是一篮子饭也不能够接受；如果正当，就是像舜那样接受了尧的天下也不过分。你认为说得过分吗？"

彭更说："不，我是觉得读书人不劳动而白吃饭，是不对的。"

孟子说："你不通晓用成效交换之事，以多余的补充不足；那么农民有余粮，妇女有多余的布帛就不知道如何交换。你如果通晓这些事，那么造礼器的梓人、掌土木的匠人、造车轮的轮人、制车厢的舆人都能从你这里得到饭吃。比如说这里有一个人，在家孝顺父母，出门尊敬长辈，奉行先王的圣贤学说，来培养后代的学者，却不能从你那里得到吃的。你怎么可以尊重木匠车工却轻视奉行仁义道德的人呢？"

彭更说："木匠车工，他们干活的动机就为了求饭吃。读书人研究学问，其动机也是为了求饭吃吗？"

孟子说："你为什么以他们的动机来看问题呢？只要他们对你有成绩，

应该给他们吃的，那就给他们吃的罢了。况且，你是论动机给他们吃的呢？还是论功绩给他们吃的呢？"

彭更说："论动机。"

孟子说："比如这里有一个人，把屋瓦打碎，在新刷好的墙壁上乱画，但他这样做的动机是为了弄到吃的，你给他吃的吗？"

彭更说："不。"

孟子说："那么你不是因人的动机而供养，而是按他的贡献而供养了。"

【义理评析】

这里实际上牵涉两个方面的问题。一个还是当受不当受的问题，用我们的话来说，只要是正当的，再多也可以接受；如果不正当，再少也不应该接受；另一个方面是动机与效果的关系问题，彭更是从动机来看问题，解决问题，孟子则是从实际功绩，也就是效果方面来看问题，有点近似于不听大话、空话，只看工作实绩。

【跟进解读】

"纸上谈兵"比不上实战经验

赵括从小就学习兵法，谈论用兵打仗的事，认为天下没人能比得上他。他曾经跟父亲赵奢议论过用兵打仗的事，赵奢也不能驳倒他。

然而，尽管赵奢承认赵括的辩才，却从不承认他的军事才能。赵括的母亲问起其中的原因，赵奢说："战争是以命相搏的事情，但是赵括把它说得轻而易举，假使赵国不让赵括做将军也就算了，如果一定要他担任将军，那么毁掉赵国军队的一定是赵括了。"

公元前262年，秦军占领了野王，进而攻占上党，还准备向长平进军。赵国派老将廉颇抵挡秦军。廉颇命令兵士们修筑堡垒，深挖壕沟，住守阵地，跟远来的秦军对峙，准备长期抵抗。

王龁几次三番向赵军挑战，廉颇坚守不应。秦军无奈，并意识到廉颇久经沙场，富有经验，长期下去，肯定对秦军不利。秦昭襄王便运用了范雎一计，派探子到赵国散布谣言，说秦国就是怕让年轻力强的赵括带兵；廉颇不中用，眼看就快投降啦！

孟子全编

赵王早就听过赵括的名声，听说他在兵法上的造诣比他父亲还厉害，听到了这种传言后，便把赵括找来，问他能不能打退秦军。赵括拍着胸脯说："没问题。"

赵王听了很高兴，随即拜赵括为大将，去接替廉颇。蔺相如对赵王说："赵括只懂得读兵书，不会临阵应变，不能派他做大将。"赵括的母亲听说后也赶紧过来劝阻，说："他父亲临终的时候再三嘱咐，不能让赵括带兵打仗，如果用他为大将的话，只怕赵军断送在他手里。"赵王却执意而为。

赵括到了长平，立即把廉颇的策略全部废除，下令主动出兵进攻秦军。此时的秦军统帅已经秘密换成了白起，他针对赵括骄傲轻敌的弱点，采取了佯败后退、诱敌脱离阵地，进而分割包围、予以歼灭的作战方针，获得战争的胜利。赵国四十余万士卒除了年少体弱的二百四十人归赵，其余全部被坑杀于长平，赵国上下为之震惊。

纸上谈兵的人不一定有真本事，这类人往往只是擅长口舌之争。赵王不听人劝，轻信徒有虚名的赵括，使赵国遭受了毁灭性的打击，从此再也无力与秦军相抗。

四海归心则会战无不胜

【原典欣赏】

万章①问曰："宋，小国也，今将行王政，齐、楚恶而伐之，则如之何？"

孟子曰："汤居亳②，与葛为邻。葛伯放而不祀。汤使人问之曰：'何为不祀？'曰：'无以供牺牲也。'汤使遗之牛羊。葛伯食之，又不以祀。汤又使人问之曰：'何为不祀？'曰：'无以供粢盛也。'汤使亳众往为之耕，老弱馈食。葛伯率其民，要其有酒食黍稻者夺之，不授者杀之。有童子以黍肉饷，杀而夺之。《书》曰：'葛伯仇饷。'此之谓也。为其杀是童子而征之，四海之内皆曰：'非富天下也，为匹夫匹妇复雠也。''汤始征，自葛载。'十一征而无敌于天下。东面而征，西夷怨；南面而征，北狄怨，曰：'奚为后我？'民之望之，若大旱之望雨也。归市者弗止，芸者不变，诛其君，吊其民，如时雨降，民大悦。《书》曰：'徯我后，后来其无罚。''有攸不惟臣，东征，绥厥士女。匪厥玄黄，绍我周王见休，惟臣附于大邑周。'其君子实玄黄于匪以迎其君子，其小人箪食壶浆以迎其小人。救民于水火之中，取其残而已矣。《太誓》曰：'我武惟扬，侵于之疆，则取于残，杀伐用张，于汤有光。'不行王政云尔，苟行王政，四海之内皆举首而望之，欲以为君；齐、楚虽大，何畏焉？"

【玄义注释】

①万章：孟子的学生。②亳（bó）：地名，商汤的都城，在今河南商丘。

【白话翻译】

万章问："宋国是个小国，现在想推行王政，齐国、楚国却讨厌它而讨伐它，应该怎么办呢？"

孟子说："从前汤居住在亳地，同葛国是邻国。葛伯放纵无道，不祭祀先祖。汤派人问他：'为什么不祭祀？'葛伯说：'没有供祭祀用的牲畜。'汤就派人送给他牛羊。葛伯把牛羊吃了，并不用来祭祀。汤又派人问他：'为什么不祭祀？'葛伯说：'没有供祭祀用的谷物。'汤就叫亳地的群众去替他耕种，年老体弱的送饭。葛伯带领自己的人拦截带有酒肉饭菜的人进行抢夺，不肯给的就杀掉。有个孩子拿着饭和肉去送给耕种的人，葛伯杀了孩子，抢走了饭和肉。《尚书》上说：'葛伯仇视送饭的人。'就是说的这件事。因为葛伯杀了这个孩子，汤才去征讨他，普天下的人都说：'不是要把天下变为自己的财富，是为了给平民

孟子全编

百姓报仇。'汤王征讨，从葛国开始。'征讨十一次，天下无敌。向东征讨，西面的民族就埋怨；向南征讨，北面的民族就埋怨。他们埋怨说：'为什么把我们这里放在后面？'人民盼望他来，就像大旱之年盼望下雨一样。所到之处，赶集的不停止买卖，种田的不停止耕耘，商汤讨伐暴君，慰问他们的老百姓，像及时雨从天而降，老百姓非常喜欢。《尚书》上说：'等待我们的君王，他来了我们就不受罪了。'有攸国助纣为虐不臣服，周王向东征讨，安抚那里的士民妇女，他们用筐装着黑色和黄色的丝帛，以事奉我们周王为荣，最后他们臣服了大邦周室。'那儿的官吏带着用筐装着的丝绸来迎接周的官吏，那儿的老百姓用筐装着饭食，用壶盛着饮水来迎接周的士兵。把老百姓从水深火热中拯救出来，就是要去掉残暴的君主。《泰誓》上说：'我们的武力要发扬，攻入他们的国土，除掉那残暴的君主，用杀伐来彰明正义，比成汤的功业更辉煌。'只怕宋君不推行王政，如果真能推行王政，普天之下民众都会抬头盼望，要拥护这样的人来做君主；齐国、楚国虽然强大，又有什么可怕的呢？"

【义理评析】

孟子说，如果行仁政，"四海之内皆举首而望之，欲以为君，齐楚虽大，何畏焉？"他举了几个例子，证明"仁者无敌"，一是商汤征讨葛国等诸侯的例子，二是周王征讨攸国、于国等诸侯的例子，从而说明，诸侯如果实行仁政，则不仅会得到本国人民的拥护，还会得到暴君所在国人民的拥护，如此四海归心当然会战无不胜。

【跟进解读】

不战而屈人之兵

赵惠文王十九年（公元前280年），惠文王命赵奢为将，攻打齐国的麦丘城。此前赵军曾多次进攻麦丘，但由于麦丘粮草充足，守军中有善于守城的墨家弟子相助，所以没能攻下。惠文王对此十分生气，命令赵奢在一个月内拿下麦丘。

一个月的时间太短了，所以赵奢一到麦丘就命令进攻。但城中的墨家弟子对赵军的进攻很有防御办法，赵军连攻几日都无功而返，而且城外也有不少墨家游侠组成的游击队对赵军进行骚扰。如果继续这种情况的话，一个月的时间很快就会过去。

于是，赵奢询问抓到的俘虏，向他们了解城中的情况，可是俘虏坚决不肯说。赵括也不为难这些俘虏，而是每天给他们饭吃，最后还让他们带些粮食回城中给家里人吃。于是，俘虏中便有人悄悄地告诉赵括，城中的粮食已经不多，而且都被齐军控制着，百姓们早已断粮，已经开始吃人了。赵括问齐军还能守多长时间，俘虏说还能守几个月。于是赵奢停止进攻，把俘虏全部放了回去。

俘虏回去后，说这支赵军很客气，不但给他们饭吃，还让他们带粮食回来。这样一说，城里的百姓就想出来投降赵奢了。齐将见俘虏给城中带来了骚动，便将他们都关了起来，士兵和百姓对此都有怨言。

接着，赵奢就隔三差五让围城的赵军用抛石机把粮食抛入城中。守城的齐军却派代表把这些粮食送回来，对赵奢说赵军要战就来攻，不要再抛粮食了。赵奢让他回城里等着，但却并不进攻，只是隔了几天才继续向城里抛粮食。过了几天，守城的齐将发来战书，要和赵奢择日决战，但赵奢却闭门不出。

这样又过了几天，麦丘城终于发生暴乱，老百姓杀了守城的齐军将领投降了。就这样，赵奢不战而屈人之兵，顺利在一个月内拿下了麦丘。

人们常说："攻城为下，攻心为上。"这场麦丘之战就是历史上著名的一次"攻心战"，赵奢向已经断粮的麦丘城中抛粮食，是在用"仁政"打动城中百姓，最后得到百姓的拥护，自然就能够战无不胜。

孟子全编

近朱者赤近墨者黑

【原典欣赏】

孟子谓戴不胜①曰："子欲子之王之②善与？我明告子。有楚大夫于此，欲其子之齐语也，则使齐人傅诸？使楚人傅诸？"

曰："使齐人傅之。"

曰："一齐人傅之，众楚人咻③之，虽日挞而求其齐也，不可得矣；引而置之庄岳④之间数年，虽日挞而求其楚，亦不可得矣。子谓薛居州，善士也，使之居于王所。在于王所者，长幼卑尊皆薛居州也，王谁与为不善？在王所者，长幼卑尊皆非薛居州也，王谁与为善？一薛居州，独如宋王何？"

【玄义注释】

①戴不胜：人名，宋国的臣子。②之：动词，向，往，到。③咻（xiū）：喧哗干扰的意思。④庄岳：庄街、岳里，均在齐都临淄。

【白话翻译】

孟子对戴不胜说："你想要你们君王向善吗？我明确地告诉你。有位楚国的大夫，希望他的儿子能说齐国的方言，是让齐国人来教他呢？还是让楚国人来教他？"

戴不胜说："找齐国人来教他好。"

孟子说："一个齐国人教他，众多楚国人在旁喧哗，即使天天鞭挞并强逼他说齐国话，也是做不到的。反之，如果把他带到齐国去，住在齐国的某个街市比方说名叫庄岳的地方，在那里生活几年，那么，即使你每天鞭打他，要求他说楚国话，那也是不可能的了。你说薛居州是个好人，要他住在王宫中。如果在王宫中的人，无论年龄大小还是地位高低都是像薛居州那样的好人，那君王和谁去做坏事呢？相反，如果在王宫中的人，无论年龄大小还是地位高低都不是像薛居州那样的好人，那君王又和谁去做好事呢？单单一个薛居州能把宋王怎么样呢？"

【义理评析】

在本节中，孟子用"近朱者赤，近墨者黑"的道理说明周围环境对人的影响的重要性，从而说明当政治国的国君应注意对自己身边所用亲信的考查和选择。因为，如果国君周围都是好人，那么国君也就会和大家一起向善做好事。相反，如果国君周围多是坏人，那么国君也就很难做好人了。

孟子全编

【跟进解读】

环境对一个人成长的重要性

孟子从小丧父，家里的生活来源全靠母亲倪氏一人日夜纺纱织布，挑起生活重担。倪氏是个勤劳而有见识的妇女，她希望自己的儿子读书上进，早日成才。

一次，孟母看到孟轲在跟邻居家的小孩儿打架，孟母询问得知，这里经常有爱打架闹事的人。于是，孟母觉得这里的环境不好，就带着孟子搬家了。

到了新的住处，重新过起了生活，可是又有一天，孟母看见邻居铁匠家里支着个大炉子，几个满身油污的铁匠师傅在打铁。而孟子却在院子的角落用砖块做铁砧，用木棍做铁锤，模仿着铁匠师傅的动作。孟母一想，这样下去孩子长大后就会变成铁匠，于是又搬了家。

这次，孟母把家搬到了荒郊野外的墓地旁边。结果，孟子看到穿着孝服的送葬队伍，觉得挺好玩，就模仿着他们的动作，也用树枝挖开地面，认认真真地把一根小树枝当作死人埋了下去，直到孟母找来，才把他拉回了家。

于是，孟母第三次搬家了。这次搬到了一所学堂旁边，有个老夫子教着一群大大小小的学生。老师每天摇头晃脑地领着学生念书，那拖腔拖调的声音就像唱歌，孟子听了也跟着摇头晃脑地念了起来。这时，孟母才满意地点着头说："这才是我儿子应该住的地方呀！"

后来，孟子通过刻苦读书，终于成为了仅次于孔子的一代儒家宗师。

孟母三迁的故事可谓是妇孺皆知，它所蕴含的道理就在于：环境能够影响人的发展。这和孟子在本节所阐述的道理是共通的，值得我们学习和借鉴。

君子应培养自己的节操

【原典欣赏】

公孙丑问曰："不见诸侯何义？"

孟子曰："古者不为臣不见。段干木[①]逾垣而辟[②]之，泄柳闭门而不纳[③]，是皆已甚；迫，斯可以见矣。阳货欲见孔子[④]而恶无礼，大夫有赐于士，不得受于其家，则往拜其门。阳货瞰[⑤]孔子之亡也，而馈孔子蒸豚；孔子亦瞰其亡也，而往拜之。当是时，阳货先，岂得不见？曾子曰：'胁肩谄笑，病于夏畦[⑥]。'子路：'未同而言，观其色赧赧然，非由之所知也。'由是观之，则君子之所养，可知已矣。"

戴盈之[⑦]曰："什一，去关市之征，今兹[⑧]未能，请轻之，以待来年，然后已，何如？"

孟子曰："今有人日攘[⑨]其邻之鸡者，或告之曰：'是非君子之道！'曰：'请损之，月攘一鸡，以待来年，然后已。'——如知其非义，斯速已矣，何待来年？"

【玄义注释】

①段干木：姓段干，名木，战国初期魏文侯时的贤者。②辟：同"避"。③泄柳：人名，鲁穆公时人。"纳"同办。④阳货欲见孔子：事见《论语·阳货》。"见"在这里作使动用法，是阳货想让孔子来拜见他的意思。⑤瞰：窥视的意思。⑥胁肩谄笑，病于夏畦：胁肩，耸起肩头，故作恭敬的样子。胁肩谄笑形容逢迎谄媚的丑态。畦：本指菜地间划分的行列，这里作动词用，指在菜地里劳动。⑦戴盈之：人名，战国时期宋国的大夫。⑧兹：

年。⑨攘：偷。

【白话翻译】

公孙丑问道："不主动去拜见诸侯是什么道理？"

孟子说："古时候的惯例，不是诸侯的臣子就不去参见。段干木翻墙逃避魏文侯，泄柳关门不接待鲁穆公，都太过分了。迫不得已，也是可以见的。从前阳货想要孔子去拜见他，又厌恶别人说他不懂礼仪。大夫如果对士人有所赏赐，士人没有在家亲自接受的话，就得上大夫家去拜谢。于是，阳货便趁孔子不在家的时候，给孔子送去一只蒸乳猪。孔子也打听到阳货不在家时，前去拜谢。当时，要是阳货真心诚意地先去看孔子，孔子难道不去拜见他吗？曾子说：'耸起两个肩头，做出一副讨好人的笑脸，这真比顶着夏天的毒日头在菜地里干活还要令人难受啊！'子路说：'分明不愿意和那人谈话，却要勉强去谈，脸上还做出羞惭的样子，这种人不是我所能够理解的。'从这里看来，君子是怎样修养自己的，就可以知道了。"

戴盈之说："田租十分取一，取消关卡市场的税收，现今还不能办到。请先减轻，等到明年再完全办到，怎么样？"

孟子说："现在有一个人每天偷邻居家的一只鸡，有人告诫他说：'这不是正派人的行为！'他便说：'请让我先减少一些，每月偷一只，等到明年再彻底洗手不干。'——如果知道这种行为不合于道义，就应该赶快停止，为什么要等到明年呢？"

【义理评析】

在孟子看来，阳货不愿意去见孔子，所以趁孔子不在家的时候给他送去一只蒸乳猪，这是一种很可笑的做法。这和本节中曾子和子路所说的那两种人是类似的，实质上就是"胁肩谄笑"，就是"巧言令色"，说穿了就是两个字——虚伪！

【跟进解读】

不做胁肩谄笑之徒

说到虚伪，那可真就是一个说不清道不明的话题了。一方面，它是"老

孟子全编

鼠过街，人人喊打"，所以人都把它作为人类的恶行败德而加以口诛笔伐。也就是说，似乎是一个无需讨论的问题了。但另一方面，我们又分明感觉到自己随时随地都生活在虚伪的包围之中。所以，这似乎又是一个很有必要深入研究的问题，正是这两个方面的二律背反使"虚伪"突现在我们的生活之中，不仅令我们这些凡夫俗子，而且令圣贤们也困惑不已，所以有反复论述。

至于孟子在这里为什么又说到这个话题，则是从"谄媚"引起的。因为学生公孙丑提到为什么不主动去拜见诸侯的问题，孟子在回答时说到两个方面的表现。一方面是像段干木、泄柳那样，过于清高，过于孤芳自赏，似乎也没有必要。因为儒者凡事反对走极端，而主张中正平和、恰如其分。另一方面就说到谄媚的问题了。虽然他这里没有明说，但我们可以揣测到，他所指的"胁肩谄笑"之徒，正是那些逢迎、巴结各国诸侯的纵横术士们。而这些人，因为是他反复鞭挞的对象，这里也就没有明说了。

从谄媚到虚伪，或者换句话说，谄媚本身也就是虚伪。有人说："虚伪及欺诈产生各种罪恶。"有人说得更为干脆："虚伪乃罪恶之源！"问题还是在于，认识到这些以后，我们又拿什么来与之较量，怎样来清除这"罪恶之源"呢？这恐怕就不是能够"毕其功于一役"，甚而至于"毕其功于一代"的事了吧。

为真理而辩，受万人称颂

【原典欣赏】

公都子①曰："外人皆称夫子好辩，敢问何也？"

孟子曰："予岂好辩哉？予不得已也！天下之生久矣，一治一乱。当尧之时，水逆行，泛滥于中国，蛇龙居之，民无所定；下者为巢，上者为营窟。《书》曰：'洚水警余。'洚水者，洪水也。使禹治之。禹掘地而注之海；驱蛇龙而放之菹；水由地中行，江、淮、河、汉是也。险阻既远，鸟兽之害人者消，然后人得平土而居之。"

"尧舜既没，圣人之道衰，暴君代作。坏宫室以为污池，民无所安息；弃田以为园囿，使民不得衣食。邪说暴行又作，园囿、污池、沛泽多而禽兽至。及纣之身，天下又大乱。周公相武王诛纣，伐奄^②三年讨其君，驱飞廉^③于海隅而戮之。灭国者五十。驱虎、豹、犀、象而远之，天下大悦。《书》曰：'丕显哉，文王谟！丕承者，武王烈！佑启我后人，咸以正无缺。'"

"世衰道微，邪说暴行有作，臣弑其君者有之，子弑其父者有之。孔子惧，作《春秋》^④。《春秋》，天子之事也。是故孔子曰：'知我者其惟《春秋》乎！罪我者其惟《春秋》乎！'"

"圣王不作，诸侯放恣，处士横议，杨朱^⑤、墨翟之言盈天下。天下之言不归杨，则归墨。杨氏为我，是无君也；墨氏兼爱，是无父也。无父无君，是禽兽也。公明仪曰：'庖有肥肉，厩有肥马，民有饥色，野有饿莩，此率兽而食人也！'杨墨之道不息，孔子之道不著，是邪说诬民，充塞仁义也。仁义充塞，则率兽食人，人将相食。吾为此惧，闲先圣之道，距杨墨，放淫辞，邪说者不得作。作于其心，害于其事；作于其事，害于其政。圣人复起，不易吾言矣。"

"昔者禹抑洪水而天下平，周公兼夷狄，驱猛兽而百姓宁，孔子成《春秋》而乱臣贼子惧。《诗》云：'戎狄是膺，荆舒是惩，则莫我敢承。'无父无君，是周公所膺也。我亦欲正人心，息邪说，距诐行，放淫辞，以承三圣者，岂好辩哉？予不得已也。能言距杨墨者，圣人之徒也。"

【玄义注释】

①公都子：孟子的学生。②奄：国名，原附属商，其地在今山东省曲阜附近。周公伐奄是周成王时的事。③飞廉：殷末时人，一作"蜚廉"④《春秋》：春秋时期鲁国史官按年记载历史的书，孔子晚年曾对它进行删定。⑤杨朱：战国初期思想家，魏国人，字子居，又称杨子、阳子或阳生。他主张"为我"、"全性葆真"，不拔一毛以利天下，与墨翟的"兼爱"主张相反。

【白话翻译】

公都子说："别人都说先生喜好辩论，请问这是为什么呢？"

孟子说："我难道是喜欢辩论吗？我是不得已而辩论啊！天下有人类已经很久了，时而太平，时而混乱。在尧的时候，水大到向西流，泛滥于中原地区，到处被龙蛇盘踞，百姓无处安身；住在低地的人在树上搭巢，住在高处的人在山上营造洞穴。《尚书》上说：'洚水警诫我们。'洚水，就是洪水。

孟子全编

尧派禹治水。禹开挖河道，让洪水流注进大海；驱逐蛇龙，把它们赶进荒草丛生的沼泽；水都顺着地中间的河道流泄，这就是长江、淮河、黄河和汉水。险阻排除了，危害人类的鸟兽消灭了，然后人们才能够在平地上居住。"

"尧舜去世以后，圣人治国爱民之道逐渐衰微，暴虐的君主接连出现，毁坏了房屋来做池沼，使百姓无处安居；废弃了农田来做园林，使百姓不能谋生。荒谬的学说、暴虐的行为纷纷出现，园林、深池、沼泽多了，禽兽又聚集来了。到了商纣时，天下又大乱了。周公辅佐武王杀掉纣王，讨伐奄国，三年后除掉了奄君，把飞廉驱逐到海边杀掉。消灭的国家达五十个。把老虎、豹子、犀牛、大象驱赶到很远的地方，普天之下人心大快。《尚书》上说：'多么辉煌啊，文王的谋略！后继有人啊，武王的功业！扶助、启迪我们后人，都正确完美没有欠缺。'"

"现社会混乱正道衰微，荒谬的学说、暴虐的行为又纷纷出现了，有臣子杀君主的，有儿子杀父亲的。孔子感到忧惧，编写了《春秋》。《春秋》所记载的是天子的事，所以孔子说：'将使世人了解我的恐怕也只有《春秋》了，将使世人责怪我的恐怕也只有《春秋》了。'"

"圣王不出现了，诸侯们肆无忌惮，在野人士横暴放纵地议论，杨朱、墨翟的言论充斥天下，世上的言论不属于杨朱一派便属于墨翟一派。杨朱宣扬一切为自己，这是心目中没有君王；墨翟宣扬对人一样地爱，这是心目中没有父母。心目中无父无君，这就成了禽兽。公明仪说过：'厨房里有肥肉，马棚里有肥马，而百姓面黄肌瘦，野外有饿死的尸体，这好比率领着野兽来吃人啊！'杨朱、墨翟的学说不灭亡，孔子的学说不光大，这会使邪说蒙骗人民，堵塞仁义。仁义被堵塞了，就导致率领

野兽吃人，人与人将互相蚕食的惨状。我为此忧惧，决心捍卫古代圣人的思想，批驳杨朱、墨翟的学说，排斥荒诞的言论，使邪说不能产生。邪说从心里产生，就会危害事业；在事业上起了作用，就会危害政治。如果再有圣人出现，也不会改变我这话的。"

"从前大禹制服了洪水而使天下太平，周公兼并了夷狄，赶跑了猛兽而使百姓安宁，孔子编写了《春秋》而使犯上作乱的人畏惧。《诗经》上说：'打击戎狄，严惩荆舒，就没有谁敢抗拒我。'目无父母、君主的人，正是周公所要讨伐的。我也想要端正人心，破除邪说，抵制偏颇的行为，批驳错误夸张的言论，来继承大禹、周公、孔子三位圣人。我怎么是喜好辩论呢？我是不得不如此。凡是能够著书立说敢于抵制杨、墨学说的人，便不愧是圣人的学生。"

孟子全编

【义理评析】

读《孟子》，无时无刻都能领略到孟子的确好论辩。孟子虽然也承认自己多论辩，但认为这是不得已而为之。孟子那时，杨子、墨子的学说充满天下。杨子主张"为我"，孟子认为这是"无君"。墨子主张"兼爱"，孟子认为这是"无父"。在这种情况下，孔子的仁义学说就得不到发扬，天下就不可能安宁。所以孟子只有挺身而出反对杨墨学说。

【跟进解读】

魏征坚持真理，不惧天威

魏徵是大唐重臣，他以直谏敢言著称，是中国史上最负盛名的谏臣。

一次，唐太宗兴致勃勃地要带护卫和近臣去郊外打猎，刚要出宫门，迎面碰上魏征。

魏征听说他们要去打猎，走上前去对唐太宗说："眼下正是仲春，万物萌生，禽兽哺幼，不宜狩猎，请陛下返宫吧。"

太宗一听，不高兴了，心想："我乃是大唐帝王，拥有天下，即便是打了一些哺幼的禽兽又能怎么样呢？"

说完，太宗马鞭一指，请魏征让到一旁，自己打马向前，坚持出游。魏征却不肯妥协，干脆跑过来站在路中央，拦住唐太宗的去路。

看到这种情况，唐太宗气愤至极，策马返宫，一见到长孙皇后就说："气煞我也！我一定要杀掉魏征这个老顽固！泄一泄我的心头之恨！"

长孙皇后问明事情原委后，没有埋怨他，也没有说什么，只是悄悄回到内室，穿上礼服，然后郑重地来到唐太宗面前叩首道："恭喜陛下！贺喜陛下！"

唐太宗见了，一头雾水，不知她葫芦里到底卖的什么药，就吃惊地问："何事如此隆重？"

长孙皇后一本正经地回答："臣妾听说君主英明仁爱，臣下就会敢言直谏，现在魏征敢这样直谏陛下，由此可见陛下是位英明的皇帝，所以我来恭贺陛下！"

唐太宗一听，知道她是在婉言批评自己，心想魏征虽然屡次冲撞于我，但仔细想来，他的话每次都很有道理，比起他的谏言的实用性来说，他对我的不敬只是小事一桩，我不该因为一点小的过失就怪罪于他啊。于是决定不再责怪魏征，并时常与他共商朝政。

魏征不惧天威，坚持真理，这一点非常值得我们学习，正是他的这种正义精神，加上唐太宗的英明宽厚，才促成了大唐盛世的来临。

做个真正的廉洁之人

【原典欣赏】

匡章①曰："陈仲子②岂不诚廉士哉？居于陵③，三日不食，耳无闻，目无见也。井上有李，螬④食实者过半矣，匍匐往，将⑤食之三咽，然后耳有闻，目有见。"

孟子曰："于齐国之士，吾必以仲子为巨擘⑥焉。虽然，仲子恶能廉？充仲子之操，则蚓而后可者也。夫蚓，上食槁壤，下饮黄泉。仲子所居之室，伯夷之所筑与？抑亦盗跖⑦之所筑与？所食之粟，伯夷之所树与？抑亦盗跖之所树与？是未可知也。"

曰："是何伤哉？彼身织屦，妻辟纑⑧，以易之也。"

曰："仲子，齐之世家也，兄戴，盖⑨禄万钟。以兄之禄为不义之禄而不食也，以兄之室为不义之室而不居也，辟兄离母，处于于陵。他日归，则有馈其兄生鹅者，己频顣[10]：'恶用是轻轻者为哉？'他日，其母杀是鹅也，与之食之。其兄自外至，曰：'是轻轻之肉也！'出而哇之。以母则不食，以妻则食之；以兄之室则弗居，以於陵则居之。是尚为能充其类也乎？若仲子者，蚓而后充其操者也。"

【玄义注释】

①匡章：齐国人，曾在齐威王和宣王朝做过将军。②陈仲子：齐国人，又称田仲、陈仲、于（wū）陵仲子等。③于陵：齐国地名，在今山东长山县南。④螬（cáo）：即蛴螬，俗称"地蚕"、"大蚕"，是金龟子的幼虫。⑤将：拿，取。⑥巨擘（bò）：大拇指，这里引申为特殊人物之意。⑦盗跖：所说是春秋时有名的大盗，柳下惠的兄弟。⑧辟纑（lú）：绩麻练麻。绩麻为辟，练麻为纑。⑨盖（gě）：地名，是陈戴的封邑。⑩频顣（cù）：同颦蹙，形容皱着眉头。忧愁的样子。

【白话翻译】

匡章说："陈仲子难道不是真正的正直廉洁之人吗？居住在于陵，三天不吃饭，耳朵听不见，眼睛看不到。井边有棵李子树，金龟子的幼虫已蛀食大半，他摸索着爬过去取来吃，吞咽了三口，耳朵才听得见，眼睛才看得见。"

孟子说："在齐国人中间，我一定把仲子看成大拇指。但是，他怎能叫做廉洁？要推广仲子的操守，那只有把人变成蚯蚓之后能办到。蚯蚓，在地面上吃干土，在地面下喝泉水。可仲子所住的房屋，是像伯夷那样廉洁的人所建筑的呢？还是像盗跖那样的强盗所建筑的呢？他所吃的粮食，是像伯夷那样廉洁的人所种植的呢？还是像盗跖那样的强盗所种植的呢？这个还是不知道的。"

　　匡章说："这有什么妨碍呢？他亲自编织草鞋，妻子开辟纺织麻线的事，用这些去交换来的。"

　　孟子说："仲子是齐国的宗族世家，他的哥哥陈戴在盖邑的俸禄便有几万石之多。可他却认为他哥哥的俸禄是不义之财而不去吃，认为他哥哥的住房是不义之产而不去住，避开哥哥，离开母亲，住在于陵这个地方。有一天他回家里去，正好看到有人送给他哥哥一只鹅，他皱着眉头说：'要这种呃呃叫的东西做什么呢？'过了几天，他母亲把那只鹅杀了给他吃，他的哥哥恰好从外面回来，看见后便说：'你吃的正是那呃呃叫的东西的肉啊！'仲子一听，便跑到外面把肉呕吐出来。母亲的东西不吃，妻子的食物却吃；兄长的房屋不住，于陵的房屋却去住，这样能称得上是廉洁的典范吗？像陈仲子这样的人，恐怕只有把自己变成蚯蚓后才能符合他的廉洁作风吧？"

　　【义理评析】

　　在本节中，孟子深入讲解了一个从古至今都备受世人关注的问题——廉洁问题。陈仲子也确实是个好人，是个廉洁的人，但他的所作所为却不是一个正常的人所应该做的，所以孟子对他的行为进行了讽刺，认为他们是在故作廉洁，做样子给别人看的。

　　【跟进解读】

廉洁也讲度

　　陈仲子是齐国著名的"廉士"，可孟子却认为他的作为不能算是廉洁，尤其是不能提倡、推广他的这种作为。为什么呢？因为他的所作所为做得太过分了，是一种走极端的行为。孟子尖刻地讽刺说，要做到他那样，除非把人先变成蚯蚓，只吃泥土，喝地下水，这才能够做到彻底"廉洁"。而真正要用这种"廉"的标准来衡量，就是陈仲子本人也没有能够做到。比如说，他住的房屋，还不知道是哪个不廉洁的人甚至强盗一样的人建筑起来的哩；他所吃的粮食，还不知道是哪个不廉洁的人甚至强盗一样的人种植出来的哩。何况，他离开母亲，不吃母亲的食物，但却还是要吃妻子的食物；他避开哥哥，不住哥哥的房屋，但却还是要在于陵这个地方来住房屋。这些行为，难道能够说是彻底"廉洁"吗？不是！说到头，只能算是一种沽名钓誉，一种酸腐，用我们今天流行的话来说，就是一种"假"，一种虚伪。

在"反腐倡廉"的今天，也的确有一个对廉洁的认定问题。廉洁并不是谈钱色变，拿得越少越好；也并不是生活越俭朴越好，人越清贫穷酸越好。其实，按照孔子、孟子的看法，廉洁就是"非其道，则一箪食不可受于人；如其道，则舜受尧之天下，不以为泰。"比如说你该领的工资不领，该拿的奖金不拿，那就不是廉洁，而是沽名钓誉了。

所以，廉洁与酸腐的界限还是应该引起我们注意的一个问题。尤其是在当今这个经济问题时常引起人们困惑的时代。

卷七　离娄（上）

本卷中多为格言式的短章，谈论较多的是仁义的功利性价值。孟子指出，不管是个人的荣辱安危，还是国家的兴废存亡，都取决于是否行仁义之道。因此，对个人而言，道德修养的关键在于『反求诸己』，即通过自我反省和修养，获得信任，最后达到治民的目标。孟子说：『人有恒言，皆曰天下国家，天下之本在国、国之本在家、家之本在身。』从这点出发，进一步形成了修身、齐家、治国、平天下的思想。

没有规矩不成方圆

【原典欣赏】

孟子曰："离娄①之明，公输子②之巧，不以规矩，不能成方圆；师旷③之聪，不以六律④，不能正五音⑤；尧舜之道，不以仁政，不能平治天下。今有仁心仁闻而民不被其泽，不可法于后世者，不行先王之道也。"

故曰，"徒善不足以为政，徒法不能以自行。《诗》云：'不愆不忘，率由旧章。'遵先王之法而过者，未之有也。圣人既竭目力焉，继之以规矩准绳，以为方员平直，不可胜用也；既竭耳力焉，继之以六律正五音，不可胜用也；既竭心思焉，继之以不忍人之政，而仁覆天下矣。"

故曰，"为高必因丘陵，为下必因川泽；为政不因先王之道，可谓智乎？是以惟仁者宜在高位。不仁而在高位，是播其恶于众也。上无道揆也，下无法守也，朝不信道，工不信度，君子犯义，小人犯刑，国之所存者幸也。故曰，城郭不完，兵甲不多，非国之灾也；田野不辟，货财不聚，非国之害也。上无礼，下无学，贼民兴，丧无日矣。"

"《诗》曰：'天之方蹶，无然泄泄。'泄泄犹沓沓也。事君无义，进退无礼，言则非先王之道者，犹沓沓也。故曰，'责难于君谓之恭，陈善闭邪谓之敬，吾君不能谓之贼。'"

孟子曰："规矩，方员之至也；圣人，人伦之至也。欲为君，尽君道；欲为臣，尽臣道。二者皆法尧舜而已矣。不以舜之所以事尧事君，不敬其君者也；不以尧之所以治民治民，贼其民者也。孔子曰：'道二，仁与不仁而已矣。'暴其民甚，则身弑国亡；不甚，则身危国削，名之曰'幽'、'厉'⑥，虽孝子慈孙，百世不能改也。《诗》云：'殷鉴不远，在夏后之世。'⑦此之谓也。"

【玄义注释】

①离娄：相传是黄帝时一个视力特别好的人，能于百步之外见秋毫之末。②公输子：即鲁班，春秋末年鲁国人，古代著名的建筑工匠。③师旷：

春秋时晋平公的乐师，名旷，相传他的辨音能力特别强。④六律：指十二律中的六个阳律。⑤五音：中国古代音乐所定的五个音阶，具体名称是：宫、商、角、徵、羽。⑥幽、厉：帝王谥号，指周幽王和周厉王。⑦这两句出自《诗经·大雅·荡》。

【白话翻译】

孟子说："即使有离娄那样敏锐的视力，有公输班那样精巧的手艺，如果不使用圆规和曲尺，也画不出方形和圆形。即使有师旷那样的听力，如果不根据六律，也不能校正五音。即使有尧舜所遵循的道路，如果不施行爱民的政策，也不能把天下治理好。现在有些国君虽有仁爱之心、仁爱之誉，但百姓却未能受到恩惠，未能被后世效法，就是因为不实行先王的道路的缘故。

所以说，"光有善心不足以搞好政治，好的法度不会自动实行。《诗经》上说：'不犯错误，不要遗忘，完全遵循旧规章。'遵循先王的法度而犯错误，这是从来没有的事。圣人竭尽了目力，接着用圆规、曲尺、水准器、墨线，来制作方的、圆的、平的、直的东西，这些东西就用不尽了；圣人竭尽了耳力，接着用六律来校正五音，五音就运用无穷了；圣人竭尽了心思，接着又施行仁政，仁德就遍布天下了。

所以说，站得高必然是因为站在丘陵上的缘故，站得低必然是因为站在河流旁的缘故；治理国政如果不依照先王之道，怎能

说得上有智慧呢？因此，只有仁人才应该处在高位。不仁的人处在高位，这会使他把邪恶传播给众人。在上的不依照义理度量事物，在下的不用法度约束自己，朝廷不信仰道义，官吏不信仰法度，君子触犯理义，小人触犯刑律，国家还能生存的，只是出于侥幸罢了。所以说，'城墙不坚固，军队不够多，不是国家的灾难；土地没有扩大，财富没有积聚，不是国家的祸害。'在上的不讲礼义，在下的不学礼义，作恶的百姓日益增多，国家的灭亡就没有几天了。"

"《诗经》上说：'上天正要颠覆王朝，群臣不要吵吵闹闹。'吵吵闹闹，就是说话放肆随便。侍奉君主不讲义，一举一动不合礼，张口就诋毁先王之道，便是放肆随便。所以说，'责求君王施行仁政，这叫恭敬；向君王陈述好的意见，堵塞他的邪念，这叫尊重；认为君王不能行善，这叫坑害君王。'"

孟子说："圆规和曲尺，是方与圆的准则；圣人的作为，是人与人之间关系的准则。想要做君主，就要走君主的道路；想要做臣子，就要走臣子的道路。这二者不过是效法尧、舜罢了。不用舜侍奉尧的态度来侍奉君主，就是不敬重他的君主；不用尧治理百姓的方法来治理百姓，就是残害他的百姓。孔子说：'道路只有两条，仁和不仁罢了。'对百姓过于残暴，就会自身被杀、国家灭亡；即使不算太坏，也会自身危险、国家削弱，死后被加上'幽'、'厉'这类恶谥，即使他有孝顺的子孙，一百代也无法更改了。《诗经》上说：'殷朝的借鉴不远，就在前代的夏朝。'说的就是这种情况。"

【义理评析】

孟子认为，即使有离娄的火眼金睛、公输子的高超技巧，但如果不用圆规和曲尺，也难以画好方形和圆形，即俗话所说的没有规矩不成方圆。所以要平治天下，就应重视仁政学说，懂得效法古代君王的治国经验，同时吸取他们的失败教训。

【跟进解读】

唐太宗以史为镜

唐朝建立以后，唐太宗从波澜壮阔的农民战争中认识到人民群众力量的伟大，吸取隋朝灭亡的原因，非常重视老百姓的生活。他强调以民为本，常

孟子全编

说："民，水也；君，舟也。水能载舟，亦能覆舟。"

同时，唐太宗还认真分析了历代王朝兴衰的经验教训，从而认识到了施行仁政的重要性。便下令轻徭薄赋，从不轻易征发徭役，让老百姓休养生息。

另外，他还积极听取臣下的劝谏，名臣魏征就是唐太宗时期有名的敢言大臣，常常冒死向唐太宗进谏忠言。唐太宗曾问魏征："为什么历史上有些君王英明，而有些君王却很糊涂呢？"魏征回答说："兼听则明，偏信则暗。"唐太宗听了点头不已。

后魏征病逝，唐太宗深感少了一位不避龙威的敢谏之臣，常常思念魏征。叹息地说："把铜作为镜子，可使穿戴端庄齐整；把历史作为镜子，可以了解历朝存亡兴替；把人作为镜子，可以明了本身缺点，我以前有这三面镜子，可以用来防止自己做错事情。现在魏征已经死了，我失去了一面珍贵的镜子啊。"

唐太宗能够学习前人的经验教训，通过对历史兴衰的分析来兴除天下的利弊，大唐江山在这样的明智之君治理下，岂能不国富民强？

严以律己才能治天下

【原典欣赏】

孟子曰："三代之得天下也以仁，其失天下也以不仁。国之所以废兴存亡者亦然。天子不仁，不保四海；诸侯不仁，不保社稷；卿大夫不仁，不保宗庙；士庶人不仁，不保四体。今恶死亡而乐不仁，是犹恶醉而强酒。"

孟子曰："爱人不亲，反其仁；治人不治，反其智；礼人不答，反其敬。行有不得者皆反求诸己，其身正而天下归之。《诗》云：'永言配命，自求多福。'①"

孟子曰："人有恒②言，皆曰，'天下国家。'天下之本在国，国之本在家，家之本在身。"

孟子曰："为政不难，不得罪于巨室③。巨室之所慕，一国慕之；一国之所慕，天下慕之；故沛然德教溢乎四海。"

【玄义注释】

①这两句出自《诗经·大雅·文王》。②恒：这里用为长久、常常之意。③巨室：指很有影响力的卿大夫家族。

【白话翻译】

孟子说："夏、商、周三代能够得到天下是因为爱民，最后失去天下是因为不爱民。诸侯国家的兴盛、衰败和生存、灭亡的原因也是如此。天子不爱民，就不能保住天下；诸侯不爱民，就不能保住国家；公卿大夫等官员不爱民，就不能保住王室；读书人和普通百姓不爱民，就不能保住自身。现在有些人憎恶死亡但乐于干坏事，这就像厌恶喝醉酒却强要去喝酒一样。"

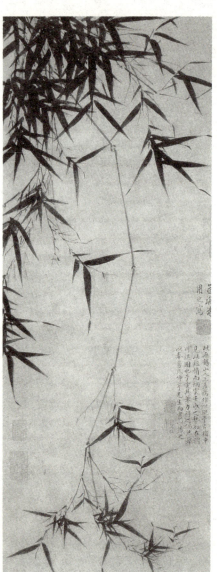

孟子说："爱别人，别人不来亲近，就要反问自己仁的程度；管理别人却管理不好，就要反问自己智的程度；礼貌待人，别人却不理睬，就要反问自己恭敬的程度。行为有得不到预期效果的，都要反过来求问自己。自身端正了，天下的人就会来归附他。《诗经》上说：'永远配合天命，自己求来众多的幸福。'"

孟子说："人们有句常说的话，都说：'天下国家'。可见天下的根本在于国，国的根本在于家，家的根本在于个人。"

孟子说："搞好政治不难，不得罪贤明的卿大夫就行了。他们所爱慕的，全国都会爱慕；全国所爱慕的，天下都会爱慕；因而德教就会浩浩荡荡充溢于天下了。”

【义理评析】

儒家政治，强调从自身做起，从身边事做起，要求修身为本，是先己后人，推己及人。“身修而后家齐，家齐而后国治，国治而后天下平。”所以，论述观点多与个人品行紧紧连在一起，而能够自律便是持仁行善的重要前提之一。

【跟进解读】

羊续悬鱼拒贿

羊续在南阳郡太守任上，廉洁自守，赴任后数年未回家乡探亲。一次，他的夫人领着儿子从老家千里迢迢到南阳郡看望丈夫，不料被羊续拒之门外。原来，羊续身边只有几件布衾和短衣以及数斛麦，根本无法招待妻儿，遂不得不劝说夫人和儿子返回故里，自食其力。

羊续虽然历任庐江、南阳两郡太守多年，但从不请托受贿、以权谋私。他到南阳郡上任不久，他属下的一位府丞给羊续送来一条当地有名的特产——白河鲤鱼。羊续拒收，推让再三，这位府丞执意要太守收下。当这位府丞走后，羊续就将这条大鲤鱼挂在屋外的柱子上，风吹日晒，成为鱼干。

后来，这位府丞又送来一条更大的白河鲤鱼。羊续把他带到屋外的柱子前，指着柱上悬挂的鱼干，说：“这是你上次送的鱼，已经晒成了鱼干，请你一起都拿回去吧。”这位府丞只好带走了鱼，但心里很佩服羊续的节操。此事传开后，南阳郡百姓无不称赞，敬称其为“悬鱼太守”，也再无人敢给羊续送礼了。

羊续悬鱼拒贿，是一种自律，更是一种智慧，因为他能够清醒认识个人好恶与事业兴衰成败之间的关系，始终做到抵御诱惑，慎其所好，表现出高尚的道德操守。

自作自受，害人害己

【原典欣赏】

孟子曰："天下有道，小德役①大德，小贤役大贤；天下无道，小役大，弱役强。斯二者，天也。顺天者存，逆天者亡。齐景公曰：'即不能令，又不受命，是绝物也。'涕出而女于吴。今也小国师大国而耻受命焉，是犹弟子而耻受命于先师也。如耻之，莫若师文王。师文王，大国五年，小国七年，必为政于天下矣。《诗》云：'商之孙子，其丽不亿。上帝既命，侯于周服。侯服于周，天命靡常。殷士肤敏，裸将②于京。'孔子曰：'仁不可为众也。夫国君好仁，天下无敌。'今也欲无敌于天下而不以仁，是犹执热而不以濯也。《诗》云：'谁能执热，逝不以濯？'"

孟子曰："不仁者可与言哉？安其危而利其菑③，乐④其所以亡者。不仁而可与言，则何亡国败家之有？有孺子歌曰：'沧浪之水清兮，可以濯我缨⑤；沧浪之水浊兮，可以濯我足。'孔子曰：'小子听之！清斯濯缨，浊斯濯足矣。自取之也。'夫人必自侮，然后人侮之；家必自毁，而后人毁之；国必自伐，而后人伐之。《太甲》曰：'天作孽，犹可违；自作孽，不可活。'此之谓也。"

【玄义注释】

①役：这里用为役使于、服从于之意。②将：将要、就要。③菑：同"灾"，这里用为灾祸之意。④沧浪：河名，即汉水，此处则是指青苍色的水。⑤缨：系在颈下的帽带。

【白话翻译】

孟子说："天下有了正常的道路，小的规律就服从于大的规律，有小贤的人就服从于大贤的人；天下失去了正常的道路，力量小的就服从于力量大的，势力弱的就服从于势力强的。这两种情况，符合天理。顺从天理的生存，违逆天理的灭亡。齐景公说过：'我既不能命令别人，又不愿听别人命令，这就同别人断绝了关系。'景公不得已哭着把女儿嫁到吴国去。现在，小国效法大国，却又耻于接受大国命令，这就好比学生耻于接受老师的命令一样。如果真的感到羞耻，那就不如效法文王。效法文王，大国不出五年，小国不出七年，一定能在天下掌权。《诗经》上说：'商朝子子孙孙，不下十万余人。上帝既有命令，都向周朝归顺。都向周朝归顺，就因天命没有定论。殷朝的臣子，不论是漂亮的聪明的，都行裸献之礼，助祭在周王京城。'孔子说：'仁的力量，不在于人多。国君爱好仁德，就能天下无敌。'如果想无敌于天下而又不凭借仁，这就像热得受不了而又不肯洗澡一样。《诗经》上说：'谁能热得受不了，不去洗个澡？'"

孟子说："对那些不仁爱者难道可以讨论问题吗？他们把危险的局面当成安全，把灾难的发生当成捞取利益的机会，把导致国破家亡的事当成乐趣；这些不仁爱的人要是可以用言语劝说，那还会有什么亡国败家的事发生呢？从前有个孩子唱道：'沧浪的水碧清哟，可以洗我的帽带；沧浪的水浑浊哟，可以洗我的脚。'孔子说：'弟子们听着！水清就洗帽带，水浊就洗脚了。这是由水自己招来的。'一个人必然是自己招致侮辱，人家才来侮辱他；一个家必然是自己招致毁败，人家才来毁败它；一个国必然是自己招致讨伐，别人才来讨伐它。《太甲》上说：'上天降灾，还可以躲；自己作孽，别想再活。'说的就是这个意思。"

【义理评析】

孟子认为，水的用途有贵有贱，是因为水有清有浊造成的，人有贵有贱，有尊有卑又何尝不是由自己造成的呢？同样，一个家庭，一个国家，都莫不如此。人因为不自尊，他人才敢轻视；家由于不和睦，"第三者"才有插足的缝隙；国家动乱，祸起萧墙之内，敌国才趁机入侵。我们今天说"堡垒最容易从内部攻破"，其实也正是这个意思。

【跟进解读】

崇祯皇帝自毁长城

袁崇焕是明朝末期抗击清军的名将，他以八股文取士，却能带兵遣将，曾三败清兵，使得清兵闻风丧胆。

初督宁远，袁崇焕就打败了军事天才努尔哈赤，取得明朝对后金的第一次大捷。努尔哈赤死后，皇太极即位，此人雄心大略优胜努尔哈赤，然而他也没有在袁崇焕的手上讨到任何好处，在后来的锦宁大捷也被袁崇焕重创。

又过了几年，清兵绕道辽东，越过长城，围攻北京。袁崇焕从关外闻讯，星夜驰援，疾奔两天两夜到达京师，没顾上休息就与清兵大战于广渠门外。

清军突然进攻北京，引起了全城震动，崇祯帝更是急得心慌意乱，不知该怎么办才好，后来听说袁崇焕带兵赶到，心才定了一些。但是一些魏忠贤的余党却散布谣言，说这次后金兵绕道进京，完全是袁崇焕引进来的，说不定里面还有什么阴谋呢。

崇祯帝是个猜疑心极重之人，听了这些谣言，也有些怀疑。正在这时，一个被金兵俘虏去的太监从金营逃了回来，向崇祯帝密告，说袁崇焕和皇太极已经订下密约，要出卖北京，崇祯皇帝大惊。原来皇太极曾捕捉两名明宫太监，然后故意让两人以为听见满清将军之间的耳语，谓袁崇焕与满人有密约，皇太极再放其中一名太监回京，以成反间之计。

崇祯皇帝果然中计，于崇祯二年十二月初将袁崇焕逮捕入狱，有个大臣知道袁崇焕平日忠心为国，觉得事情蹊跷，劝崇祯帝说："请陛下慎重考虑啊！"崇祯帝却拒绝大臣的劝告，一些魏忠贤余党又趁机诬陷，终于在崇祯三年八月，将一代名将以磔刑（分裂肢体）处死于西市，弃尸于市，明朝最后一道"长城"终于倒塌。

据史料记载，行刑那天，袁崇焕毫无惧色，他被五花大绑，押上刑场，"刽子手割一块肉，百姓付钱，取之生食。顷间肉已沽清。再开膛出五脏，截寸而沽。百姓买得，和烧酒生吞，血流齿颊"。袁崇焕死后14年，清兵入关，明朝灭亡。

纵观历史，因为君王听信谣言而使忠臣良将遭到诛杀的情况有很多，这样的君王就是"自作孽，不可活。"不但害了别人，自己也不会有好下场，轻则留下骂名，重则身死国亡。崇祯皇帝听信谗言，自毁长城，所以说灭明朝者，非满清也，乃明朝自己也。

人才的流失是最可悲的

【原典欣赏】

孟子说："桀、纣之失天下也，失其民也；失其民者，失其心也。得天下有道：得其民，斯得天下矣；得其民有道：得其心，斯得民矣；得其心有道：所欲与之聚之，所恶勿施，尔也。民之归仁也，犹水之就下、兽之走圹也。故为渊驱鱼者，獭也；为丛驱爵①者，鹯②也；为汤、武驱民者，桀与纣也。今天下之君有好仁者，则诸侯皆为之驱矣。虽欲无王，不可得已。今之欲王者，犹七年之病求三年之艾也。苟为不畜，终身不得。苟不志于仁，终身忧辱，以陷于死亡。《诗》云：'其何能淑，载胥及溺③。'①此之谓也。"

孟子曰："自暴者，不可与有言也；自弃者，不可与有为也。言非礼义，谓之自暴也；吾身不能居仁由义，谓之自弃也。仁，人之安宅也；义，人之正路也。旷安宅而弗居，舍正路而不由，哀哉！"

孟子曰："道在迩而求诸远，事在易而求诸难：人人亲其亲、长其长，而天下平。"

【玄义注释】

①爵：通"雀"。这里用指为飞禽之意。②鹯：（zhan 毡）这里用指为鹞、鹰一类猛禽。③溺：沉湎，无节制的意思。

【白话翻译】

孟子说："夏桀、商纣之所以失去天下，是因为失去了百姓；他们之所以失去百姓，是因为失去了民心。取得天下是有一定的道路的，得到百姓，就会得到天下；得到百姓也是有一定的道路的，得到人民的心，就会得到人民的拥护。得到人民的心也是有一定的道路的，人民所想要的就要给他们，并使他们有一定的聚集，人民所厌恶的就不要强加给他们，不过如此罢了。人民之归向于仁爱，就像水向低处流，野兽喜欢跑在旷野一样。所以，替深

147

水引来鱼的是水獭；替树丛赶来鸟雀的是鹞鹰；替汤王、武王招来百姓的，是夏桀和商纣。如果现在天下的国君有爱好仁德的，那么诸侯们就会替他把人民招来。哪怕他不想称王天下，也不可能了。现在想称王天下的人，好比害了七年的病要找存放多年的艾来治。如果平时不积存，那就终身得不到。如果不立志在仁上，必将终身忧愁受辱，以至于死亡。《诗经》上说：'那怎能把事办好，只有一块儿淹死了。'说的就是这种情况。"

孟子说："自己损害自己的人，不可以和他谈什么；自己抛弃自己的人，不可以和他有什么作为。说话诋毁礼义，这叫自己戕害自己；自认为不能守仁行义，这叫自己抛弃自己。仁是人们最安全的住所，义是人们最正确的道路。空着安全的住所不住，舍弃正确的道路不走，真可悲啊！"

孟子说："道路就在眼前，却向远处去寻找；事情本来容易，却找难的去做：每个人只要亲近自己的亲人，敬重自己的长辈，天下就能够太平了。"

【义理评析】

孟子在这里讲到的，是善与恶的历史辩证法。结合我们的现实生活来看，地区与地区之间，单位与单位之间，商家与商家之间，也同样存在着这种"为渊驱鱼，为丛驱雀"的现象。比如说人才"跳槽"，往往是由于原单位的领导失去了人才的信赖之心而发生，这等于是这个单位的领导主动把自己的人才驱赶到另外的单位去。这里的道理是非常简单的，只不过在实际生活与工作中，我们往往不知不觉地做了这种"为渊驱鱼，为丛驱雀"的蠢事还没有意识到罢了。

【跟进解读】

得人才者得天下

陈平是西汉开国的重要功臣，他年轻的时候家里很穷，全靠兄长的照顾才免于饿死。反秦的起义爆发后，陈平前往临济投奔魏王，后来又转入项羽手下做谋士。然而，项羽刚愎自用，独断专行，陈平几次进言都不被采纳，所以他一直感到郁郁不得志。

公元前205年春，因司马卬背楚降汉，项羽迁怒于陈平。陈平看清了项羽是个鲁莽武夫，最终是不可能取得胜利的，于是他封金挂印，去投奔自己

孟
子
全
编

的老朋友魏无知。

在魏无知的引见下，陈平见到了汉王刘邦。刘邦对陈平的能力十分欣赏，立刻就封陈平为都尉，"使为参乘，典护军"。陈平一下子成了刘邦的近臣。

其他的将领看到陈平寸功未立而一步登天，都为此而抱怨不满，对刘邦说："大王得到一个楚国降兵，还不知道他的品行高下、才能大小，便官封都尉，同车共载，还叫他监护三军，未免抬举过分，万一他有反叛之心怎么办？"

刘邦却不为闲言碎语所动，反而更加信任陈平，他对将领们说："陈平这个人是个很有谋略的人才，然而项羽却不重用。现在他空有一腔抱负，却没有地方施展，所以才来投靠我。我给予他施展自己才华的机会，他感恩还来不及，又怎么可能会背叛我呢？"

后来，陈平用计离间了项羽和其主要谋士范增的关系，为汉朝统一天下立下了大功，从而证明了刘邦独到的识人眼光。

这个故事说明了"得人才者得天下"的道理。陈平本是辅国之才，但项羽有眼无珠，有才而不识，导致人才流失，既削弱了自己，同时也壮大了敌人，其损失不可估量。后来项羽由一代西楚霸王沦落到兵败垓下乌江自刎的境地，我们也就不难想象了。

通过仁义使天下归心

【原典欣赏】

孟子曰："居下位而不获于上，民不可得而治也。获于上有道：不信于友，弗获于上矣。信于友有道：事亲弗悦，弗信于友矣。悦亲有道：反身不诚，不悦于亲矣。诚身有道：不明乎善，不诚其身矣。是故诚者，天之道也；思诚者，人之道也。至诚而不动者，未之有也；不诚，未有能动者也。"

孟子曰："伯夷辟纣，居北海之滨①，闻文王作，兴曰：'盍归乎来！吾闻西伯②善养老者。'太公③辟纣，居东海之滨，闻文王作，兴曰：'盍归乎来！吾闻西伯善养老者。'二老者，天下之大老也，而归之，是天下之父归之也。天下之父归之，其子焉往？诸侯有行文王之政者，七年之内，必为政于天下矣。"

孟子曰："求也为季氏宰④，无能改于其德，而赋粟倍他日。孔子曰：'求非我徒也，小子鸣鼓而攻之可也。'由此观之，君不行仁政而富之，皆弃于孔子者也，况于为之强战？争地以战，杀人盈野，争城以战，杀人盈城，此所谓率土地而食人肉，罪不容于死。故善战者服上刑，连诸侯者次之，辟草莱、任土地者次之。"

【玄义注释】

①北海之滨：其地在今濒临渤海的河北昌黎一带。②西伯：即周文王。③太公：即姜太公。曾辅佐文王、武王灭商建立周朝。④求也为季氏宰：求，冉求，孔子弟子。季氏，指季康子，鲁国卿。

【白话翻译】

孟子说："职位低下而得不到上司的信任，是不能治理百姓的。要获得上司的信任也有一定的道路，如果不能得到朋友的信任，也就不能获得上司的信任。要被朋友信任有办法：如果侍奉父母得不到父母欢心，也就不会被朋友信任了。要父母欢心有办法：如果反省自己不诚心诚意，也就得不到父母欢心了。要使自己诚心诚意有办法：如果不明白什么是善行，也就不会使自己诚心诚意了。所以，诚是天然的道理，追求诚是做人的道理。极端诚心而不能使人感动，是从不会有的事；不诚心是没有谁会被感动的。"

孟子说："伯夷躲避纣王，隐居在北海边，听说文王兴盛起来了，高兴地说：'何不去投奔西伯呢！我听说西伯善于奉养老人。'太公躲避纣王，隐居在东海边，听说文王兴盛起来了，高兴地说：'何不去投奔西伯呢！我听说西伯善于奉养老人。'这两位老人，是天下最有声望的老人，他们投奔了西伯，这就使天下做父亲的都去投奔西伯了。天下的父老都归向周文王，他们的子女还能往哪里去呢？诸侯们中如有施行周文王的爱民政策的，在七年之内，就能施行其爱民政策于天下了。"

孟子说："冉求做了季氏的官员，没有能力改变季氏执政的规律，而征收的粟米比过去倍增。孔子说：'冉求不是我的学生，弟子们，你们可以擂起鼓来声讨他！'由此看来，君主不施行仁政，反而去帮他聚敛财富的人，都是孔子所鄙弃的，更何况为他卖命打仗的人呢？为争夺一块地方打仗而杀人遍野，为争夺一座城池打仗而杀人满城，这就叫做领着土地来吃人肉，罪恶之大，将他处死都嫌不够的。所以善于打仗的人该受最重的刑罚，唆使诸侯拉都结伙打仗的人，该受次一等的刑罚，强令百姓垦荒耕种的人该受再次一等的刑罚。"

【义理评析】

孟子认为，应该像周文王那样善待伯夷、太公这样的"巨室"、"大老"，利用他们的影响力使天下归心。而不能像冉求不仁不义，加重了人民的赋税，或者像张仪那样的纵横家挑动战争，那是被孔子所唾弃的。孟子的"仁"就是尊重人，怜恤人，一切以人为本，通过仁来使天下归心。

【跟进解读】

心怀仁义则天下归服

三国时代的刘备，少年丧父，与母亲相依为命，家中一贫如洗。虽说他是皇室后代，但在成名之前并未给他带来什么好处，只能以贩履织席为业。这样一个普普通通的平民百姓，为什么能在乱世之中崛起，成为三足鼎立之一呢？其实，这与他的仁义是分不开的。

刘备与关羽、张飞一见如故，与他们义结金兰，从此食则同桌，寝则同席，处处关照他们。而关羽和张飞也用实际行动回报了刘备的这份仁义，为他成就霸业做出了巨大的贡献。

刘备对赵云也非常器重，长坂坡一役，当赵云把阿斗送到刘备面前时，玄德接过掷之于地，说："为汝这孺子，几损我一员大将。"这份仁义让赵云非常感动，从此更是为刘备赴汤蹈火，在所不惜。

可以说，无论是"桃园结义"还是"三顾茅庐"，刘备无时不在展示自己仁义的一面。在他的感召下，很多有才能的人都纷纷归附，并且死心塌地地为他效命。

作为领导者，就应该心怀仁义，树立自己宽厚仁慈的形象，这样就能感召贤才和下属，为事业的成功奠定扎实的根基。

人要学会通权达变

孟子全编

【原典欣赏】

孟子曰："存乎人者，莫良于眸子。眸子不能掩其恶。胸中正，则眸子瞭焉；胸中不正，则眸子眊焉。听其言也，观其眸子，人焉廋哉？"

孟子曰："恭者不侮人，俭者不夺人。侮夺人之君，惟恐不顺焉，恶得为恭俭？恭俭岂可以声音笑貌为哉？"

淳于髡曰："男女授受不亲，礼与？"

孟子曰："礼也。"

曰："嫂溺，则援之以手乎？"

曰："嫂溺不援，是豺狼也。男女授受不亲，礼也；嫂溺，援之以手者，权也。"

曰："今天下溺矣，夫子之不援，何也？"

曰："天下溺，援之以道；嫂溺，援之以手。子欲手援天下乎？

【白话翻译】

孟子说："考察一个人，最好的方法是看他的眼睛。一个人的眼睛是不能掩盖他实际上的缺点的。心中正派，眼睛就会明亮；心中不正，眼睛就会昏暗失神。听他的言谈，观察他的眼神，人们怎么来搜求呢？"

孟子说："恭敬的人不欺侮别人，节俭的人不掠夺别人。欺侮人、掠夺人的君主，唯恐别人不顺从，怎么能做到恭敬和节俭？恭敬和节俭难道可以靠声音笑貌强装出来的吗？"

淳于髡说："男女之间不亲手传递接受东西，这是一种社会行为规范吗？"

孟子说："是社会行为规范。"

淳于髡说："如果嫂嫂淹入水中，要伸手去救她吗？"

孟子说："嫂子落水了而不去拉，这就如同豺狼了。男女之间不亲手递接东西，这是礼法的规定；嫂子落水而用手去拉，这是对礼法的变通。"

淳于髡说："现在，天下的人都掉落水中了，您不去救，为什么呢？"

孟子说："天下的人都落水了，要用王道去救；嫂子落水了，要用手去救。你难道想用手去救天下的人吗？"

【义理评析】

在本节中，淳于髡与孟子的论辩很有意思。淳于髡的本意是劝孟子出手救天下，但没有直接说，而是用类比方法设计了一个"陷阱"，引孟子上钩。孟子却采用把本体与喻体分开的办法为自己解了围：天下的人都掉到水里了，要用"道"去救援；嫂子掉到水里去了，用手去救援。孟子的权变思想含有辩证法的因素，遇特殊情况要权衡利弊而明乎变通。

【跟进解读】

机变无双的曹操

话说西凉刺史董卓乘朝野之乱，统帅二十万大军进驻洛阳，废了少帝，立了献帝，自封为相国。他欺主弄权，作威作福，残暴凶狠，大臣们都想除掉他，却苦于没有办法。骁骑校尉曹操有心暗杀董卓，他经常出入相国府，渐渐取得了董卓的信任。

一日，曹操从王司徒处借来七星宝刀一口，藏刀于身来到相府，走入小阁，见董卓坐在床上，义子吕布侍立于一侧。董卓问"孟德今天为何来得这么晚？"曹操说："我的马走不快，所以迟了。"董卓听后，命吕布去挑选一匹西凉好马送给曹操，吕布出去了。

曹操心想："这老贼死期到了。"想刺他，又怕董卓力大，没敢妄动，只好站在一旁等待机会。董卓身体肥胖，不能久坐，不一会，即侧身而卧。曹操见他躺下，心想机会来了，急抽刀欲刺。不想董卓从铜镜内看见曹操抽刀，转身急问："孟德你要干什么？"

这时，吕布也牵马回来了，曹操心中慌乱，心想：我命休矣。俗话说"人急生智"，眼看就要大祸临头，曹操突然灵机一动，想到一个脱身之法，于是持刀跪下说："我得了一口宝刀，想要献给相国。"董卓接刀一看，长足盈尺，锋利无比，果然是一口宝刀。

董卓引曹操出阁看马，曹操谢道："愿借马一试。"曹操牵着马出了相府，快马加鞭往东南疾去。吕布对董卓说："曹操好像有行刺之举。"董卓有些醒悟，于是派人去追。此时曹操已经飞马奔出东门，逃得无影无踪了。

学会灵活变通才能解开死结，才能摆脱困境，继续以后的路。曹操不愧是一代枭雄，勇略过人，机变无双，行刺失败本是必死之局，也只有他才能金蝉脱壳，化险为夷。

侍奉父母是做人的根本

孟子全编

【原典欣赏】

公孙丑曰："君子之不教子，何也？"

孟子曰："势不行也。教者必以正；以正不行，继之以怒。继之以怒，则反夷矣。'夫子教我以正，夫子未出于正也。'则是父子相夷也。父子相夷，则恶矣。古者易子而教之，父子之间不责善。责善则离，离则不祥莫大焉。"

孟子曰："事①，孰为大？事亲为大；守，孰为大？守身为大。不失其身而能事其亲者，吾闻之矣；失其身而能事其亲者，吾未之闻也。孰不为事？事亲，事之本也；孰不为守？守身，守之本也。曾子②养曾晳，必有酒肉。将彻，必请所与；问有余，必曰'有'。曾晳死，曾元养曾子，必有酒肉。将彻，不请所与；问有余，曰'亡矣'，将以复进也。此所谓养口体者也。若曾子，则可谓养志也。事亲若曾子者，可也。"

【玄义注释】

①事：动词，这里用为侍奉之意。②曾子：即曾参，春秋时鲁国人，与他的父亲曾晳同为孔子的弟子。

【白话翻译】

公孙丑说："君子不亲自教育自己的儿子，为什么呢？"

孟子说："这在情势上是不行的，教育必须要用正确的规范；用正确的规范没有成效，执教者就会发怒。怒气一产生，倒反伤害了小孩。'父亲用严格的规范来要求我，可您自己并不按正确的规范行事。'这样父子之间就伤害了感情。父子之间就伤害了感情，关系就恶化了。古时候相互交换儿子进行教育，父子之间不求全责备。相互求全责备，会使父子关系疏远，父子疏远，那就没有比这更不幸的了。"

　　孟子说："侍奉之事，什么为最大？侍奉父母为最大。操守之事，什么为最大？守住自身为最大。没有丧失操守又能很好地侍奉父母亲的，我听说过。丧失了自身善性而能侍奉好父母的，我从来没听说过。哪个长者不该侍奉？但侍奉父母才是侍奉的根本；哪种好品德不该守护？但守护自身的善性是守护的根本。曾子奉养他的父亲曾皙，每餐必定有酒肉。撤除食物时，必定要请示剩下的酒肉给谁；父亲问有没有剩余，必定说'有'。曾皙死后，曾元奉养他的父亲曾子，每餐也必定有酒肉。撤除时，不请示剩余的给谁；父亲问有没有剩余，就回答说'没有了'，其实是准备拿吃剩的作为下顿再进奉给父亲。这就是人们所说的仅仅是供养父母的身体。像曾子那样，就可以称为对父母心意的奉养了。侍奉双亲像曾子那样的人，才算可以。"

【义理评析】

　　孟子认为，讲服事人，服事谁最重要？侍奉双亲最重要；讲人的操守，什么操守最重要？守身最重要。守护自身而不使自己陷于不仁不义不忠不孝，这就能侍奉双亲；反之，就不能侍奉双亲。侍奉好了双亲，就能对待好上级、君王，因此，侍奉双亲是做人做事的根本；守护自己而使自己归于仁义礼智，就能治国平天下，因此，守护自己是一切操守的根本。

【跟进解读】

侍奉长辈要格外用心

　　王祥是晋朝的人，年少的时候母亲就过世了。他的继母朱氏对王祥非常不好，屡次在他父亲面前说王祥的坏话，破坏他跟父亲的父子关系。王祥不但受尽了委屈，还受到朱氏的挑剔刁难，甚至叫他做一些没有办法做的事情。然而，王祥非但没有和后母作对，反而对后母更好，更加的敬爱，希望能化解后母对他的作法，所以对后母就更加的孝顺。

　　朱氏很喜欢吃新鲜的活鱼，有一年冬天，她命王祥去给她抓鱼。可是当时时值严冬，所有的江河全部都冻结了，哪里还有鱼呢？但王祥为了满足母亲的愿望，还是顶着严寒来到河边，可河面早已冰封，如何抓鱼？王祥想了想后就脱掉衣服，让身子躺卧在冰面之上，一面用身体去暖化冰层，一面诚心的为母亲祷告。过了一会儿，冰面突然自己裂开，竟然有两条鲤鱼跃了出来。王祥非常高兴，就拿回家烹调好给母亲吃。

后来，朱氏还要求王祥做了许多不可能完成的事情想要为难他，但王祥都一一做到了，他的这份孝心终于感动了朱氏，使得朱氏对王祥也同亲生儿子一般对待了。

"精诚所至，金石为开"，王祥对于继母的百般刁难非但没有怨恨，反而报之以德，尽心尽力地侍奉她，终于换来了真正的母爱。

孟子全编

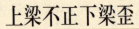

上梁不正下梁歪

【原典欣赏】

孟子曰："人不足与适也①，政不足间②也。唯大人为能格君心之非。君仁，莫不仁；君义，莫不义；君正，莫不正。一正君而国定矣。"

孟子曰："有不虞之誉，有求全之毁。"

孟子曰："人之易其言也，无责耳矣。"

孟子曰："人之患在好为人师。"

【玄义注释】

①适：同"谪"，谴责，指责。

②间：这里为间隙之意。

【白话翻译】

孟子说："人事是不能够相当的，政事是不能够挑剔的。只有大仁大德的人才能纠正君主思想上的错误。君主仁，没有谁不仁；君主义，没有谁不义；君主正，没有谁不正。一旦使君主端正了，国家就安定了。"

孟子说："有料想不到的赞誉，也有要求全面反而毁坏了的事。"

孟子说："一个人说话随随便便，那就不值得责备他了。"

孟子说："人们的毛病在于喜欢充当别人的老师。"

读书人典藏书系　孟子全编

【义理评析】

孟子认为，君王仁，他周围没有不仁的；君王义，他周围没有不义的；君王正，他周围没有不正的。所以一旦君王端正了，其国家也就安定了。至于君王周围的那些小人，当然不值得去谴责，其政治也不值得去非议，因为问题的总根子在君王那里。此乃"上梁不正下梁歪"之意。

【跟进解读】

楚王好细腰

从前，楚灵王喜欢他的臣子有纤细的腰身，他认为只有这样才叫赏心悦目，能使满堂生辉。有些生得苗条柔弱的大臣还因此受到了楚灵王的赞美、提拔和重用。

于是，楚国的士大夫们为了细腰，大家每天都只吃一顿饭，因此，饿得头昏眼花，站都站不起来。坐在席子上的人要站起来，非要扶着墙壁不可，坐在马车上的人要站起来，一定要借力让人扶着，有的人甚至因次而饿死了。

邻国的国君听说了楚国的大臣们为了减肥而身体柔弱，不堪一击，都兴奋得两眼放光，因为这正是他们侵略楚国的好机会。大臣们的身体不健康，很难指挥好战斗。

这场战争开始了，邻国先派兵攻占楚国边陲城市，这使楚国丢了不少土地。当攻打到楚国首都的把守要塞时，邻国改用了持久战术，使楚国上下人心惶惶。后来，幸亏楚国的友好邻邦前来帮忙，打退了邻国的大军，这才平息了这场风波。

当战争结束后，楚王才意识到自己多么愚蠢，便下令全民适当地强身键体，大臣们也为楚王的英明决策叫好。过了几年，楚国又渐渐繁荣起来，成为了一代强国。

古人说"上梁不正下梁歪"，"楚王好细腰"的闹剧正好说明了这个道理。楚灵王以个人的好恶去规范臣下的行为，并以此决定亲疏，这就必然会引起下属臣僚的刻意逢迎和拼命邀宠。如此上下互动，渐成风气，势必会酿出大祸，危害国家，毁掉个人。

不做不尊敬师长的人

【原典欣赏】

乐正子从于子敖之齐。孟子曰："子亦来见我乎？"

曰："先生何为出此言也？"

曰："子来几日矣？"

曰："昔者。"

曰："昔者，则我出此言也，不亦宜乎？"

曰："舍馆未定。"

曰："子闻之也，舍馆定，然后求见长者乎？"

曰："克有罪。"

孟子谓乐正子曰："子之从于子敖来，徒哺啜也。我不意子学古之道而以哺啜也。"

【白话翻译】

乐正子随同王子敖到了齐国。

乐正子来见孟子。孟子说："你也会来见我吗？"

乐正子说："先生为什么要说这样的话呢？"

孟子问："你来了几天了？"

乐正子说："前些日子来的。"

孟子说："前些日子就来了，那么我说这话不也是应该的吗？"

乐正子说："因为住所没有定下来。"

孟子说："你听说过，非要住所定下来了，才去求见长辈的吗？"

乐正子说："我有过错。"

孟子对乐正子说："你跟着王子敖来，只是为了混饭吃罢了。我没有想到，你学习古人的道理，竟是用它来混饭吃。"

【义理评析】

　　乐正子长途旅行来到齐国，便首先忙起了自己的事情，等事情办得差不多了，才去看老师。孟子对他的这种作为进行了批评。身体是父母给的，而老师给的却是比身体还重要的"精神、思想"。所以，尊敬老师，就要如尊敬父母一样，如果离别家乡好几年而有一天回家，但却在别处住了几天才进家看望父母，这当然是错误的行为。

【跟进解读】

程门立雪，尊师重道

　　杨时从小就聪明伶俐，四岁入村学，七岁就能写诗，八岁就能作赋，人称神童。他十五岁时攻读经史，熙宁九年登进士榜。杨时一生好学不倦，并且非常尊师重道。

　　有一年，杨时赴县令途中，与他的学友游酢，对某问题有不同的看法，谁也说服不了谁，为了求得一个正确答案，他俩一起去老师程颐家请教。

　　时值隆冬，天寒地冻，浓云密布。他们行至半途，朔风凛凛，瑞雪霏霏，冷飕飕的寒风肆无忌惮地灌进他们的领口。他们把衣服裹得紧紧的，匆匆赶路。来到程颐家时，适逢先生坐在炉旁打坐养神。杨时二人不敢惊动打扰老师，就恭恭敬敬侍立在门外，等候先生醒来。

　　这时，远山如玉簪，树林如银妆，房屋也被上了洁白的素装。杨时的一只脚冻僵了，冷得发抖，但依然恭敬侍立。过了良久，程颐一觉醒来，从窗口发现侍立在风雪中的杨时，只见他通身披雪，脚下的积雪已一尺多厚了，赶忙起身迎他俩进屋。

后来，杨时终于学到了老师的全部学问，成为一代理学大师，他回到南方传播程氏理学，且形成独家学派，世称"龟山先生"。"程门立雪"的典故也渐渐被人们所熟知，常用以赞扬那些求学师门，诚心专志，尊师重道的学子。

治理国家也离不开孝道

孟子全编

【原典欣赏】

孟子曰："不孝有三，无后为大。舜不告而娶，为无后也，君子以为犹告也。"

孟子曰："仁之实，事亲是也；义之实，从兄是也；智之实，知斯二者弗去是也；礼之实，节文斯二者是也；乐之实，乐斯二者，乐则生矣；生则恶可已也，恶可已，则不知足之蹈之手之舞之。"

孟子曰："天下大悦而将归己，视天下悦而归己，犹草芥也，惟舜为然。不得乎亲，不可以为人；不顺乎亲，不可以为子。舜尽事亲之道而瞽瞍底豫[①]，瞽瞍底豫而天下化，瞽瞍底豫而天下之为父子者定。此之谓大孝。"

【白话翻译】

孟子说："不孝的事有三件，其中没有子孙后代是最大的不孝。舜没有禀告父母就娶妻，就因为怕没有后代，所以君子认为他如同禀告了一样。"

孟子说："仁的实质是侍奉父母；义的实质是顺从兄长；智的实质是明白这两方面的道理而不背离；礼的实质是在这两方面不失礼节、态度恭敬；乐的实质是乐于做这两方面的事，快乐就产生了；一产生就抑制不住，抑制不住，就会不知不觉地手舞足蹈起来。"

孟子说："整个天下都很喜悦地要来归附自己，把整个天下都很喜悦地归附自己看成如同草芥一样的，只有舜是如此。不能得到父母的欢心，不可以做人；不能顺从父母的心意，不能做儿子。舜竭尽全力按侍奉父母的道理去做，终于使他的父亲瞽瞍高兴了；瞽瞍高兴了，天下的人由此受到感化；瞽瞍高兴了，天下父子之间应有的关系就确定了。这叫做大孝。"

【义理评析】

舜孝顺父母，所以他父亲高兴，他父亲一高兴，天下的风俗就变好了。父子的伦常也就确定了。在孟子看来，舜能当圣君，是从当孝子开始的。或者说，孝是治国平天下的根本。中国很多帝王都以孝为治国之本，这种思想便来自儒家。

【跟进解读】

汉文帝以仁孝治理天下

汉文帝刘恒以仁孝之名闻于天下，侍奉母亲从不懈怠。

有一次，刘恒的母亲患了重病，这可把他给急坏了。为了让母亲早日康复，刘恒每天都亲自为母亲煎药汤，并日夜守护在母亲的床前。每次看到母亲睡着了，他才趴在母亲床边眯一会儿。

为了减轻母亲吃药时的痛苦，刘恒每次煎完药后，总是自己先尝一尝，看看汤药苦不苦，烫不烫，自己觉得差不多了才一匙一匙地喂给母亲喝。

在那些日子里，刘恒往往通宵达旦，陪伴在母亲身边。三年后，母亲的身体终于康复，而他却由于操劳过度而累倒了。

　　刘恒的仁义和孝顺感动了天下人，在他的仁孝感召下，国家一派兴旺景象，与后来的汉景帝刘启一起开创了历史上"文景之治"的繁荣时代。

　　"孝"是中华民族的优良传统，我国现在正在进入老龄化社会，社会保障制度尚未完善，绝大多数老人仍然要靠子女们赡养，所以，弘扬"孝文化"是当下社会的现实需求，对于精神文明建设和和谐社会建设都有着重要的作用。

孟子全编

卷八 离娄（下）

本卷亦多格言式短章，涉及个人修养、待人接物的处世态度、学习与研究的方法等问题。中心内容在于阐述以尧、舜、禹、汤、文、武、周公、孔子为代表的儒家传统。

其中不少章节都论及古代圣王或圣人之徒同道的道理，或不谋而合，或易地而然，其行迹或有差异，所持守的道义准则却如出一辙；关于君臣相对关系的论述，臣对君的尽忠，并不是无条件的，而是取决于君王是否行仁义之道。

圣贤的准则是一样的

【原典欣赏】

孟子曰："舜生于诸冯①，迁于负夏②，卒于鸣条③，东夷之人也。文王生于岐周④卒于毕郢⑤，西夷之人也。地之相去也，千有余里，世之相后也，千有余岁。得志行乎中国，若合符节，先圣后圣，其揆一也。"

子产⑥听郑国之政，以其乘舆济人于溱洧⑦。

孟子曰："惠而不知为政。岁十一月，徒杠⑧成；十二月，舆梁⑨成，民未病涉也。君子平其政，行辟人可也，焉得人人而济之？故为政者，每人而悦之，日亦不足矣。"

【玄义注释】

①诸冯：地名，相传在今山东菏泽以南。②负夏：地名，约在今山东滋阳以西。③鸣条：地名，在今山西运城安邑镇。④岐周：地名，指岐山下周的旧邑，在今陕西岐山县东北。⑤毕郢：地名，相传是周文王去世的地方，在今陕西咸阳县东二十一里。⑥子产：名公孙侨，字子产，春秋时郑国的宰相。⑦溱（zhēn）洧（wěi）：两条河水的名称，会合于河南密县。⑧徒杠：指徒步行走的简易的独木桥。⑨舆梁：指能通车马的大桥。

【白话翻译】

孟子说："舜生在诸冯，迁到负夏，死在鸣条，是东方人。文王生在周国的岐山，死在毕郢，是西方人。两地相距一千多里，时代相隔一千多年。但是他们在中原得以推行的意志，却像符节相合那样相同，古代的圣君和后代的圣君，他们的准则是相同的。"

子产主持郑国的国政，用自己坐的大马车载行人渡过溱水和洧水。

孟子评论说："这是小恩小惠的行为，并不懂得从政，如果他十一月修成走人的桥，十二月修成过车马的桥，老百姓就不会为渡河而发愁了。君子只要把政事治理好，哪怕外出时执鞭开道让行人回避都可以，怎么能够机械地去帮助百姓一个一个地渡河呢？如果执政的人要去讨得每个人的欢心，那时间可就太不够用了。"

【义理评析】

古代中原是政治、经济、文化的中心，所以中原人称野蛮人为"夷"。但是，包括中原人在内，被所有人称为圣贤的舜帝和周文王，早先也是"夷"。他们"得志行乎中国"之后，才成为"圣"。他们为什么会成为"圣"呢？原因在于他们有相同的准则，那就是他们施行仁政。

【跟进解读】

施行仁政才能赢得民心

1644年，清军攻入北京，征服全国，成为中国历史上第二个少数民族统一的王朝，开始了近三百年的统治。

清朝初期，政局并不稳定。到了康熙帝时，他励精图治，施行仁政，曾六次南巡考察民间疾苦，及时调整相应的利民国策，渐渐使国家趋于安定。

康熙执政61年，促进了汉蒙满等民族的血缘与文化的融合。从社会经济的角度考察，康熙采取了一系列有利于国计民生的仁政措施，比如积极鼓励垦荒，废止圈地令，实施更名田；整修黄河、淮河、运河的水利工程等等。尤其是在康熙五十一年决定"永不加赋"，取消新增人口的人头税，并最终演变成"摊丁入亩"制度，最终促进了农业经济的发展，奠定了所谓"康乾盛世"的基础。文化上康熙帝重视利用汉族知识分子。他曾多次举办博学鸿儒科，创建了南书房制度，亲临曲阜拜谒孔庙，并编纂《明史》、《全唐诗》、《康熙字典》、《古今图书集成》、《历象考成》、《数理精蕴》、《康熙永年历法》、《康熙皇舆全览图》等图书、历法和地图，为推动中华传统文化的发展做出了应有的贡献。

康熙帝正因为大力推行仁政，才赢得了民心，开创了"康乾盛世"，从而出现了政通人和与经济繁荣的大好局面。

领导应该学会尊重下属

孟子全编

【原典欣赏】

孟子告齐宣王曰："君之视臣如手足，则臣视君如腹心；君之视臣如犬马，则臣视君如国人；君之视臣如土芥，则臣视君如寇仇。"

王曰："礼，为旧君有服①，何如斯可为服矣？"

曰："谏行言听，膏泽下于民；有故而去，则君使人导之出疆，又先于其所往；去三年不反，然后收其田里。此之谓三有礼焉。如此，则为之服矣。今也为臣，谏则不行，言则不听；膏泽不下于民；有故而去，则君搏执之，又极②之于其所往；去之日，遂收其田里。此之谓寇仇。寇仇，何服之有？"

孟子曰："无罪而杀士，则大夫可以去；无罪而戮民，则士可以徙。"

孟子曰："君仁莫不仁，君义莫不义。"

【玄义注释】

①为旧君有服：指离职的臣子为原先的君主服孝。②极：穷困，这里作使动用法，意思是使其处境极端困难。

【白话翻译】

孟子告诉齐宣王说："君主看待臣子如同看待自己的手足，臣子就会把君主看待如同心腹；君主看待臣子如同犬马，臣子就会把君主看待如同常人；君主看待臣子如同尘土草芥，臣子就会把君主看待如同强盗仇敌。"

齐宣王说："礼制规定，已经离职的臣下也应为过去的君主服孝。君主要怎样做才能使他们为他服孝呢？"

孟子说："臣下有劝谏，君主接受；臣下有建议，君主听从，政治上的恩惠下达到老百姓。臣下有什么原因不得不离去，君主打发人送他出国境，并派人先到臣下要去的地方作一番安排布置；离开了三年还不回来，才收回他的土地和房屋。这就叫做三有礼，这样做了，臣下就会为他服孝。如今做臣下的，劝谏，君王不接受；建议，君王不听从；政治上的恩惠到不了老百姓身上；臣下有什么原因不得不离去，君主把他捆绑起来，还想方设法在他所去的地方制造困难，离开的当天就收回他的土地和房屋。这种情况叫做仇敌。君臣之间像仇敌一样，还有什么孝可服呢？"

孟子说："没有罪而随便杀害读书人，那么做大夫的就可以考虑远离而去；子民们无罪而被杀，那么士人会选择离开。"

孟子说："君子如果仁，就没有人不仁；君主如果义，就没有人不义。"

【义理评析】

所谓投桃报李，士为知己者死。说得通俗一点，就是互相尊重，你敬我一尺，我敬你一丈。贤明的君主都懂得这个道理，所以待臣下如手足，臣下也把君主当知己，以死相报。比如说刘皇叔用关羽、张飞、诸葛亮，至今传为美谈。所以，领导应该学会尊重自己的下属，不然的话就容易招来怨恨。

【跟进解读】

残暴的领导者不会有好下场

张飞为人勇猛，曾率二十骑兵于长坂坡吓退曹军，但他脾气暴躁，从来也不懂得尊重下属，最终为此付出了惨重的代价。

张飞对自己手下的士兵非常严厉，刘备时常劝张飞："卿刑杀既过差，又日鞭挝健儿，而令在左右，此取祸之道也。"意思是："你用刑太严，甚至有时杀错人，又每日鞭打犯错误的军官，打完之后又把这些人安排在身边，一点防备也没有，这样下去必然会惹祸上身。"但张飞始终没有醒悟。

在接到兄长关羽被杀的消息之后，张飞不顾实际情况，强行让手下三日内采办齐三军的白旗白甲。手下说材料不够请求宽限几日，便挨了他五十大板，并扬言三日内采办不齐，便会将他们斩首。为了保命，他的手下也只能狗急跳墙对他下手了。

张飞不懂得尊重他人，残暴成性，他的下场是可以预见的。可怜一代名将，没有战死在千军白刃之中，却栽在自己下属的手里，这个教训不可谓不深刻。

领导者昏庸残暴，做下属的也会各怀异心。所以我们要记住，不尊重别人，就不要指望别人尊重自己；对别人残暴，别人对自己下手时也不会手软。

学会灵活变通至关重要

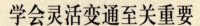

【原典欣赏】

孟子曰："非礼之礼，非义之义：大人弗为有的。"

孟子曰："中也养不中，才也养不才[①]，故人乐有贤父兄也。如中也弃不中，才也弃不才，则贤不肖之相去，其间不能以寸[②]。"

孟子曰："人有不为也，而后可以有为。"

孟子曰："言人之不善，当如后患何？"

孟子曰："仲尼不为已甚者。"

孟子曰："大人者，言不必信，行不必果，惟义所在。"

孟子曰："大人者，不失其赤子之心者也。"

孟子曰："君子深造之以道，欲其自得之也。自得之，则居之安；居之安，则资[③]之深；资之深，则取之左右逢其原[④]。故君子往其自得之也。"

孟子曰："博学而详说之，将以反说约也。"

孟子曰："以善服人者，未有能服人者也；以善养人，然能服天下。天下不心服而王者，未之有也。"

孟子曰："言无实不祥；不祥之实，蔽贤者当之。"

【玄义注释】

①中也养不中，才也养不才：中：指无过、无不及的中庸之道，代指品德好的人。养：培养、熏陶、教育。②其间不能以寸：省略了"以寸量"的"量"字。③资：供给、给济。④原：同"源"。

【白话翻译】

孟子说："不合礼制的礼，不合正义的义，有德行的人是不会去做的。"

孟子说："懂得中庸的教导不懂得中庸的，有本事的教导没本事的；因此人们乐意自己有贤能的父兄长辈。要是懂得中庸的抛弃不懂得中庸的，有

孟子全编

本事的抛弃没本事的，那么贤能和不贤能的人之间的距离，就不能用分寸来计量了。"

孟子说："人要有所不为，然后才能有所为。"

孟子说："说人家的坏话，招来后患如何是好？"

孟子说："孔子从不做过火的事。"

孟子说："作为德行高尚的人，说话不一定句句守信，做事不一定非有结果不可，只要合乎道义就行。"

孟子说："作为德行高尚的人，也都是童心未泯的人。"

孟子说："君子遵循一定的方法来加深造诣，是希望自己有所体会，有所收获。自己有所体会，就能够掌握牢固；掌握得牢固，就能够积累深厚；积累得深厚，用起来就能够左右逢源。所以，君子总是希望自己有所收获。"

孟子说："广博地学习，详尽地解说，目的在于融会贯通后返归到简约去。"

孟子说："用善良使人们服从的人，没有能使人服从的。用善良来教导人们，才能使天下的人们都服从。天下的人们不心悦诚服而能统一天下，这是没有的事。"

孟子说："言论空洞无物，是不好的。这种不好的后果，应该由那些阻碍选用贤者的人承担责任。"

【义理评析】

孟子认为，做人不能拘泥固执于"信"而不知变通，要根据具体情况而通权达变。用我们所说的最为极端的情况就是，难道对你的敌人也要讲"信用"吗？所以，通权达变的标准即为"惟义所在"。这是最基本的不能放弃的东西，也是指导我们在实际生活中掌握的原则。

【跟进解读】

懂得变通的诸葛亮

三国时期，马谡鲁莽失掉战略要地——街亭，诸葛亮挥泪把他斩掉以后，暂居西城，但面临一个巨大的危机。魏将司马懿乘势引大军15万向诸葛亮所在的西城而来。但是此时所有的大将都不在身边，只有一班文官和

2500 名士兵在城里，司马懿带兵前来的消息令众人都大惊失色。

诸葛亮登城楼观望，见敌军声势浩大，锐不可当，也是忧心忡忡。他低头沉思了一会儿后，突然脸上露出了笑容，众人不解，心想：这等危急关头您老还能笑得出来，莫非是自知没有活络可走，心里反而释然了？却见诸葛亮从容的对众人说："大家不要惊慌，我有妙策，让司马懿不战而退。"众官员都惊疑不定。

于是诸葛亮命令所有的士兵都按地不动，不允许大声喧哗，私自外出。故意把四个城门都打开，派许多士兵装成百姓的模样洒水扫街。自己穿上鹤氅，戴上高高的纶巾，打扮成一副悠闲的样子。领着两个小书童，带上琴，到城上望敌楼前凭栏坐下，燃起香，然后不慌不忙地弹起琴来，这样制造出了一副丝毫不害怕的阵势。

司马懿看到诸葛亮如此镇定，心中非常忐忑，便教后军作前军，前军作后军，望北山路而退。次子司马昭问："莫非诸葛亮无军，故作此态？父亲何故便退兵？"司马懿说："诸葛亮一生谨慎，不曾冒险。现在城门大开，里面必有埋伏，我军如果进去，正好中了他们的计，还是快快撤退吧。"于是两路兵尽皆退去。就这样，诸葛亮凭借空城计，不费一兵一卒就化解了一次危机。

用兵之道，虚虚实实，在危难发生时，惊慌失措只会加快事态的恶化。诸葛亮一身谨慎，不喜冒险，但他遇到死结能够灵活变通，破除常规，无愧于他"智圣"的称号。

孟子全编

教化他人要以身作则

【原典欣赏】

徐子[1]曰："仲尼亟[2]称于水，曰：'水哉，水哉！'何取于水也？"

孟子曰："源泉混混[3]，不舍昼夜，盈科[4]而后进，放乎四海。有本者如是，是之取尔[5]。苟为无本，七八月之间雨集，沟浍[6]皆盈；其涸也，可立而待也。故声闻过情，君子耻之。"

孟子曰："人之所以异于禽兽者几希[1]，庶民去之，君子存之。舜明于庶物，察于人伦，由仁义行，非行仁义也。"

孟子曰："禹恶旨酒而好善言。汤执中，立贤无方。文王视民如伤，望道而未之见。武王不泄迩，不忘远。周公思兼三王，以施四事；其有不合者，仰而思之，夜以继日；幸而得之，坐以待旦。"

孟子曰："王者之迹熄而《诗》亡，《诗》亡然后《春秋》作。晋之《乘》，楚之《梼杌》，鲁之《春秋》，一也；其事则齐桓、晋文，其文则史。孔子曰：'其义则丘窃取之矣。'"

孟子曰："君子之泽五世而斩，小人之泽五世而斩。予未得为孔子徒也，予私淑诸人也。"

孟子曰："可以取，可以无取，取伤廉；可以与，可以无与，与伤惠；可以死，可以无死，死伤勇。"

【玄义注释】

①徐子：人名，姓徐名辟，孟子的学生。②亟：屡次。③混混：通"滚滚"，水势盛大的样子。④科：通"窠"。这里用为坎、坑之意。⑤是之取尔："取是尔"的倒装句，意思是取这个罢了。⑥浍（kuài）：田间大沟渠。

【白话翻译】

徐子说："孔子曾多次赞叹水，说：'水啊！水啊！'他到底觉得水有什么可取之处呢？"

孟子说："水从源泉里滚滚涌出，日夜不停地流着，把低洼之处填满，然后又继续向前，一直流向大海。它是如此永不枯竭，奔流不息。孔子所取的，就是它的这种特性啊。试想，如果水没有这种永不枯竭的本源，就会像那七八月间的暴雨一样，虽然也可以一下子灌满大小沟渠，但也会一下子就干涸枯竭。所以，声望名誉超过了实际情形，君子就会感到羞耻。"

孟子说："人和禽兽的区别其实就那么一点儿，一般人抛弃它，君子却保存它。舜明白一般事物的道理，了解人类的常情，于是从仁义之路而行，而不是为行仁义而行仁义。"

孟子说："大禹讨厌美酒而喜欢善良的言论。汤坚守中庸之道，选拔贤人不拘一格。文王对待老百姓就像对待受伤的人，渴望真理就像从未见过一样。武王不轻侮近臣，也不遗忘远方的贤人。周公想要兼学夏、商、周三代的王，来实践禹汤、文王、武王所行的勋业；自己的言行有与他们不符合的，就仰头考虑，白天想不好，晚上接着想；侥幸想出了结果，就坐着等待天亮去付诸实施。"

孟子说："先王们的事迹都失传了，《诗经》也亡失了，《诗经》亡失以后，才有《春秋》一书的出现。晋国的《乘》，楚国的《梼杌》，鲁国的《春秋》，都是同类的史书：所记载的是齐桓公、晋文公的事，所用的笔法是一般史书的笔法。孔子说：'扬善抑恶的大义，我在《春秋》上便借用了。'"

孟子说："君子的德泽五代以后便断绝了，小人的德泽也是五代以后便断绝了。我没有能成为孔子的门徒，我是私下向人学习来的。"

孟子说："可以拿取，也可以不拿取，拿取了有损廉洁；可以给予，也可以不给予的，给予了有损恩惠；可以死，也可以不死，死了有损勇敢。"

【义理评析】

儒家很重视教育，孟子认为教育的潜移默化功能是不可估量的。用善良的社会行为规范去教育别人，就不能只有空洞的说教，而是要有实际内容。说教者本身就要有善行，其善言符合善行，才能是最佳行为方式。如果仅仅是善言一大堆，也就如同七、八月间的雨水滂沱，但它们很快就会干涸，这也就是孟子理论结合实际的最佳行为方式。

【跟进解读】

身教胜于言教

曾子的妻子到集市上去，她的儿子哭着跟着她。他的母亲说："你回去，等一会回来给你杀猪。"孩子信以为真，一边欢天喜地地跑回家，一边喊着："有肉吃了，有肉吃了。"孩子一整天都待在家里等妈妈回来，村子里的小伙伴来找他玩，他都拒绝了。他靠在墙根下一边晒太阳一边想像着猪肉的味道，心里甭提多高兴了。

傍晚，孩子远远地看见了妈妈回来了，他一边快步跑上前去迎接，一边喊着："娘，娘快杀猪，快杀猪，我都快要馋死了。"曾子的妻子说："一头猪顶咱家两三个月的口粮呢，怎么能随随便便就杀猪呢？"孩子哇的一声就哭了。

曾子闻声而来，知道了事情的真相以后，二话没说。转身就回到屋子里。过一会儿，他举着菜刀出来了，曾子的妻子吓坏了，因为曾子一向对孩子非常严厉，以为他要教训孩子，连忙把孩子搂在怀里。哪知曾子却径直奔向猪圈。

妻子不解地问："你举着菜刀跑到猪圈里什么？"曾子毫不思索地回答："杀猪。"妻子听了扑哧一声笑了："不过年不过节杀什么猪呢？"曾子严肃地说："你不是答应过孩子要杀猪给他吃的，既然答应了就应该做到。"妻子说："我只不过是骗骗孩子，和小孩子说话何必当真呢？"曾子说："对孩子就更应该说到做到了，不然，这不是明摆着让孩子学着家长撒谎吗？大人都说话不算话，以后有什么资格教育孩子呢？"

妻子听后惭愧地低下了头，夫妻俩真的杀了猪给孩子吃，并且宴请了乡亲们，告诉乡亲们教育孩子要以身作则。虽然曾子的做法遭到一些人的嘲笑，但是他却教育出了诚实守信的孩子。曾子杀猪的故事一直流传至今，他的人品一直为后代人所尊敬。

人们常说："身教胜于言教"。曾子杀彘，看似鲁莽却饱含至理，他用自己的行动教育孩子要言而有信，诚实待人，这种教育方法是很可贵的。

教人应该既传艺也传德

【原典欣赏】

逢蒙①学射于羿②，尽羿之道，思天下惟羿为愈己，于是杀羿。孟子曰："是亦羿有罪焉。"

公明仪曰："宜若无罪焉。"

曰："薄乎云尔，恶得无罪？郑人使子濯孺子侵卫，卫使庾公之斯追之。子濯孺子曰：'今日我疾作，不可以执弓，吾死矣夫！'问其仆曰：'追我者谁也？'其仆曰：'庾公之斯也。'曰：'吾生矣。'其仆曰：'庾公之斯，卫之善射者也；夫子曰吾生，何谓也？'曰：'庾公之斯学射于尹公之他，尹公之他学射于我。夫尹公之他，端人也，其取友必端矣。'庾公之斯至，曰：'夫子何为不执弓？'曰：'今日我疾作，不可以执弓。'曰：'小人学射于尹公之他，尹公之他学射于夫子。我不忍以夫子之道反害夫子。虽然，今日之事，君事也，我不敢废。'抽矢，扣轮，去其金，发乘矢③而后反。"

孟子曰："西子①蒙不洁，则人皆掩鼻而过之；虽有恶②人，斋戒沐浴，则可以祀上帝。"

孟子曰："天下之言性也，则故而已矣。故者以利为本。所恶于智者，为其凿也。如智者若禹之行水也，则无恶于智矣。禹之行水也，行其所无事也。如智者亦行其所无事，则智亦大矣。天之高也，星辰之远也，苟求其故，千岁之日至，可坐而致也。"

【玄义注释】

①逢（péng）蒙：羿的学生和家众，后来叛变，帮助寒浞（zhuó）杀了羿。②羿：又称后羿，传说是夏代有穷国的君主。③乘矢：四支箭。④西子：指春秋时越国美女西施，这里以她代指美女。⑤恶：这里与"西子"相对，主要指丑陋。

【白话翻译】

逢蒙向羿学习箭法，把羿的射箭术都学到了，寻思天下只有羿的箭术超过自己，就杀害了羿。孟子说："这事羿自己也有责任。"

公明仪说："羿不该有什么罪过吧。"

孟子说："罪过不大罢了，怎么能说没有呢？郑国曾经派子濯孺子去侵犯卫国，卫国派庚公之斯去追击他。子濯孺子说：'今天我的病发作了，不能够拿弓，我死定了！'又问给他驾车的人说：'追我的人是谁呀？'驾车的人答道：'是庚公之斯。'子濯孺子便说：'那我不会死了。'给他驾车的人说：'庚公之斯是卫国著名的射手，先生反而说不会死了，这是为什么呢？'子濯孺子说：'庚公之斯是向尹公之他学的射箭，尹公之他是向我学的射箭。那尹公之他是个正直的人，他所选择的朋友也一定正直。'庚公之斯追上来了，问：'先生为什么不拿弓呢？'子濯孺子说：'今天我疾病发作，不能够拿弓。'庚公之斯说：'我跟尹公之他学射箭，尹公之他又跟您学射箭。我不忍心用您的箭术反过来害您。不过，今天这事是国家的公事，我不敢不做。'于是抽出箭，在车轮上敲打了几下，把箭头敲掉，发了四箭然后就回去了。"

孟子说："像西施那么美丽的女子，如果她沾染上污秽恶臭的东西，别

孟子全编

人也会捂着鼻子走过去；虽然是一个面貌奇丑的人，如果他斋戒沐浴，也同样可以祭祖上帝。"

孟子说："天下人讨论人性，都是过去了的而已；所谓过去了的，是以利益为根本。人们之所说厌恶有智谋的人，是因为其往往过于切磋琢磨。如果聪明人像禹治水那样，聪明就不令人厌恶了。禹治水，只是顺应水势，因势利导，看来就像无所作为。如果聪明人也能这样遵照事物的规律，顺其本性，那就是大聪明了。天那么高，星辰那么远，如果研究它们已有的迹象，探求其变化规律，千年以后的冬至，都可以坐着推算出来。"

【义理评析】

羿毫无保留地把自己的射箭术全部教给了逢蒙，这是对的，但为什么孟子还要说羿有过错呢？因为这在一定程度上是羿传艺而不传德造成的。后来这个事情成了师傅留一手的"历史的经验教训"，以至于有很多好的技术失传。其实并不是不能全部教给徒弟和学生，只是在收徒或收学生时，要特别慎思明辨罢了。

【跟进解读】

教人不识人反受其害

逢蒙艺成害师，历来为人所不齿，这本已是大家的共识，孟子却提出了自己独特的见解，认为其有自取其祸的责任在内。乍一听来，我们会和他的学生公明仪一样认为没有什么道理，但仔细想想，也就觉得并非没有道理了。比如说我们今天有些人"引狼入室"，引小偷进家门，往往是由于房主人自己平时不谨慎，把一些不三不四的人带进屋，使之见财起意，产生歹心，结果发生失窃甚至谋财害命的惨案。这能说房主人自己一点责任也没有吗？

这里包含对学生进行品德教育方面的问题。如果并不只是教逢蒙箭术，而且也教他做人的道理，简言之，既传艺，也传德，类似悲剧也就不可能发生了。

从逢蒙杀羿这件事上，我们至少可以得出两个方面的教训：一方面，不仅选拔干部，交往朋友需要考察，就是收学徒，招学生也同样需要慎重选择；另一方面，无论是教学徒，教学生还是培养其他什么人，都一定要从德与才两个方面着眼进行教育与培养，使之全面发展，成为德才兼备的人。只有做到了这两个方面，才不会酿成祸端，使自己反遭其殃，后悔莫及。

人与人之间应该互敬互爱

孟子全编

【原典欣赏】

公行子有子之丧，右师①往吊。入门，有进而与右师言者，有就右师之位而与右师言者。孟子不与右师言，右师不悦曰："诸君子皆与驩言，孟子独不与驩言，是简驩也。"

孟子闻之，曰："礼，朝廷不历位而相与言，不逾阶而相揖也。我欲行礼，子敖以我为简，不亦异乎？"

孟子曰："君子所以异于人者，以其存心也。君子以仁存心，以礼存心。仁者爱人，有礼者敬人。爱人者，人恒爱之；敬人者，人恒敬之。有人于此，其待我以横逆，则君子必自反也：我必不仁也，必无礼也，此物奚宜②至哉？其自反而仁矣，自反而有礼矣，其横逆由③是也，君子必自反也：我必不忠。自反而忠矣，其横道由是也，君子曰：'此亦妄人也已矣。如此，则与禽兽奚择④哉？于禽兽又何难⑤焉？'是故君子有终身之忧，无一朝之患也。乃若所忧则有之：舜，人也；我，亦人也。舜为法⑥于天下，可传于后世。我由未免为乡人也，是则可忧也。忧之如何？如舜而已矣。若夫君子所患则亡矣。非仁无为也，非礼无行也。如有一朝之患，则君子不患矣。"

【玄义注释】

①右师：先秦时期官名，此处指齐国大夫王驩，子敖是他的字。②奚宜：怎么应当。③由：通"犹"。下文"我由未免为乡人也"中的"由"也通"犹"。④择：区别。⑤难：责难。⑥法：楷模。

【白话翻译】

齐国大夫公行子的儿子死了，右师王驩前去吊丧。他一进门，就有人上前去和他说话，坐定后，又有人靠近他的座位和他说话。而孟子没有和右师说话，右师不高兴，说："各位君子都和我说话，只有孟子不和我说话，这是怠慢我。"

孟子听到后，说："礼的规矩是，在朝廷上不越过位次来交谈，不越过台阶来作揖。我要依礼而行，子敖却以为我怠慢了他，这不很奇怪吗？"

孟子说："君子与一般人不同的地方在于，他内心所怀的念头不同。君子以建立人与人之间相互亲爱的关系存于心中，以社会行为规范存于心中。能建立人与人之间相互亲爱的关系的人能爱别人，心中有社会行为规范的人能尊敬别人。能爱别人的人，别人也能常常爱他；能尊敬别人的人，别人也常常尊敬他。假定这里有个人，他对我蛮横无理，那君子必定反躬自问：我一定不仁，一定无礼吧，不然的话，他怎么会对我这样呢？如果反躬自问是仁的，是有礼的，而那人仍然蛮横无礼，君子必定再次反躬自问：我一定不忠吧？如果反躬自问是忠的，而那人仍然蛮横无礼，君子就会说：'这人不过是个狂人罢了。这样的人和禽兽有什么区别呢？而对禽兽又有什么可责难的呢？'所以君子有终身的忧虑，但没有一朝一夕的祸患。比如说这样的忧虑是有的：舜是

人，我也是人；舜是天下的楷模，名声传于后世，可我却不过是一个普通人而已。这个才是值得忧虑的事。忧虑又怎么办呢？像舜那样做罢了。至于君子别的什么忧患就没有了。不是仁爱的事不做，不合于礼的事不做。即使有一朝一夕的祸患来到，君子也不会感到忧患了。"

【义理评析】

在本节中，孟子强调了个人修养中的反躬自省，道理并不深奥，可以说是不言而喻。关键是要有行动的热情。如果人人都有这种行动的热情，许多人际之间的矛盾纠葛就会没有了，许多事情就要好办得多了，社会的文明程度就会大大提高了。

【跟进解读】

互爱互敬才能社会和睦

孟子告诫人们，不要去做对建立人与人之间相互亲爱的关系不利的事，不要去做违背社会行为规范的事。这与孔子所说的"非礼勿视，非礼勿听，非礼勿言，非礼勿动"(《论语·颜渊》)意思是一样的。换句话说，人人都遵守了一定的社会行为规范，也就能达到相互亲爱的关系。因为共同的行为规范能使人与人之间的关系趋于一致，而在一致的思想和行为上，人与人之间也就很容易相处了。

人是社会的、群体的动物，人只能与人生活在一起才能算是个人。若不能与其他人共处，充其量算是个野人。当然，人类首先都要从为自己出发，最起码要在自己吃饱饭的基础上才能考虑到别人，考虑到国家，考虑到全人类。但在为自己的情况下，还应该考虑到别人的感受以及全社会、国家的大局。也就是说，在争取自己更好的生存空间的同时，要用智慧，用信誉，遵守一定的社会行为规范，用最佳的行为方式，达到人与人之间的相互亲爱。这样，人们才能在这个人世生活中得到应该享受的快乐。

换位思考就能急人之所急

【原典欣赏】

禹、稷当平世，三过其门而不入，孔子贤之。颜子当乱世，居于陋巷，一箪食，一瓢饮；人不堪其忧，颜子不改其乐，孔子贤之。

孟子曰："禹、稷、颜回同道。禹思天下有溺者，由己溺之也；稷思天下有饥者，由己饥之也，是以如是其急也。禹、稷、颜子易地则皆然。今有同室之人斗者，救之，虽被发缨冠而救之，可也；乡邻有斗者，被发缨冠而往救之，则惑也；虽闭户可也。"

公都子曰："匡章，通国皆称不孝焉，夫子与之游，又从而礼貌之，敢问何也？"

孟子曰："世俗所谓不孝者五，惰其四支①，不顾父母之养，一不孝也；博弈好饮酒，不顾父母之养，二不孝也；好货财，私妻子，不顾父母之养，三不孝也；从②耳目之欲，以为父母戮③，四不孝也；好勇斗很④，以危父母，五不孝也。章子有一于是乎？夫章子，子父责善而不相遇也。责善，朋友之道也；父子责善，贼恩之大者。夫章子，岂不欲有夫妻子母之属哉？为得罪于父，不得近，出妻屏子，终身不养焉。其设心以为不若是，是则罪之大者，是则章子而已矣。"

孟子曰："养生者不足以当大事，惟送死可以当大事。"

【玄义注释】

①四支：即四肢。②从：同"纵"。③戮：羞辱。④很：同"狠"。

【白话翻译】

禹、后稷生活在太平之世，多次路过自己的家门却没有进去，孔子称赞他们。颜渊生活在乱世，居住在简陋巷子，一筐饭，一瓢水，人们都不堪忍受那种忧患的生活，而颜渊却不改变他乐观的心态，孔子也称赞他。

孟子说："禹、后稷、颜渊走的是同样的人生道路。大禹想到天下有遭水淹没的人，就像自己也被水淹了一样。后稷想到天下有挨饿的人，就像自己也挨饿一样，所以才那样急人之急。大禹、后稷、颜渊，如果互相交换一下位置处境，也都会有同样的表现。现在自家人互相打斗，要去救他们，即使是披头散发，帽缨紊乱去救急，也是应该的。但如果乡间邻居打斗，也是披头散发，帽缨紊乱去救急，那就难以理解了，如果是关门闭户则是可以理解的。"

公都子说："匡章这个人，是全齐国人都说的不孝之人。先生却跟他交游，又很礼貌待他，冒昧地问这是为什么？"

孟子说："通常认为不孝的情况有五种：四肢懒惰，不管赡养父母，这是第一种；酗酒聚赌，不管赡养父母，这是第二种；贪吝钱财，只顾老婆孩子，不管赡养父母，这是第三种；放纵声色享乐，使父母感到羞辱，这是第四种；逞勇好斗，连累父母，这是第五种。匡章有哪一种情况呢？这个匡章，是因为父子之间相互以善相责而导致关系恶化。以善相责，本是交友之道；父子间以善相责，最伤害感情。这个匡章，难道不想有夫妻父子之间的感情吗？只因得罪了父亲，被疏远而不能亲近；才抛弃妻子儿女，终身得不到奉养。他在心里这样设想，如果不这样做，那不孝之罪就会更大，这就是匡章的真实情况。"

孟子说："只奉养健在的父母的难以担当大事情，只有为他们安葬送终了，才可以担当大事情。"

【义理评析】

孟子认为，孝是仁的根本。对父母双亲，只养生而不送终，并非真孝子，所以难以担当大任；既养生又送终，才是真孝子，才可以担当大任。古人认为，灵魂才是生命的真正所在。而肉体只是灵魂暂时的依托罢了。父母死了，只是肉身死亡，其真正的生命灵魂并未死去。所以，古人既重养生，也重送终。

【跟进解读】

孝敬父母天经地义

仲由是孔子的得意门生，他为人光明磊落，重友朋、讲信义、守言诺，是孔子门徒中性格独异的一位。

仲由小的时候，他家境贫寒，经常吃野菜。长大后，仲由总是想：我如何能为父母准备好一点的饭菜呢？家里没有米，为了让父母吃到米饭，他必须要走到百里之外才能买到米，再背着米赶回家，奉养双亲。

一百里路是非常远的，没有车子，仲由只能步行。严冬寒风刺骨，夏日汗流浃背，仲由常常要走上几天几夜，才能赶回家里。人人都觉得这样做太辛苦了，但是仲由甘之如饴，孝敬之心始终没有间断和停止过。

仲由父母双双过世之后，楚王聘他当官，给他很优厚的待遇，一出门就有百辆马车跟随，每年给他的俸禄有万钟之多。仲由所吃的饭菜也非常的丰盛，每天山珍海味不断。但父母已经不在了，不能同仲由一起享用。仲由并没有因为物质条件变好而沾沾自喜，他常常怀念双亲，慨叹说："即使我想吃野菜，为父母亲去负米，哪里能够再得呢？"

孔子赞叹仲由是一位非常尽孝的人。尽孝并不是用物质来衡量的，而是要看你对父母是不是发自内心的诚敬，心里不敬父母，即使有孝心有孝行，都不称为孝。孝敬父母是天经地义的事情，每个做子女的都应该尽心尽力侍奉父母，回报他们的养育之恩。

灵活选择最佳的处世方略

【原典欣赏】

曾子居武城，有越寇。或曰："寇至，盍去诸？"曰："无寓人于我室，毁伤其薪木。"寇退，则曰："修我墙屋，我将反。"寇退，曾子反。左右曰："待先生如此其忠且敬也，寇至，则先去以为民望；寇退，则反，殆于不可。"沈犹行曰："是非汝所知也。昔沈犹有负刍之祸，从先生者七十人，未有与焉。"

子思居于卫，有齐寇。或曰："寇至，盍去诸？"子思曰："如伋去，君谁与守？"

孟子曰："曾子、子思同道。曾子，师也，父兄也；子思，臣也，微也。曾子、子思易地则皆然。"

储子曰："王使人瞷夫子，果有以异于人乎？"

孟子曰："何以异于人哉？尧舜与人同耳。

【白话翻译】

曾子住在武城，有越国军队入侵。有人说："敌人要来了，何不离开这里？"曾子说："可以离开，但不要让人住到我屋里，不得毁坏那些树木。"敌人要撤退了，他又说："修葺好我的房屋，我要回来了。"敌人撤退，曾子回来了。曾子的学生议论说："武城的人们待先生这样忠诚恭敬，敌人一来你先走开，给老百姓树立了一个坏榜样；敌人一退你就回来，恐怕不可以的。"沈犹行说："这不是你们所能明白的。从前先生住在我那里，遇到一个叫负刍的人作乱，随从先生的七十人，也都跟着先生走了，没有人参加抵抗。"

子思住在卫国，有齐国的军队入侵。有人说："敌人要来了，何不离开这里？"子思说："如果我走了，君主和谁一道来守城呢？"

孟子说："曾子、子思走的是同一条道路。曾子，是老师，是父兄。子思，是臣子，是地位较低的人。曾子和子思如果交换地位，也会像对方一样行动的。"

储子说："大王派人来窥探先生，先生真的有跟别人不一样的地方吗？"孟子说："哪有跟别人不一样的地方呢？尧舜都跟别人是一样的。"

【义理评析】

"变"是事物发展的规律，"应变"则是一个人能力的表现，灵活通变并不是牺牲原则，恰恰相反，是解决问题的有效途径。如果我们的思维方法都是沿着既成的模式和程序而进行思维活动，那就等于把自己的思维限制在狭小的天地里。一个人必须思路广阔、头脑灵活、敏捷好动、审时静思，方能在变化中取得主动权。

【跟进解读】

灵活选择最佳处世方略

这个讨论举了两个例子，一是曾子遇寇而退，一是子思遇寇而守。谁对谁错？这就是地位问题，人处在不同的地位，就有不同的行为方式，所以，最佳行为方式不是一成不变的，不是可以照本宣科的。

曾子当时是老师，作老师者，形同父兄、长辈，遇有寇来，青壮子弟怎么能叫老师冲锋陷阵去拒敌呢？所以曾子选择离去，是为了使青壮子弟奋勇拒敌而不分心。所以曾子的选择乃是最佳行为方式。

子思所处的位置不一样，他是卫国的一个官员，官员则有守土之责，所

孟子全编

以他不能选择离去，只能守土御敌。所以子思的不离去，乃是最佳行为方式。

如果曾子是地方官员，那他决不会选择离去，而是要守土御敌。如果子思是老师，那么他也会选择离去，不去影响青壮子弟御敌。这就是孟子所想表达的，最佳行为方式不是一成不变的，不是可以照本宣科的。

不要做爱慕虚荣的人

【原典欣赏】

齐人有一妻一妾而处室者，其良人①出，则必餍②酒肉而后反。除问所与饮食者，则尽富贵也。其妻告其妾曰："良人出，则必餍酒肉而后反；问其与饮食者，尽富贵也，而未尝有显者来，吾将间③良人之所之也。"蚤④起，施⑤从良人之所之，遍国中无与立谈者。卒之东郭墦间，之祭者，乞其余；不足，又顾而之他——此其为餍足之道也。其妻归，告其妾，曰："良人者，所仰望而终身也，今若此！"与其妾讪其良人，而相泣于中庭，而良人未之知也，施施从外来，骄其妻妾。由君子观之，则人之所以求富贵利达者，其妻妾不羞也，而不相泣者，几希矣！

【玄义注释】

①良人：古代妇女对丈夫的称呼。②餍（yàn）：饱。③间（jiàn）：窥视。④蚤：同"早"。⑤施（yì）：斜。这里指斜行，斜从跟随，以免被丈夫发现。

【白话翻译】

齐国有一个人家中有一妻一妾，她们的丈夫出外，一定是酒足饭饱才回来。他妻子问他一道吃喝的是些什么人，据他说来全都是些有钱有势的人。他妻子告诉他的妾说："丈夫出门，总是酒醉肉饱地回来；问他和些什么人一道吃喝，据他说来全都是些有钱有势的人，但我们却从来没见到什么有钱有势的人物到家里面来过，我打算悄悄地看看他到底去些什么地方。"第二天早上起来，她便尾随在丈夫的后面，走遍全城，没有看到一个人站下来和她丈夫说过话。最后他走到了东郊的墓地，向祭扫坟墓的人要些剩余的祭品吃；

不够，又东张西望地到别处去乞讨——这就是他酒醉肉饱的办法。他的妻子回到家里，告诉他的妾说："丈夫，是我们寄以希望而终身依靠的人，现在他竟然是这样的！"二人在庭院中咒骂着，哭泣着，而丈夫还不知道，得意洋洋地从外面回来，在他的两个女人面前摆威风。在君子看来，人们之所以追求富贵腾达，其妻妾不感到羞耻也不同在庭院中相对哭泣的，真是太少了。

【义理评析】

这是一则很著名的寓言故事。孟子为我们勾画了一个内心极其卑劣下贱，外表却趾高气扬，不可一世的人物形象，他为了在妻妾面前摆阔气，抖威风，自吹每天都有达官贵人请他吃喝，实际上却每天都在坟地里乞讨。孟子用这个故事讽刺那些爱慕虚荣，不择手段去奔走于诸侯之门，求升官发财的人。

【跟进解读】

爱吹牛皮，贻笑大方

宋朝有个人叫杨璞，很爱吹牛，自称是东野遗民。宋真宗求贤，有人就把他举荐了上去。宋真宗热情的接待了他，并请他当场做出一首诗来。可他什么也不会，在皇帝面前支支吾吾了半天也没能憋出一个字来。宋真宗看他为难，可怜他一把年纪，就让他第二天交上一首诗。

杨璞回到家中，愁得一晚上没睡着，辗转反侧，直到天明。实在没办法了，他只好像自己的妻子求助，他的妻子倒是读过一些书，她早就看不惯杨璞平日里自吹自擂、不可一世的狂态了，趁这个机会，就写了一首讽刺他的诗送给他。杨璞看也不看就一把揣进怀里，拿着入宫见圣去了。

见了宋真宗，他得意洋洋的把妻子写的诗呈了上去。宋真宗展开一看，直见上面写着：更休落魄贪酒杯，亦莫猖狂乱咏诗。今日捉将宫里去，这回断送老头皮。宋真宗哈哈大笑说："原来你是个爱吹牛皮的家伙，告诉我，这是谁写的？"杨璞一听，知道再也瞒不下去了，只好承认说是妻子做的。宋真宗说："看在你老婆的面子上，这次放过你这个吹牛大王，要不然真要了你的'老头皮'。"说完便把他赶出宫去了。

生活中有很多爱吹牛皮的人，说白了这都是虚荣心在作怪，就如同东郭先生滥竽充数一样，迟早会有牛皮吹破真相败露的一天，成为人们的笑柄。

卷九　万章（上）

本卷各章均为答弟子万章之问。中心内容是通过对历史事件的阐释，宣扬『君权神授』的思想。孟子认为，天子的地位是至高无上的，是『天意』决定的。而这个天意就是民意。天意决定把君权授予谁，民意就反映出拥护谁，仍是『以民为本』。上天选定了天子以后，还要选择一个先知先觉的贤臣来辅佐天子，使『先知觉后知，先觉觉后觉』，从而匡正万民，治理天下。

另外，还论述舜孝养父母、亲爱兄弟的品德以及禅让与世袭制度的依据。

孝子应终生感恩父母

【原典欣赏】

万章问曰："舜往于田，号泣于旻天，何为其号泣也？"

孟子曰："怨慕也。"

万章曰："'父母爱之，喜而不忘；父母恶之，劳而不怨。'然则舜怨乎？"

曰："长息问于公明高①曰：'舜往于田，则吾既得闻命矣；号泣于旻天，于父母，则吾不知也。'公明高曰：'是非尔所知也。'夫公明高以孝子之心，为不若是恝②：我竭力耕田，共为子职而已矣，父母之不我爱，于我何哉？帝使其子九男二女，百官牛羊仓廪备，以事舜于畎亩之中，天下之士多就之者，帝将胥天下而迁之焉。为不顺于父母，如穷人无所归。天下之士悦之，人之所欲也，而不足以解忧；好色，人之所欲，尧帝之二女③，而不足以解忧；富，人之所欲，富有天下，而不足以解忧；贵，人之所欲，贵为天子，而不足以解忧。人悦之、好色、富贵，无足以解忧者，惟顺于父母可以解忧。人少，则慕父母；知好色，则慕少艾；有妻子，则慕妻子；仕则慕君，不得于君则热中④。大孝终身慕父母。五十而慕者，予于大舜见之矣。"

【玄义注释】

①长息、公明高：长息，公明高的弟子；公明高，曾参的弟子。②恝（jiá）：淡然，不经心的样子。③尧帝之二女：传说尧把自己两个女儿娥皇和女英嫁给了舜。④热中：指内心焦躁。

【白话翻译】

万章问道："舜走到田里，对着天诉说、哭泣，他为什么要诉说、哭泣呢？"

孟子说："因为他既抱怨又眷念。"

万章说："曾子说过，'父母喜欢自己，高兴而不忘记父母；父母讨厌自己，仍然勤劳侍奉而不抱怨父母。'那么舜是抱怨父母吗？"

孟子说："长息曾问公明高：'舜到田里去，我听您解说过了；他对天诉说、哭泣，这样对父母，我还不理解。'公明高说：'这不是你所能明白的。'公明高认为，孝子的心是不能像这样无忧无虑的：我竭力耕田，恭敬地尽到做儿子的职责就行了，要是父母不喜欢我，我有什么责任呢？帝尧让自己的九个儿子两个女儿，带着大小官员、牛羊、粮食，到田野中侍奉舜，天下的士人投奔他的也很多，帝尧还将把整个天下让给他。舜却因为不能使父母顺心，而像走投无路的人无所归宿似的。天下的士人喜欢他，这是人人想得到的，却不足消除他的忧愁；漂亮的女子，这是人人想得到的，舜娶了帝尧的两个女儿，却不足以消除他的忧愁；财富，是人人想得到的，舜富有天下，却不足以消除他的忧愁；地位尊贵，是人人想得到的，舜尊贵到当了天子，却不足以消除他的忧愁。士人的喜欢、漂亮的女子、财富和尊贵，没有一样足以消除忧愁的，只有顺了父母心意才能消除忧愁。人在幼小的时候，就依恋父母；懂得找对象了，就倾慕年轻美貌的女子；有了妻子，就眷念妻子；做了官就思念君主，得不到君主信任，心里就热辣辣地难受。具有最大孝心的人，才能终身眷念父母。到了五十岁还眷念父母的，我在伟大的舜的身上看到了。"

【义理评析】

本节旨在称颂舜帝之孝道，并提出"大孝终生慕父母"之说。大舜由于没有得到父母的喜爱，所以，即使获得了绝色美女和妻子，甚至自己已做了君王，达到了权力和财富的顶峰以后，也仍然郁郁寡欢，思慕父母之爱。

【跟进解读】

孝敬父母是人生正道

被天下人所喜欢，是每个人的欲望，然而这不能解开舜的忧愁；喜欢美貌的女子，也是每个人的欲望，娶了帝尧的两个女儿，却还是不能解开舜的忧愁；富裕，也是每个人的欲望，拥有了整个天下，也还是不能解开舜的忧愁；尊贵，也是每个人的欲望，身为天子那样的尊贵，也还不能解开舜的忧愁。这是因为舜并不将"人悦之、好色、富贵"等放在人生的第一位，舜认为处理不好与父母的关系，才是最重要的。因为，惟有让父母顺心才能解开忧愁，才是人生正道；相反，忘了父母的养育之恩，也就是背离了人生正确的道路，所以本篇就围绕着"孝"这个行为方式来进行探讨。

"孝"字，本意是继承先辈之志的意思，《书·文侯之命》："追孝于前文人。"《论语·学而》：有子曰"其为人也孝弟，而好犯上者，鲜矣；不好犯上，而好作乱者，未之有也。君子务本，本立而道生。孝弟也者，其为仁之本与！"孔子曰："弟子，入则孝，出则弟，谨而信，凡爱众，而亲仁。"《礼记·中庸》："夫孝者，善继人之志，善述人之事者也。"在殷商甲骨文中已有"孝"字。西周时，周公告诫其弟康叔说："元凶大憝，矧惟不孝不友"（《尚书·康诰》），"友"即悌的意思。"孝"的含义本来十分广泛，但自从春秋战国以后，"孝"字逐渐就演变成为一般民众形容"孝顺父母"之意了。当然，"孝"本身也包含有"孝顺父母"的意思，所以孟子在此特别提出"孝顺父母"之意。

用最佳方式来应对骗局

【原典欣赏】

万章问曰："《诗》云，'娶妻如之何？必告父母'。信斯言也，宜莫如舜。舜之不告而娶，何也？"

孟子曰："告则不得娶。男女居室，人之大伦也；如告，则废人之大伦，以怼父母，是以不告也。"

万章曰："舜之不告而娶，则吾既得闻命矣；帝之妻舜而不告，何也？"

曰："帝亦知告焉则不得妻也。"

万章曰："父母使舜完廪，捐阶，瞽瞍焚廪。使浚井，出，从而揜之。象①曰：'谟盖都君②咸我绩。牛羊父母，仓廪父母，干戈朕，琴朕，弤朕，二嫂使治朕栖。'象往入舜宫，舜在床琴。象曰：'郁陶③思君尔。'忸怩。舜曰：'惟兹臣庶，汝其于予治。'不识舜不知象之将杀己与？"

曰："奚而不知也？象忧亦忧，象喜亦喜。"

曰："然则舜伪喜者与？"

曰："否。昔者有馈生鱼于郑子产，子产使校人畜之池。校人烹之，反命曰：'始舍之，圉圉焉；少则洋洋焉；攸然而逝。'子产曰：'得其所哉！得其所哉！'校人出，曰：'孰谓子产智？予既烹而食之，曰：得其所哉，得其所哉。'故君子可欺以其方，难罔以非其道。彼以爱兄之道来，故诚信而喜之，奚伪焉？"

万章问曰："象日以杀舜为事，立为天子则放之，何也？"

孟子曰："封之也；或曰放焉。"

万章曰："舜流共工④于幽州，放驩兜⑤于崇山，杀三苗⑥于三危，殛鲧⑦于羽山，四罪而天下咸服，诛不仁也。象至不仁，封之有庳⑧。有庳之人奚罪焉？仁人固如是乎？在他人则诛之，在弟则封之？"

曰："仁人之于弟也，不藏怒焉，不宿怨焉，亲爱之而已矣。亲之，欲其贵也；爱之，欲其富也。封之有庳，富贵之也。身为天子，弟为匹夫，可谓亲爱之乎？"

"敢问或曰放者，何谓也？"

曰："象不得有为于其国，天子使吏治其国而纳其贡税焉，故谓之放。岂得暴彼民哉？虽然，欲常常而见之，故源源而来，'不及贡，以政接于有庳。'此之谓也。"

【玄义注释】

①象：人名，相传是舜的同父异母弟。②谟盖都君：盖："害"的假借字。都君：指舜。③郁陶：思念。④共工：相传为尧的大臣。⑤驩兜：相传是尧、舜时的大臣。⑥三苗：古代国名，顽固不服舜的统治，舜因而杀其首领。⑦鲧（gǔn）：传说是禹的父亲，尧曾派他治水，但没有治成功。⑧有庳：传说是象的封地。

【白话翻译】

万章问道："《诗经》上说，'娶妻应该怎么做？一定先要禀告父母'。信守这道理的，应该没有人能比得上舜的。可是舜不禀告父母就娶妻，这是为什么呢？"

孟子说："禀告了，就娶不成了。男女成婚，是人类重大的伦理关系；如果舜禀告了，就废掉了这种伦理关系，反而引起对父母怨恨，所以不禀告。"

万章说："舜不禀告就娶妻，我已领教了您的解释，帝尧把女儿嫁给舜，却也不告诉舜的父母，为什么呢？"

孟子说："帝尧也知道，告诉了他们就嫁不成了。"

万章说："父母叫舜去整修谷仓顶，然后撤掉了梯子，父亲瞽瞍放火焚烧谷仓。要舜去淘井，瞽瞍一出井就堵塞盖住了井口。舜的弟弟象说：'谋害舜都是我的功绩，牛羊分给父母，粮仓分给父母，盾和戈归我，琴归我，雕漆的弓归我，两个嫂嫂让她们侍候我睡觉。'象走进舜的屋子，舜却安坐在床上弹琴。象说：'我想你想得好苦啊。'但神色惭愧。舜说：'我心里想的唯有臣子和百姓，你就协助我管理他们吧。'我不明白，舜难道不知道象要谋杀他吗？"

孟子说："怎么会不知道呢？象忧愁他也忧愁，象高兴他也高兴。"

万章说："这么说，舜是假装高兴的吗？"

孟子说："不。从前有人送条活鱼给郑国的子产，子产叫管理池塘的小吏把它放养到池塘里。小吏把鱼煮煮吃了。回来报告说：'刚放它时，半死不活的；不一会儿就摇摆着尾巴游开了；一转眼就游不见了。'子产说：'得着它的好去处了！得着它的好去处了！'小吏出来后说：'谁说子产聪明？我都把鱼煮吃掉了，他还说：得着它的好去处了，得着它的好去处了。'所以君子可以用合乎道理的事欺骗他，难以用没有道理的事蒙骗他。象装着敬爱兄长的样子来了，所以舜真诚地相信他，而且感到高兴，怎么是假装的呢？"

万章问："象每天把杀害舜作为事务，舜被拥立为天子

后只是将他流放，这是为什么呢？"

孟子说："这是封他为诸侯，有人说，是流放。"

万章说："舜把共工流放到幽州，把驩兜流放到崇山，把三苗的君主驱逐到三危，把鲧诛死在羽山，将这四个人治了罪，天下便都归服，因为惩处的是不仁的人。象是最不仁的人，却封给他有庳。有庳的百姓有什么罪呢？仁人本该这么做的吗？对旁人就严加治罪，对弟弟就封他诸侯？"

孟子说："仁人对于自己的弟弟，不藏怒气在心里，不留怨恨在胸中，只知道要亲他爱他罢了。亲他，就想让他尊贵；爱他，就想让他富有。把有庳封给他，就是要让他既富有又尊贵。自己当了天子，弟弟却做百姓，能说是亲他爱他吗？"

万章又问道："请问，有人说是流放，这话怎么讲呢？"

孟子说："为了不让象在他的封地上为所欲为，天子派了官吏去治理他的国家，收取那里的贡税，所以说是流放。试想，天子怎么能让象对他的百姓施行暴政呢？虽然这样，舜还想常常见到象，所以象不断地来。所谓：'不必等到朝贡的日子，平常就以政事为名接见有庳的国君。'就是说的这种情况。"

【义理评析】

所谓"诚信"，就是明知被骗但仍诚信对人，并不是因为我被骗了，我就要去骗人，或者把骗我的人杀掉。作为君子，即使是在被骗以后，仍然要采取最佳行为方式，即仍真诚地对待对方。就像舜一样，明知父亲要害他，但他不与父亲为仇，不搞什么以牙还牙，仍是尽到做儿子的责任，这就叫孝顺父母的最佳行为方式！

【跟进解读】

防人之心不可无

行骗之术五花八门，不仅能使普通人受骗，就是有德有才的君子，像郑国贤宰相子产那样的聪明人，也照样受骗。只不过你得把谎话说圆了，就像那个"校人"那样，把鱼开始怎么样，接着又怎么样，最后又怎么样说得非常生动细致，难怪子产要上当了。

其实，越是君子，往往越容易受骗。因为君子总是以君子之腹度人，凡事不大容易把人往坏处想，结果往往上骗子的当。倒是真正的小人，以小人之心度人，把人往坏处想，往往还不容易被欺瞒过去。

所以，君子也难免受骗，这原本不应该是什么奇怪的问题。当然，还是那句话，要让君子上当受骗，得有合乎情理的说法，否则，还是容易被识破的。明白了这个道理以后，即使你是君子，是不是也应该保持戒心，多一份警惕，以免上当受骗呢！

身居高位更应奉行孝道

【原典欣赏】

咸丘蒙①问士，"君不得而臣，父不得而子。'舜南面而立，尧帅诸侯北面而朝之，瞽瞍亦北面而朝之。舜见瞽瞍，其容有蹙。孔子曰：'于斯时也，天下殆哉，岌岌乎！'不识此语诚然乎哉？"

孟子曰："否，此非君子之言，齐东野人之语也。尧老而舜摄也。《尧典》曰：'二十有八载，放勋乃徂落，百姓如丧考妣，三年，四海遏密八音②。'孔子曰：'天无二日，民无二王。'舜既为天子矣，又帅天下诸侯以为尧三年丧，是二天子矣。"

咸丘蒙曰："舜之不臣尧，则吾既得闻命矣。《诗》云：'普天之下，莫非王土；率土之滨，莫非王臣。'而舜既为天子矣，敢问瞽瞍之非臣，如何？"

曰："是诗也，非是之谓也，劳于王事而不得养父母也。曰，'此莫非王事，我独贤劳也'。故说诗者，不以文害辞，不以辞害志；以意逆志，是为得之。如以辞而已矣，《云汉》之诗曰：'周余黎民，靡有孑遗。'信斯言也，是周无遗民也。孝子之至，莫大乎尊亲；尊亲之至，莫大乎以天下养。为天子父，尊之至也；以天下养，养之至也。《诗》曰：'永言孝思，孝思维则。'此之谓也。《书》曰：'祗载见瞽瞍，夔夔斋栗，瞽瞍亦允若。'是为'父不得而子'也？"

【玄义注释】

①咸丘蒙：姓咸丘，名蒙，孟子的学生。②八音：中国古代对乐器的统称。指金、石、土、革、丝、木、匏、竹等八种材料制成的乐器。这里指代音乐。

【白话翻译】

咸丘蒙问道："俗话说：'很有道德的人，君主不能把他当作臣下，父亲不能把他当作儿子。'舜做了天子，尧率领诸侯朝见他，他父亲瞽瞍也朝见他。舜见了瞽瞍，神色很不安。孔子说：'在这个时候呀，天下真是危险到极点啦！'不知这句话真的这么说过吗？"

孟子说："不，这不是君子所说的，是齐国东郊老百姓的野话。是尧上了岁数而叫舜代理天子的。《尧典》上说：'舜代理了二十八年，放勋（尧）才去世，人们像死了父母一样服丧三年，民间停止了一切音乐。'孔子说：'天上没有两个太阳，人民没有两个天子。'舜既然在此前已经当了天子，又带领天下诸侯为尧服丧三年，就是有两位天子了。"

咸丘蒙说："舜没有把尧当作臣，我已领教您的解释了。《诗经》上说：'普天之下，没有哪里不是天子的土地；四海之内，没有哪个不是天子的臣民。'舜已经做了天子了，瞽瞍却不是他的臣民，请问又是怎么回事？"

孟子说："这首诗，不是你所理解的那样；而是说为王事勤劳不能奉养父母。意思是说，'这些没有一件不是公事，却只有我最劳碌'。所以解说诗的人，不能因为字面的解释而损害词句的意思，不能因为词句的解释而损害全诗的意思；要用自己的体会去揣度作者的原意，这样才能把握住诗意。如果只拘泥于词句的解释，那么《云汉》这首诗说：'周朝剩下的百姓，没有一个留存。'相信了这句话，这就成了周朝没有一个人留存了。孝子最大的孝，莫过于使父母尊贵；使父母尊贵的最高标准，莫过于用天下奉养父母。做了天子的父亲，这是最尊贵的地位了；用天下奉养父亲，这是最高的奉养了。《诗经》上说：'永远行孝道，孝道就是法则。'说的就是这个意思。《尚书》上说：'舜恭恭敬敬地去见瞽瞍，谨慎而又畏惧，瞽瞍也就真的顺心了。'这是'父亲不能把他当儿子'吗？"

【义理评析】

一个人成为伟人后，还孝不孝敬父母？咸丘蒙带着疑问举了好几个例子，孟子则认为咸丘蒙误解了这些例子的根本含义，舜成为天子后，仍然以尧为王，仍然以瞽瞍为父亲，并没有因为自己当了天子而以尧为臣，以瞽瞍为臣，这就是舜在孝敬父母上的行为方式。

【跟进解读】

父母之恩不能忘

社会上有许多人，一旦当上大官，取得较高的地位后，往往就将自己的父母忘在脑后，甚至于认为父母亲太低贱，影响了他的形象，使他没面子，让他丢人，这种人不奉养父母不说，甚至还不承认父子关系、母子关系！故孟子的意思是说，一个人无论成为什么样的人，首先要把孝敬父母放在首位。

古时候的婴儿断奶很晚，一个婴儿往往要三五年才断奶。而且有很多人不仅十五岁不能自立，就是到了二三十岁都不能自立，还要依靠父母养育，所以父母养育之恩是不能忘记的，更是不能抛弃的。

现代很多人一旦自立了，马上就将父母养育之恩抛在脑后，自以为了不得，不得了，嫌弃父母，嫌贫爱富，这种行为方式将为自己的生存带来恶劣的后患。

百姓的拥护是最关键的

【原典欣赏】

万章曰："尧以天下与舜，有诸？"

孟子曰："否，天子不能以天下与人。"

"然则舜有天下也，孰与之？"

曰："天与之。"

"天与之者，谆谆①然命之乎？"

曰："否，天不言，以行与事示之而已矣。"

曰："以行与事示之者，如之何？"

曰："天子能荐人于天，不能使天与之天下；诸侯能荐人于天子，不能使天子与之诸侯；大夫能荐人于诸侯，不能使诸侯与之大夫。昔者，尧荐舜于天，而天受之；暴②之于民，而民受之。故曰，天不言，以行与事示之而已矣。"曰："敢问荐之于天，而天受之；暴之于民，而民受之，如何？"

曰："使之主祭，而百神享之，是天受之；使之主事，而事治，百姓安之，是民受之也。天与之，人与之，故曰，天子不能以天下与人。舜相尧二十有八载，非人之所能为也，天也。尧崩，三年之丧毕，舜避尧之子于南河之南，天下诸侯朝觐者，不之尧之子而之舜；讼狱者，不之尧之子而之舜；讴歌者，不讴歌尧之子而讴歌舜。故曰，天也。夫然后之中国，践天子位焉。而居尧之宫，逼尧之子，是篡也，非天与也。《太誓》曰：'天视自我民视，天听自我民听。'此之谓也。"

【玄义注释】

①谆谆：反复叮咛。②暴（pù）：显露，公开。

【白话翻译】

万章问："尧把天下交给舜，有这回事吗？"

孟子说："不，天子不能把天下交给他人。"

万章说："那么舜得到天下，是谁给他的呢？"

孟子说："是上天给他的。"

万章说："上天把天下交给他，是谆谆教导命令他的吗？"

孟子说："不，上天不说话，是用行为和事实来示意而已。"

万章说："用行为和事实来示意，是怎么回事呢？"

孟子回答说："天子能够向天推荐人，但不能强迫天把天下授予人；诸侯能够向天子推荐人，但不能强迫天子把诸侯之位授予这人；大夫能够向诸侯推荐人，但不能强迫诸侯把大夫之位授予这人。从前，尧向天推荐了舜，天接受了；又把舜公开介绍给老百姓，老百姓也接受了。所以说，天不说话，拿行动和事情来表示罢了。"

万章说："冒昧地请问，向上天推荐，而上天接受了；向老百姓介绍，老百姓也接受了，这怎么样说？"

孟子说："叫他主持祭祀，所有神明都来享用，这是天接受了；叫他主持政事，政事治理得很好，老百姓很满意，这就是老百姓也接受了。天授予他，老百姓授予他，所以说，天子不能够拿天下授予人。舜辅佐尧治理天下二十八年，这不是凭一个人的意志能够做得到的，而是天意。尧去世后，舜为他服丧三年，然后便避居于南河的南边去，为的是要让尧的儿子继承天下。可是，天下诸侯朝见天子的，都不到尧的儿子那里去，却到舜那里去；打官司的，都不到尧的儿子那里去，却到舜那里去；歌颂的人，也不歌颂尧的儿子，却歌颂舜。所以这是天意。这样，舜才回到帝都，登上了天子之位。如果先前舜就占据尧的宫室，逼迫尧的儿子让位，那就是篡夺，而不是天授予他的了。《太誓》说过：'上天所见来自我们老百姓的所见，上天所听来自我们老百姓的所听。'说的正是这个意思。"

【义理评析】

正因为舜有孝顺父母的最佳行为方式，才得到尧的推荐和老百姓的认可，而尧的儿子没有孝顺父母的最佳行为方式，所以得不到尧的推荐和上天的认可以及老百姓的认可。想要得到人民的认可，自己就要学会选择最佳行为方式，这就是孟子与万章所探讨的。

【跟进解读】

得民心者得天下

相传上古舜帝为民时，曾躬耕于历山之下，舜父瞽叟更娶继母壬女后，尽管舜挨打受骂，却是十分孝顺。当后母生下象，又生下妹妹婑手后，舜带弟弟妹妹，放牛羊，打猪菜，拔草，煮饭，刷锅，洗碗，能干的活都干，不能干的活学着干。尽管舜把瞽叟和壬女侍候得周到细微，可还是经常挨打受骂。舜在疾恨打骂中长大，依然孝顺父母，继母壬女却还是想方设法赶舜走。当策划的兄弟种豆事件由于象的嘴馋和贪婪失败后，又多次陷害虐待舜，然后挑动瞽叟发怒，终于将舜赶出了家门。

有家不能归的舜就到了历山妫水边搭个茅棚住下，开始烧荒垦地。那时候，做部落联盟首领的，有什么大事，都要找各部落首领一起商量。尧年纪大了，想找一个继承他职位的人。他听说有个叫舜的人很受百姓的拥戴，于是决定考察一下。

尧把自己两个女儿娥皇、女英嫁给舜，还替舜筑了粮仓，分给他很多牛羊。那后母和弟弟见了，又是羡慕，又是妒忌，和瞽叟一起用计，几次三悉想暗害舜，但舜每次都用仁爱之心去化解他们之间的矛盾。

后来，娥皇女英将舜的行为告诉了尧，尧认为舜确是个品德高尚的人，这样的人值得将天下托付给他，于是就把首领的位子让给了舜。舜即位后爱民如子，深得百姓拥护，成为历史上著名的贤君。

卖身为主也要看对象

【原典欣赏】

万章问曰："人有言，'伊尹以割烹要汤。'有诸？"

孟子曰："否，不然。伊尹耕于有莘之野，而乐尧舜之道焉。非其义也，非其道也，禄之以天下，弗顾也；系马千驷，弗视也。非其义也，非其道也，一介不以与人，一介不以取诸人。汤使人以币聘之，嚣嚣然曰：'我何以汤之聘币为哉？

我岂若处畎亩之中，由是以乐尧舜之道哉？'汤三使往聘之，既而幡然改，曰：'与我处畎亩之中，由是以乐尧舜之道，吾岂若使是君为尧舜之君哉？吾岂若使是民为尧舜之民哉？吾岂若于吾身亲见之哉？天之生此民也，使先知觉后知，使先觉觉后觉也。予，天民之先觉者也，予将以斯道觉斯民也。非予觉之，而谁也？'思天下之民匹夫匹妇有不被尧舜之泽者，若己推而内之沟中。其自任以天下之重如此，故就汤而说之以伐夏救民。吾未闻枉己而正人者也，况辱己以正天下者乎？圣人之行不同也，或远，或近，或去，或不去，归洁其身而已矣。吾闻其以尧舜之道要汤，未闻以割烹也。《伊训》曰：'天诛造攻自牧宫，朕载自亳。'"

万章问曰："或谓孔子于卫主痈疽[①]，于齐主侍人瘠环[②]，有诸乎？"

孟子曰："否，不然也；好事者为之也。于卫主颜雠由[③]。弥子[④]之妻与子路之妻，兄弟也。弥子谓子路曰：'孔子主我，卫卿可得也。'子路以告。孔子曰：'有命。'孔子进以礼，退以义，得之不得曰'有命'，而主痈疽与侍人瘠环，是无义无命也。孔子不悦于鲁、卫，遭宋桓司马

⑤将要而杀之，微服而过宋。是时孔子当厄，主司城贞子⑥，为陈侯周⑦臣。吾闻观近臣，以其所为主；观远臣，以其所主。若孔子主痈疽与侍人瘠环，何以为孔子？"

万章问曰："或曰，'百里奚①自鬻于秦养牲者五羊之皮，食牛以要秦穆公②'，信乎？"

孟子曰："否，不然；好事者为之也。百里奚，虞人也。晋人以垂棘之璧与屈产之乘假道于虞以伐虢。宫之奇③谏，百里奚不谏。知虞公之不可谏而去之秦，年已七十矣，曾不知以食牛干秦穆公之为污也，可谓智乎？不可谏而不谏，可谓不智乎？知虞公之将亡而先去之，不可谓不智也。时举于秦，知穆公之可与有行也而相之，可谓不智乎？相秦而显其君于天下，可传于后世，不贤而能之乎？自鬻以成其君，乡党自好者不为，而谓贤者为之乎？"

【玄义注释】

①痈疽（yōng jū）：人名，又作雍渠、雍鉏、雍睢，卫灵公宠幸的宦官。②瘠环：人名，齐景公宠幸的宦官。③颜雠由：卫国大夫，有贤名。④弥子：即弥子瑕，卫灵公的宠臣。⑤桓司马：即宋国的司马桓魋（tuí）。司马，官职名，掌管军政和军赋。⑥司城贞子：陈国的大夫。⑦陈侯周：陈国的国君，名周。

【白话翻译】

万章问道："人们有这样的说法，'伊尹以当厨子来求得汤的任用。'有这回事吗？"

孟子说："不，不是这样的。伊尹在莘国的郊野种田，而欣赏喜爱尧、舜所行的道路。如果不是尧、舜的行为方式，不是尧、舜所走的道路，即使把天下的财富都作为俸禄给他，他也不屑一顾。即使给他一千辆马车，他也不看一眼。如果不符合义，不符合道，一丝一毫也不拿去送人，一丝一毫也不向别人索取。汤派人带了礼物去聘请他，他无动于衷地说：'我要汤的聘礼干什么？哪如我生活在田野中，像这样把尧舜之道当作快乐呢？'汤又多次派人去聘请，不久他完全改变了态度，说：'与其隐居在田野中，把尧舜之道当作快乐，哪如使这个君主成为尧舜那样的君主呢？哪如使百姓成为尧舜时代那样的百姓呢？哪如亲眼见到尧舜那样的盛世呢？上天生育这些人

孟子全编

民，就要使先知者帮助后知者觉悟，先觉者帮助后觉者觉悟。我，上天所生人民中的先觉者，我将用这尧舜之道去使人民觉悟。不是我使他们觉悟，又有谁呢？'他想到天下的人民中，要是有一个男的或一个女的没有享受到尧舜之道的恩泽的，就像是自己把他们推入了山沟似的。他就像这样把天下的重任担在自己肩上，所以到汤那里劝说他讨伐夏桀，拯救人民。我未听说自己不正却能匡正别人的，更何况侮辱自己来匡正天下呢？圣人的行为是有不同的，有的避离君主，有的接近君主，有的离开朝廷，有的不离开朝廷，但都归结到使自身洁净罢了。我只听说他是凭尧舜之道去求汤任用的，没听说是靠当厨子去求官做的。《伊训》里说：'上天的惩罚由夏桀自己造成，我只是自亳邑开始计划而已。'"

万章问道："有人说，孔子在卫国时寄住在痈疽家里，在齐国时寄住在瘠环家里，有这回事吗？"

孟子说："不，不是这么回事，是好事者编造出来的。孔子在卫国寄住在颜雠由家。弥子瑕的妻子与子路的妻子是姐妹。弥子瑕曾对子路说：'孔子来住在我家，卫国卿的职位就可以得到。'子路把这话告诉给孔子。孔子说：'由命决定。'孔子做官与不做官，根据礼义行事，能不能得到官职，说要'由命决定'，如果寄住在宦官痈疽和瘠环那里，这便是无视礼义、命运了。孔子在鲁国、卫国感到不快，又遇到宋国的桓司马企图在半路上杀害他，就改换了衣着悄悄通过宋国。这时孔子正遭危难，便寄住到司城贞子家里，做了陈侯周的臣子。我听说过，观察在朝的臣子，看他所接待的客人；观察外来的臣子，看他所寄居处的主人。如果孔子寄住在宦官痈疽和瘠环家里，把他们当作主人，怎么还能算是'孔子'呢？"

万章问："有人说，百里奚把自己卖给秦国饲养牲畜的人，得到五张羊皮，去跟人家放牛，以此求取秦穆公的使用，你相信这件事吗？"

　　孟子说："不，不是这样，是好事者编造的。百里奚是虞国人。当时晋国用垂棘所产的美玉和屈地所产的良马向虞国借路去攻打虢国。宫之奇劝谏虞君，百里奚不劝谏。他知道虞公不会听从劝告，就离开虞国到了秦国，当时已经七十岁了，如果竟不知道靠替人喂牛求得秦穆公任用是卑劣的，能说他聪明吗？知道不会听从劝告就不去劝告，能说不聪明吗？知道虞公就要亡国而先离开，不能说不聪明啊。一旦在秦国受提拔，就知道穆公是个可以同他干一番事业的君主而辅佐他，能说不聪明吗？做了秦国的相而使他君主的威望显赫于天下，并且可以流传到后世，不是贤者能做到这一步吗？卖掉自己去成全君主，乡里自爱的人也不愿干的，怎么能说贤者肯这么干吗？"

　　【义理评析】

　　孟子认为，百里奚是何等"智"而"贤"的人物，他知道虞君子一言难谏就不谏，知道虞国将亡而先走，知道秦穆公可辅而辅助之，他怎么会自卖自身，为人喂牛，以寻找机会求得秦穆公任用呢？这种事情，乡下一个洁身自爱的人都不会做，贤者肯干吗？孟子的办法是一种推理的方法，结论对与不对另当别论，方法还是可以借鉴的。

　　【跟进解读】

良禽择木而栖

　　我们可以从《三国演义》中郭嘉的成功和田丰的失败来论证"良禽择木而栖，贤臣择主而侍"的重要性。

　　郭嘉和田丰都曾经是袁绍的谋臣，他们都有深谋远虑、运筹帷幄的能力，但由于对于袁绍认识的差异，使他们的结局有了天壤之别。

　　在东汉末年的各方势力中，袁绍本来是最强大的。但他色厉胆薄，好谋无断，干大事而惜身，见小利而忘命。郭嘉认为这种人成不了大气候，于是选择投奔了曹操。而田丰则选择留了下来，他希望用自己的努力得到袁绍的重视。

　　随后开始了官渡之战，在这场战斗中，由于曹操的信任，郭嘉的建议全部被采用；而田丰频繁地向袁绍进谏，结果遭到袁绍的厌恶，自己反遭杀身之祸。

　　我们常说："良禽择木而栖"。既然相信自己是良禽，就一定要择木，如果随便碰到一棵树就急不可耐的栖身，只会耽误自己的前程。

卷十 万章（下）

本卷分章节对周天子治下的爵禄制度以及交际之道、君主养士尊贤之道和君臣关系等作了相应的论述。孟子指出，交友当以对方的品德为友，不可有所倚仗。而交际时应以恭敬为心。由此出发，对待当今诸侯的态度，应考虑到他们虽然多行不义，却毕竟与拦路抢劫不同，所以要先教育他们，教而不改才有『杀』的问题。同时强调，对士人应有充分的尊重；臣属对于君主也不应绝对服从，而是有匡君谏主的义务。

另外，还提出读书解诗，应『知人论世』，这是孟子在文学方面的重要主张，对后世文艺理论有很深的影响。

集人所长者必成大事

孟子曰："伯夷，目不视恶色，耳不听恶声。非其君，不事；非其民，不使。治则进，乱则退。横①政之所出，横民之所止，不忍居也。思与乡人处，如以朝衣朝冠坐于涂炭也。当纣之时，居北海之滨，以待天下之清也。故闻伯夷之风者，顽②夫廉，懦夫有立志。"

伊尹曰："何事非君？何使非民？"治亦进，乱亦进，曰："天之生斯民也，使先知觉后知，使先觉觉后觉。予，天民之先觉者也。予将以此道觉此民也。"思天下之民匹夫匹妇有不与被尧舜之泽者，若己推而内之沟中——其自任以天下之重也。

"柳下惠不羞污君，不辞小官。进不隐贤，必以其道。遗佚③而不怨，厄穷而不悯。与乡人处，由由然不忍去也。'尔为尔，我为我，虽袒裼裸裎④于我侧，尔焉能浼⑤我哉？'故闻柳下惠之风者，鄙夫⑥宽，薄夫⑦敦。"

"孔子之去齐，接淅⑧而行；去鲁，曰：'迟迟吾行也，去父母国之道也！'可以速而⑨速，可以久而久，可以处而处，可以仕而仕，孔子也。"

孟子曰："伯夷，圣之清者也；伊尹，圣之任者也；柳下惠，圣之和者也；孔子，圣之时者也。孔子之谓集大成。集大成也者，金声而玉振之也。金声也者，始条理也；玉振之也者，终条理也。始条理者，智之事也；终条理者，圣之事也。智，譬则巧也；圣，譬力也。由射于百步之外也，其至，尔力也；其中，非尔力也。"

北宫锜问曰："周室班爵禄也，如之何？"

孟子曰："其详不可得闻也，诸侯恶其害己也，而皆去其籍；然而轲也尝闻其略也。天子一位，公一位，侯一位，伯一位，子、男同一位，凡五等也。君一位，卿一位，大夫一位，上士一位，中士一位，下士一位，凡六等。天子之制，地方千里，公侯皆方百里，伯七十里，子、男

孟子全编

五十里，凡四等。不能五十里，不达于天子，附于诸侯，曰附庸。天子之卿受地视侯，大夫受地视伯，元士受地视子、男。

大国地方百里，君十卿禄，卿禄四大夫，大夫倍上士，上士倍中士，中士倍下士，下士与庶人在官者同禄，禄足以代其耕也。次国地方七十里，君十卿禄，卿禄三大夫，大夫倍上士，上士倍中士，中士倍下士，下士与庶人在官者同禄，禄足以代其耕也。小国地方五十里，君十卿禄，卿禄二大夫，大夫倍上士，上士倍中士，中士倍下士，下士与庶人在官者同禄，禄足以代其耕也。耕者之所获：一夫百亩，百亩之粪，上农夫食九人，上次食八人，中食七人，中次食六人，下食五人。庶人在官者，其禄以是为差。"

【玄义注释】

①横：横暴，放纵。②顽：贪婪的意思。③遗佚：遗弃、不被重用。④袒裼（xī）裸裎（chéng）：四个字意思相近，同义复用，都是赤身露体的意思。⑤浼：污染。⑥鄙夫：指心胸狭窄的人。⑦薄夫：指刻薄的人。⑧接淅：淘米。⑨而：则。以下几句同。

【白话翻译】

孟子说："伯夷这个人，眼睛不看丑恶的色彩，耳朵不听丑恶的声音。不是他理想的君主，不侍奉；不是他信任的民众，不役使。国家有治就积极进取，国家混乱他就退避隐居。横暴放纵的政事出现的地方，横暴放纵的民众居住的地方，他都不能忍受在那里居住。想象着和乡下人相处，就像穿戴着上朝的衣帽坐在污泥炭灰之中一样。在商纣王的时候，他住在北海之滨，以等待天下能够清明。所以，听到伯夷这种风范的，痞顽的人也会变得清廉，懦弱的人也会树立志向。"

伊尹说："哪个君主不可以侍奉？哪个百姓不可以使唤？"所以，他是天下太平做官，天下混乱也做官。他还说："上天生育这些百姓，就是要让先知的人来开导后知的人，先觉的人来开导后觉的人。我就是这些人中先知先觉的人，我要开导这些后知后觉的人。"他认为天下的百姓中，只要有一个普通男子或普通妇女没有承受到尧舜的恩泽，就好像是他自己把别人推进山沟之中去了一样——这就是他以挑起天下的重担为己任的态度。

"柳下惠不以侍奉坏君主为耻辱，也不因官小而不做。做官不隐藏自己的才能，坚持按自己的原则办事。不被重用不怨恨，穷困也不忧愁。与没有教养的乡下人相处，也照样很自在地不忍离去。他说：'你是你，我是我，你就是赤身裸体在我旁边，对我又有什么污染呢？'所以，听到过柳下惠风范的人，心胸狭窄的会变得宽阔起来，刻薄的会变得厚道起来。"

"孔子离开齐国，承受着风霜雪雨就走了；离开鲁国时，说：'我们慢慢地走吧，这是离开父母之国的道理。'可以快速就快速，可以延缓就延缓，可以住下就住下，可以出仕任职就出仕任职，这就是孔子的行为方式。"

孟子说："伯夷是圣人里面最清高的；伊尹是圣人里面最负责任的；柳下惠是圣人里面最随和的；孔子是圣人里面最识时务的。孔子可以称为集大成者。集大成的意思，就好比乐队演奏，以钋钟声开始起音，以玉磬声结束收尾。钋钟声起音是为了有条有理地开始，玉磬声收尾是为了有条有理地结束。有条有理地开始是智方面的事，有条育理地结束是圣方面的事。智好比是技巧，圣好比是力量。犹如在百步以外射箭，箭能射到靶子，是靠你的力量；射中目标了，却是靠技巧而不是靠力量。"

北宫錡问："周王室颁布的爵位和俸禄，是怎么样的呢？"

孟子说："详细情况不能知道了，诸侯讨厌它妨害自己，把那些典籍都毁掉了；不过，我曾经听说过它的大致情况。天子一级，公爵一级，侯爵一级，伯爵一级，子爵、男爵同一级，共五个等级。君是一级，卿是一级，大夫是一级，上士是一级，中士是一级，下士是一级，总共六个等级。天子控制的地方，方圆千里，公侯的封地方圆百里，伯的封地方圆七十里，子、男爵的封地方圆五十里，总共四个等级。不能达到方圆五十里的，不能与天子联系，只能附属于诸侯，叫做附庸。天子朝中的卿所受的封地视同为侯爵一样，大夫的封地视同为伯爵，元士的封地视同为子、男爵。

大国的土地有百里见方，国君的俸禄是卿的十倍，卿的俸禄是大夫的四倍，大夫是上士的一倍，上士是中士的一倍，中士是下士的一倍，下士的俸禄同在官府当差的百姓相同，数量足以代替他种田的收入。中等国家的土地有七十里见方，国君的俸禄是卿的十倍，卿的俸禄是大夫的三倍，大夫是上士的一倍，上士是中士的一倍，中士是下士的一倍，下士同在官府当差的同等俸禄，俸禄足以代替他种田的收入。小国的土地有五十里见方，国君的俸禄是卿的十倍，卿的俸禄是大夫的两倍，大夫是上士的一倍，上士是中士的一倍，中士是下士的一倍，下士同在官府当差的百姓俸禄相等，俸禄足以代替他种田的收入。种田人的收入：一个农夫受田一百亩，一百亩地施肥耕种，最得力的农夫可以养活九人，稍次一点的可以养活八人，中等能力的农夫可以养活七人，比这差一点的可以养活六人，再差一点的农夫可以养活五人。在官府当差的百姓，他的俸禄是按这种区别来分等级。"

【义理评析】

孟子在这里罗列的，是四种圣人的典型：伯夷清高，伊尹具有强烈的责任感和使命感，柳下惠随遇而安，孔子识时务。比较而言，孟子认为前三者都还只具有某一方面的突出特点，而孔子则是集大成者，金声而玉振，具有"智"与"圣"相结合的包容性。显然，孟子给了孔子以最高赞誉。

【跟进解读】

圣人之典范

孟子在这里罗列的，是四种圣人的典范。

从我们今天的眼光来看，伯夷过于清高，清高得有点不食人间烟火，所以他最后要与叔齐一道"不食周粟"，饿死于首阳山。但是，所谓"饿死事小，失节事大"的观念也就由此生成，对后世产生了深远的影响。或许也正是由此观念出发，伯夷才被推崇为"圣人"之一。

伊尹"其自任以天下之重"，具有强烈的社会责任感和使命感，是我们曾经说过，"把历史扛在肩头"的人，也是非常符合儒教精神的"圣人"之一。但他的这种精神，在进入所谓"现代主义"或"后现代主义"时期后，已被

视为过于沉重、过于执着的"古典意识"，与"轻轻松松过一生"的现代生活观念格格不入，或者说，已不那么合时宜了。

柳下惠一方面是随遇而安，另一方面却是坚持原则，我行我素。随遇而安体现在他不齿于侍奉坏的君主，不羞于做低贱的小官，不被重用不抱怨，穷困不忧愁。这几句话说来容易，做起来可就太困难了，尤其是后面两句，的确有圣贤级的水平。所以，传说柳下惠能够做到"坐怀不乱"，具有超人的克制力，圣人的风范。

最后说到孔圣人。孟子在这里并没有展开对孔子的全面论述，而只是抓住他应该怎样就怎样的这一特点，来说明他是"圣之时者"，圣人中识时务的人。所谓"识时务者为俊杰"。孟子所强调的，是孔子通权达变，具有包容性的特点，所以才有"孔子之谓集大成"的说法。而且，由"集大成"的分析，又过渡到对于"智"与"圣"相结合的论述，而孔子正是这样一个"智""圣"合一的典型。说穿了，也就是"德才兼备"的最高典范。

孟子全编

交友重在看其品德

【原典欣赏】

万章问曰："敢问友。"

孟子曰："不挟①长，不挟贵，不挟兄弟而友。友也者，友其德也，不可以有挟也。孟献子②，百乘之家也，有友五人焉：乐正裘、牧仲，其三人，则予忘之矣。献子之与此五人者友也，无献子之家者也。此五人者，亦有献子之家，则不与之友矣。非惟百乘之家为然也，虽小国之君亦有之。费③惠公曰：'吾于子思，则师之矣；吾于颜般，则友之矣；王顺、长息则事我者也。'非惟小国之君为然也，虽大国之君亦有之。晋平公之于亥唐④也。入云则入，坐云则坐，食云⑤则食；虽蔬食⑥菜羹，未尝不饱，盖不敢不饱也。然终于此而已矣。弗与共天位也，弗与治天职也，弗与食天禄也，士之尊贤者也，非王公之尊贤也。舜尚见帝，帝馆甥于贰室，亦飨舜，迭为宾主，是天子而友匹夫也。用敬上，谓之贵贵；用上敬下，谓之尊贤。贵贵尊贤，其义一也。"

万章曰："敢问交际何心也？"

孟子曰："恭也。

曰："'却之却之为不恭'，何哉？"

曰："尊者赐之。曰：'其所取之者义乎，不义乎？'而后受之，以是为不恭，故弗却也。"

曰："请无以辞却之，以心却之，曰：'其取诸民之不义也。'而以他辞无受，不可乎？"

曰："其交也以道，其接也以礼，斯孔子受之矣。"

万章曰："今有御人于国门之外者，其交也以道，其馈也以礼，斯可受御与？"

曰："不可。《康诰》曰：'杀越人于货，闵不畏死，凡民罔不譈。'是不待教而诛者也。殷受夏，周受殷，所不辞也。于今为烈，如之何其受之？"

曰："今之诸侯取之于民也，犹御也。苟善其礼际矣，斯君子受之，敢问何说也？"

曰："子以为有王者作，将比今之诸侯而诛之乎？其教之不改而后诛之乎？夫谓非其有而取之者盗也，充类至义之尽也。孔子之仕于鲁也，鲁人猎较，孔子亦猎较⑦。猎较犹可，而况受其赐乎？"

曰："然则孔子之仕也，非事道与？"

曰："事道也。""事道奚猎较也？"

曰："孔子先簿正祭器，不以四方之食供簿正。"

曰："奚不去也？"

曰："为之兆也。兆足以行矣，而不行，而后去，是以未尝有所终三年淹也。孔子有见行可之仕，有际可之仕，有公养之仕。于季桓子⑧，见行可之仕也。于卫灵公⑨，际可之仕也。于卫孝公⑩，公养之仕也。"

【玄义注释】

①挟：要挟、强迫别人服从的意思。②孟献子：人名，鲁国的大夫，叫仲孙蔑。③费：春秋时小国，旧地在今山东鱼台西南费亭。④亥唐：晋国人。晋平公时，朝中多贤臣，但亥唐不愿为官，隐居穷巷，平公曾对他"致礼与相见面请事"，非访敬重。⑤入云、坐云、食云：是云入、云坐、云食的倒装。云，说。⑥蔬食：粗糙的饮食。蔬同"疏"。⑦猎较：古代风俗，

打猎时争夺猎物，以所得用作祭祀。⑧季桓子：鲁国的正卿。⑨卫灵公：卫国国君，公元前534—前493年在位。⑩卫孝公：不见于史书记载，可能即卫出公辄；辄是卫灵公之孙，继灵公即位。

【白话翻译】

万章问道："冒昧地请问交朋友的原则。"

孟子说："不要挟强迫长辈，不要挟强迫尊贵的人，不要挟强迫兄弟而互助合作。所谓互助合作，是看其人生规律，因此不可以有要挟强迫的因素在里面。孟献子是一位拥有百辆车马的大夫，他有五位朋友：乐正裘、牧仲，其余三位，我忘记了。献子与这五人交朋友，心目中并不存在自己是大夫的观念，这五人，如果心目中存有献子是大夫的观念，也就不与献子交朋友了。不仅具有百辆车马的大夫有这样的，就是小国的国君也有这样的。费惠公说：'我对于子思，把他尊为老师；我对于颜般，和他交为朋友；至于王顺和长息，不过是侍奉我的人罢了。'不仅小国的国君有这样的，就是大国的国君也有这样的。晋平公对待亥唐，亥唐叫他进去就进去，叫他坐就坐，叫他吃就吃。即使是糙米饭小菜汤，也没有不吃饱的，因为不敢不吃饱。不过，晋平公也就是做到这一步而已。不同他一起共列官位，不同他一起治理政事，不同他一起享受俸禄，这只是一般士人尊敬贤者的态度，而不是王公贵族对贤者的态度。从前舜去拜见尧帝，尧请他的这位女婿住在副宫中。他请舜吃饭，舜也请他吃饭，二人互为客人和主人。这是天子与普通百姓交朋友的范例。地位低下的人尊敬地位高贵的人，这叫尊敬贵人；地位高贵的人尊敬地位低下的人，这叫尊敬贤人。尊敬贵人和尊敬贤人，道理都是一样的。"

万章问："冒昧地请问与人相交会合，用哪种心思？"

孟子说："恭恭敬敬就行了。"

万章说："一次又一次地拒绝就是不恭敬，这是为什么？"

孟子说："尊贵的人赏赐的，就说：'我收取这个东西，是最佳行为方式吗？或者不是最佳行为方式呢？'然后再接受，这是不恭敬的，所以不要拒绝。"

万章说："请问我们不在口头上拒绝，而只是在心里拒绝，心想：'这东西取自于民众不是用最佳行为方式。'而用其他借口不接受，难道不可以吗？"

孟子说："他以正当的理由送礼，按礼节规定送礼，这样，便是孔子也会接受的。"

万章说："如果有个在城外拦路抢劫的人，他以正当理由送礼，按礼节赠送，这样也可以接受他抢来的东西吗？"

孟子说："不行。《康诰》上说：'杀人抢劫，强横不怕死的人，人们没有不痛恨的。'这种人是不必等候教育就可以处死的。这种规定是殷朝从夏朝继承来，周朝从殷朝继承来，没有拒绝继承的；到现在更是要继承它，怎么还能接受他的东西呢？"

万章说："现在的诸侯从百姓那里掠取财物，就像拦路抢劫一样。如果他们按照礼节交往，这样君子就可以接受他们的礼物，请问这又怎么说呢？"

孟子说："你认为如果有圣王出现，他将会把现在的诸侯统统杀掉呢，还是把经过教育仍不悔改的诸侯杀掉呢？认为不是他该有的东西他拿了，这就是抢劫，这是把'抢劫'的含义范围扩大到最尽头了。孔子在鲁国做官时，鲁国人有打猎时争夺猎物的习俗，孔子也去争夺了。争夺猎物尚且可以，何况接受别人赠给的礼物呢？"

万章说："那么孔子做官，不是为了行道吗？"

孟子说："是为了行道。"

万章说："行道何必去争夺猎物呢？"

孟子说："孔子先用文书籍册规正祭祀仪式上用的器物，不用四方献来的食物供祭祀改变文书籍册规正之用。"

万章说："那么孔子为什么不离去呢？"

孟子说："他是为了兆民，兆民足以有所行为，而国君不行为，而后他才离去，所以他没有在一个地方淹留过三年。孔子或者看到有行道的可能而去做官，或者因为君主对他以礼相待而去做官，或者因为君主能供养贤士而去做官。对于季桓子，是有行道的可能而去做官；对于卫灵公，是他能以礼相待而去做官；对于卫孝公，是他能供养贤士而去做官。"

【义理评析】

友谊也要纯洁，不可以掺杂金钱、地位等利害关系的因素在内，古代人非常重视这一点。孟子主张"友其德"，而不要友其财、色、权、利、势，这一观点非常值得我们学习。

【跟进解读】

志同道合才能成为朋友

春秋时代，有个叫俞伯牙的人，精通音律，琴艺高超，是当时著名的琴师。

有一年，俞伯牙奉晋王之命出使楚国。他乘船来到了汉阳江口，面对清风明月，他思绪万千，于是弹起琴来。

正弹得起劲，忽听岸上有人叫绝。伯牙闻声走出船来，只见一个樵夫站在岸边，他知道此人是知音当即请樵夫上船，兴致勃勃地为他演奏。伯牙弹起赞美高山的曲调，樵夫说道：真好！雄伟而庄重，好像高耸入云的泰山一样！当他弹奏表现奔腾澎湃的波涛时，樵夫又说：真好！宽广浩荡，好像看见滚滚的流水、无边的大海一般！伯牙兴奋极了，激动地说：知音！你真是我的知音。这个樵夫就是钟子期，俞伯牙与他越谈越投机，相见恨晚，约定来年的中秋再到这里相会。

到了第二年中秋，伯牙如约来到了汉阳江口，可是钟子期却迟迟不来赴约。伯牙向附近的人打听钟子期的下落，才知钟子期已经染病去世了。伯牙万分悲痛，他来到钟子期的坟前，凄楚地弹起了古曲《高山流水》。弹罢，他悲伤地说：我唯一的知音已不在人世了，这琴还能弹给谁听呢？"于是挑断琴弦，把心爱的瑶琴在青石上摔碎，从此不再弹琴。

钟子期和俞伯牙因为音乐上的共鸣而结为好友，成为千古流传的一段佳话。直至今天，人们还常用"知音"来形容志同道合的朋友之间的情谊。

在其位就要谋其政

【原典欣赏】

孟子曰："仕非为贫也，而有时乎为贫；娶妻非为养也，而有时乎为养。为贫者，辞尊居卑，辞富居贫。辞尊居卑，辞富居贫，恶乎宜乎？抱关①击柝。孔子尝为委吏②矣，曰：'会计当而已矣。'尝为乘田③矣，曰：'牛羊茁壮长而已矣。'位卑而言高，罪也；立乎人之本朝，而道不行，耻也。"

【玄义注释】

①抱关：守门的小卒。②委吏：管仓库的小史。③乘田：管苑囿的小吏，负责牲畜的饲养和放牧。

【白话翻译】

孟子说："出来做官并不是因为贫穷，但有时也是因为贫穷。娶妻子不是为了养她，但有时也是为了养她。如果是因为贫穷，那就应该辞去尊贵的而居于卑贱的职位。辞去尊贵的而居于卑贱的，辞去富裕的而居于贫穷的，怎么样才合适呢？比如说做守门打更一类的小吏。孔子曾经做过管理仓库的小吏，只说：'出入的账目清楚了。'又曾经做过管理牲畜的小吏，只说：'牛羊都长得很壮实。'地位低下却议论朝廷大事，这是罪过；身在朝廷做官而不能实现自己的抱负，这是耻辱。"

【义理评析】

孟子认为，既然在朝为官，就应该关心国家大事，发表自己的政见，尽到自己的一份责任。不然的话，"道不行"，就是耻辱。担任什么角色就做什么样的事，说什么样的话，尽什么样的力。即便圣人如孔子，不也是管账就说管账，放羊就说放羊吗？

【跟进解读】

丙吉忠于职守

西汉宣帝时期，丞相丙吉十分关心百姓的疾苦，他经常外出考察民情。有一天他到长安城外去视察民情，走到半路发现有人拦轿喊冤，查问之下原来是有人打架斗殴致使出了人命案，家属前来告状。丙吉听了摆摆手说："不要理会，绕道而行。"走了没多远，发现有一头牛躺在路上直喘气，丙吉让轿子停下，走下去围着牛查看了很久，还问了周围人很多问题。人们就议论纷纷，觉得这个丞相不称职，死了人不管，对一头生病的牛却那么关心。

关于丙吉问牛不问人的传言传到了皇帝的耳朵里，皇帝就问丙吉为什么这么做。丙吉回答说："这很简单，打架斗殴是地方官员该管的事情，他自会按法律处置，如果他渎职不办，再由我来查办他，我绕道而行没有错。我身为一国丞相，是管天下大事的，必须尽忠职守做好我自己的本分。现在天气还不热，牛就躺在地上喘气，我怀疑今年天时不利，可能有瘟疫要流行。要是有天灾民怨或者瘟疫流行，而我这个当宰相的没有及时察觉，那就是我的失职了。所以，我必须了解清楚这头牛生病是因为吃坏了东西还是因为别的原因，这才是我的职责。"皇帝听了丙吉这番说辞后，对他非常赞赏，便褒奖了他。

无论你处在什么位置上，都应该清楚自己的职责是什么，明白什么该管、什么不该管。在其位，就要谋其政，有所为，还要有所不为，这才是忠于职守。丙吉问牛不问人，正是因为明白什么才是自己的职责所在，是作为宰相所应当作的明智举动。

孟子全编

对待贤才一定要谦恭

【原典欣赏】

万章曰："士之不托诸侯，何也？"

孟子曰："不敢也。诸侯失国而后托于诸侯，礼也；士之托于诸侯，非礼也。"

万章曰："君馈之粟，则受之乎？"

曰："受之。""受之，何义也？"

曰："君之于氓也，固周之。"

曰："周之则受，赐之则不受：何也？"

曰："不敢也。"

曰："敢问其不敢何也？"

曰："抱关击柝者，皆有常职以食于上；无常职而赐于上者，以为不恭也。"

曰："君馈之，则受之；不识可常继乎？"

曰："缪公之于子思也，亟问。亟馈鼎肉①，子思不悦；于卒也，使者出诸大门之外，北面稽首再拜②而不受，曰：'今而后，知君之犬马畜伋！'盖自是台③无馈也。悦贤不能举，又不能养也：可谓悦贤乎？"

曰："敢问国君欲养君子，如何斯可谓养矣？"

曰"以君命将之，再拜稽首而受；其后廪人继粟，庖人继肉，不以君命将之。子思以为鼎肉使己仆仆尔亟拜也，非养君子之道也。尧之于舜也，使其子九男事之，二女女焉，百官牛羊仓廪备：以养舜于畎亩之中。后举而加诸上位。故曰：王公之尊贤者也。"

万章曰："敢问不见诸侯，何义也？"

孟子曰："在国曰市井之臣，在野曰草莽之臣，皆谓庶人，庶人不传质①为臣，不敢见于诸侯，礼也。"

万章曰："庶人，召之役则往役；君欲见之，召之则不往见之，何也？"

曰："往役，义也；往见，不义也。且君之欲见之也，何为也哉？"

曰："为其多闻也，为其贤也。"

曰："为其多闻也，则天子不召师，而况诸侯乎！为其贤也，则吾未闻欲见贤而召之也。缪公亟见于子思曰：'古千乘之国以友士，何如？'子思不悦曰：'古之人有言曰事之云乎？岂曰友之云乎？'子思之不悦也，岂不曰：'以位，则子君也，我臣也，何敢与君友也？以德，则子事我者也，奚可以与我友？'千乘之君，求与之友而不可得也，而况可召与？齐景公田，招虞人以旌，不至，将杀之。志士不忘在沟壑，勇士不忘丧其元；孔子奚取焉？取非其招不往也。"

曰："敢问招虞人何以？"

曰："以皮冠。庶人以旃，士以旗，大夫以旌。以大夫之招招虞人，虞人死不敢往；以士之招招庶人，庶人岂敢往哉！况乎以不贤人之招招贤人乎！欲见贤人而不以其道，犹欲其入而闭之门也。夫义、路也，礼、门也；惟君子能由是路，出入是门也。诗云：'周道如底，其直如矢；君之所履，小人所视。'"万章曰："孔子，君命召，不俟驾而行。然则孔子非与？"曰："孔子当仕有官职，而以其官召之也。"

孟子谓万章曰："一乡之善士斯友一乡之善士，一国之善士斯友一国之善士，天下之善士斯友天下之善士。以友天下之善士为未足，又尚①论古之人。颂②其诗，读其书，不知其人，可乎？是以论其世也。是尚友也。"

【玄义注释】

①鼎肉：指熟肉。②稽首再拜：稽首，古代跪拜礼，行礼时两手拱至地，头至手，不触及地；再拜，拜两次。据考，稽首再拜称为"凶拜"，而下文再拜稽首称为"吉拜"。③台：一种敬辞，用于称呼对方或跟对方有关的行为。

【白话翻译】

万章问道："士人不能寄居到别国诸侯那里靠禄米生活，为什么呢？"

孟子说："因为不敢。诸侯丢了国家后，寄居到别国诸侯那里生活，是合乎礼的；士人寄居到别国诸侯那里靠禄米生活，是不合乎礼的。"

万章说："如果国君赠送粮食给他，他可以接受吗？"

孟子说："可以接受。"

万章说："接受馈赠是什么行为方式呢？"

孟子说："国君对于流动的外来百姓，也是要周济的。"

万章说："周济则接受，赏赐则不接受，这是为什么呢？"

孟子说："不敢呀。"

万章说："冒昧地请问为什么不敢呢？"

孟子说："守门打更的人都有一定的职务，因此靠上面供养，没有一定的职务而接受上面赏赐，被认为是不恭敬的。"

万章问："国君送来的就接受，不知是否可以经常这么做？"

孟子说："鲁缪公对于子思，多次问候，多次赠送肉食。子思很不高兴。最后，把缪公派来的人赶出大门外，面朝北跪下磕头，然后拱手拜了两拜，拒绝接受礼物，说：'如今才知道君王是把我当犬马一样畜养的。'打这以后缪公就不给子思送东西了。喜爱贤士，却既不提拔任用他，又不能按恰当的方式供养他，能说是喜爱贤士吗？"

万章说："请问，国君想要供养君子，怎样做才算是适宜的供养呢？"

孟子说："用国君的名义送来礼物，按理要两次跪拜叩头然后才能接受。以后就让粮仓的小吏不断送粮去，厨师不断送肉去，而不必再以国君名义去送。子思认为，那点儿肉，使得自己一次接一次地跪拜行礼，这不是供养君子的恰当作法。尧对于舜，派自己的九个儿子去侍奉他，把两个女儿嫁给他，百官、牛羊、粮食都齐备，在田野中供养他，然后提拔他，让他居于很

孟子全编

高的职位。所以说，这是天子诸侯尊敬贤人的正确方法。"

万章接着问："冒昧地请问，不去见诸侯，是什么行为方式呢？"

孟子说："住在城中的叫市井臣民，住在乡下的叫草野臣民，都称为庶人。庶人没有什么本质内容而为臣，是不敢见诸侯的，这是一种社会行为规范。"

万章说："百姓，召他服役，就去服役；国君要见他，召他去，却不去见，为什么呢？"

孟子说："去服役，是应该的；去见国君，是不应该的。再说国君要召见他，是因为什么呢？"

万章说："囚为他见识广博，因为他贤能。"

孟子说："如果是因为他见识广博，那就当以他为师，那么天子还不能召见老师，何况诸侯呢？如果因为他贤能，那么我还没听说过，要见贤人竟去召唤他来的。鲁缪公多次去见子思，对他说：'古代有千辆兵车的国君去跟士人交朋友，怎么样？'子思很不高兴，说：'古人有句话，认为只能说侍奉他，哪能声称同他交朋友呢？'子思之所以不高兴，难道不是说：'论地位，你是国君，我是臣，我怎么敢同国君交朋友呢？论道德，那么你该把我当老师侍奉，怎么可以说同我交朋友？'有千辆兵车的国君要求同他交朋友尚且办不到，更何况召他来见呢？从前齐景公打猎，用旌旗召唤管理园圃的小吏，召不来，齐景公要杀他。志士不怕弃尸山沟，勇士不怕丧失头颅。孔子赞扬他哪一点呢？赞扬他，不是该接受的召唤他就不去。"

万章说："冒昧地请问召唤管理园林的官吏要用什么方式呢？"

孟子说："用皮帽子。召唤百姓用大红绸的曲柄旗，召唤士人用有铃铛的旗，召唤大夫用饰有羽毛的旌旗。用召唤大夫的旌旗去召园圃的小吏，小吏是死也不敢去的；用召唤士人的旗子去召百姓，百姓难道敢去吗？更何况用不尊重人的召唤方式去召唤贤人呢？想见贤人而不按合适的方式，那就像要人进来却又把他关在门外一样。义，好比是路；礼，好比是门。只有君子能沿着这条路走，从这座门进出。《诗经》上说：'大路平得像磨刀石，直得像箭；君子所走的道路，小人也会看着走。'"

万章问道："孔子，国君召见他，他不等车马驾好就动身。那么，孔子是错了吗？"

孟子说："那时孔子正在做官，有官职，而国君是按他的官职召见他的。"

孟子对万章说："一个乡的优秀人物就和一个乡的优秀人物交朋友，一个国家的优秀人物就和一个国家的优秀人物交朋友，天下的优秀人物就和天下的优秀人物交朋友。如果认为跟全天下的读书人互助合作还不够，又可以上溯谈论古代人物。歌颂他们的诗，研读他们的书，而不了解他们的为人，可以吗？所以要讨论他们的那个时代。这就是与古人互助合作。"

【义理评析】

孟子认为，国君可以周济贤士，但不应该像鲁君对子思那样，今天送点肉，明天送点米，不断让子思打躬作揖，这是对贤士不尊重的表现。正确的礼贤下士之法，应该像帝尧对待舜那样，把他们提拔到很高的位置上来，让他们真正发挥作用。

【跟进解读】

信陵君礼贤下士

战国时期，魏国的公子信陵君最爱招揽天下贤能之士。当时有个看守城门的年老小吏叫侯嬴，他家境贫寒，但颇有才华。信陵君希望将他纳入自己的门下，曾亲自去拜访侯嬴，并馈赠于他极为贵重的礼物，但却被侯嬴婉言谢绝了。

一天，公子府大摆筵席。当酒席摆好后，信陵君带着随从亲往东城门迎接侯嬴。侯嬴也不谦让，直接坐到信陵君的身边，企图用自己的傲慢无礼激怒信陵君。而信陵君却还亲自驾驶马车，态度丝毫也没有不恭敬。刚走出不远，侯嬴就对信陵君说："我有个朋友在屠宰场，您能送我去看他吗？"信陵君毫不犹豫地就将车赶到了屠宰场。侯嬴见到自己的朋友朱亥后，故意把信陵君晾在一旁，而信陵君的脸色却始终温和如初。因为信陵君的亲朋好友都在等着他回去开筵，他的随从都暗骂侯嬴不识抬举。

来到公子府，侯嬴被信陵君请到了上座。信陵君还向他介绍了在座的宗室、将相，并亲自向他敬酒。直到这时，侯嬴被信陵君礼贤下士的德行完全折服，最终成为了公子府里的上宾。后来，侯嬴在"窃符救赵"的行动中立了大功，报答了信陵君的知遇之恩。

要有自己的做事原则

【原典欣赏】

齐宣王问卿。

孟子曰："王何卿之问也？"

王曰："卿不同乎？"

曰："不同，有贵戚之卿[1]，有异姓之卿。"

王曰："请问贵戚之卿。"

曰："君有大过则谏；反复之而不听，则易位。"王勃然变乎色。

曰："王勿异也。王问臣，臣不敢不以正[2]对。"

王色定，然后请问异姓之卿曰："君有过则谏，反复之而不听，则去。"

【玄义注释】

①贵戚之卿：指与君王同宗族的卿大夫。②正：诚。

【白话翻译】

齐宣王向孟子请教关于大臣公卿的问题。

孟子说："大王问的是什么样的卿呢？"

齐宣王说："难道卿还有不同的吗？"

孟子说："不同。有和王室同宗族的卿大夫，有异姓的卿大夫。"

宣王说："那我请问王室宗族的卿大夫。"

孟子说："君王有重大过错，他们便加以劝阻；反复劝阻了还不听从，他们便改立君王。"

宣王突然变了脸色。

孟子说："大王不要怪我这样说。您问我，我不敢不用老实话来回答。"

宣王脸色正常了，然后又问非王族的异姓卿大夫。

孟子说："君王有过错，他们便加以劝阻；反复劝阻了还不听从，他们便辞职而去。"

孟子全编

【义理评析】

弘扬大臣的职责和权力而限制君主权力无限地膨胀，这也是孟子仁政思想的内容之一，体现出一定程度的民主政治色彩。大臣对于国君，可以采取哪些行为方式呢？劝谏，劝谏不听，则易主，或离去，这些都是大臣可以选择的行为方式。

【跟进解读】

一味顺从并不可取

王室宗族的卿大夫因为与国君有亲缘关系，国君的祖先也就是他的祖先，所以既不能离去，又不能坐视政权覆亡，当国君有重大错误又不听劝谏

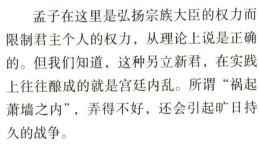

时，就可以另立新君。

孟子在这里是弘扬宗族大臣的权力而限制君主个人的权力，从理论上说是正确的。但我们知道，这种另立新君，在实践上往往酿成的就是宫廷内乱。所谓"祸起萧墙之内"，弄得不好，还会引起旷日持久的战争。

对异姓卿大夫来说，问题就要简单得多了，他们既没有王室宗族卿大夫那么大的权力，也没有那么大的职责。所以，能劝谏就劝谏，不能劝谏就辞职而去，各走一方罢了。其实，这也是孔子"所谓大臣者，以道事君，不可则止"（《论语·先进》）的意思。

总体来说，孔、孟都提倡臣有臣道，臣有臣的气节和人格，反对愚忠，反对一味顺从，这的确是有积极意义的。

卷十一 告子（上）

本卷中心内容为阐述和发挥性善论的学说。孟子认为，人性是善的，这是先天固有的道德意识，而不善则是后天所为。他主张修养心性，强调培养的途径和方法。

本卷前半部分都是孟子与告子的对话，主要记载的是孟子与告子之间围绕『人性』这一话题所展开的辩论。内容涵盖的内在性以及性善问题，指出恻隐、羞恶、恭敬、是非之心，『人皆有之』。后半部分着重围绕人的本性的养护问题展开。

还阐述了『人爵』与『天爵』的关系，指出『仁义』是士人的必备人格，『仁』能够战胜不仁，不能因为力量对比悬殊而怀疑『仁』的力量。

有悖人性的事勿做

【原典欣赏】

告子①曰："性犹杞柳②也，义犹桮棬③也；以人性为仁义，犹以杞柳为桮棬。"

孟子曰："子能顺杞柳之性而以为桮棬乎？将戕贼杞柳而后以为桮棬也？如将戕贼杞柳而以为桮棬，则亦将戕贼人以为仁义与？率天下之人而祸仁义者，必子之言夫！"

告子曰："性犹湍水①也，决诸东方则东流，决诸西方则西流。人性之无分于善不善也，犹水之无分于东西也。"

孟子曰："水信无分于东西。无分于上下乎？人性之善也，犹水之就下也。人无有不善，水无有不下。今夫水，搏而跃之，可使过颡；激而行之，可使在山。是岂水之性哉？其势则然也。人之可使为不善，其性亦犹是也。"

【玄义注释】

①告子：生平不详，墨子的学生。②杞（qǐ）柳：树名，枝条柔韧，可以编制箱筐等器物。③桮棬（bēi quān）：木制的盛汤、酒的器皿。

【白话翻译】

告子说："人性好比是柳树，行为方式好比是杯盘；使人性具有仁义，就好比是用柳树制成杯盘。"

孟子说："你能顺着杞柳的性状把它做成杯盘呢，还是要伤害了它的性状把它做成杯盘呢？如果是伤害了它的性状而把它做成杯盘，那么是不是也要伤害了人的本性使其变得仁义呢？率领天下的人给仁义带来灾难的，必定是您这种论调吧！"

告子说："人性就好比是水势急速的水流，在东边冲开缺口就向东流，在西边冲开缺口就向西流。所以人性没有善不善之分，就好比水没有流向东孟子说："水的确无所谓向东流向西流，但是，也无所谓向上流向下流吗？人性向善，就像水往低处流一样。人性没有不善良的，水没有不向低处流的。当然，如果水受拍打而飞溅起来，能使它高过额头；加压迫使它倒行，能使它流上山岗。这难道是水的本性吗？形势迫使它如此的。人也可以被迫使而做坏事，本性的改变也像这样。"

【义理评析】

告子的本义是要否定儒家的"性善"学说，孟子当然明白告子之意，但他故意装糊涂，抓住告子的比喻，攻其一点，不及其余。孟子说，你怎么把杞柳树做成杯盘呢？是顺着它的本性做还是损害它的本性做呢？如果损害其本性做，那么也将损害人的天性而为仁义吗？孟子的本义，是人有仁义的天性，但后天要加以培养，培养时要顺乎人性。

【跟进解读】

害人之心不可有

庞涓和孙膑本是同学，二人曾一起拜师学习兵法。后来，庞涓出仕魏国，担任了魏惠王的将军，但是他认为自己的才能比不上孙膑，于是暗地派人将孙膑请到魏国加以监视。孙膑到魏国后，庞涓嫉妒他的才能，于是捏造

罪名将孙膑处以膑刑和黥刑，砍去了孙膑的双足并在他脸上刺字，想使他埋没于世不为人知。

齐国使者出使至魏国首都大梁时，孙膑以刑徒的身份秘密拜见齐国使者，用言辞打动了他。齐国使者觉得孙膑不同凡响，于是偷偷地用车将他载回齐国。逃奔到齐国的孙膑得到了田忌的赏识，于是他寄居于田忌门下担任门客。

后来，孙膑在"桂陵之战"和"马陵之战"中大败庞涓，报了当年刖足刺面之仇。自古邪不压正，伤害他人的人迟早会有报应，庞涓的下场为世人敲响了警钟。

 # 人的天性到底是什么

【原典欣赏】

告子曰："生之谓性。"

孟子曰："生之谓性也，犹白之谓白与？"

曰："然。"

"白羽之白也，犹白雪之白；白雪之白犹白玉之白与？"

曰："然。"

"然则犬之性犹牛之性，牛之性犹人之性与？"

告子曰："食、色，性也。仁，内也，非外也；义，外也，非内也。"

孟子曰："何以谓仁内义外也？"

曰："彼长而我长之，非有长于我也；犹彼白而我白之，从其白于外也，故谓之外也。"

曰："异于白马之白也，无以异于白人之白也；不识长马之长也，无以异于长人之长与？且谓长者义乎？长之者义乎？"

曰："吾弟则爱之，秦人之弟则不爱也，是以我为悦者也，故谓之内。长楚人之长，亦长吾之长，是以长为悦者也，故谓之外也。"

曰："耆[①]秦人之炙，无以异于耆吾炙，夫物则亦有然者也，然则耆炙亦有外欤？"

孟子全编

【白话翻译】

告子说："天生的称作天性。"

孟子说："天生的称作天性，就像白的称作白吗？

告子说："是的。"

孟子说："那么白色的羽毛之白，就好比是白雪的白，就好比是白玉的白吗？"

告子说："是的。"

孟子说："那么狗的本性就好比是牛的本性，牛的本性就好比是人的本性？"

告子说："饮食男女、性欲，这是人的天性。仁是生自内心的，不是外因引起的；义是外因引起的，不是生自内心的。"

孟子说："凭什么说仁是生自内心而义是外因引起的呢？"

告子说："他比我年长，我便尊敬他，不是预先就有'尊敬他'的念头在我心里的；好比他肤色白，我便认为他白，是由于他的白显露在外的缘故，所以说义是外因引起的。"

孟子说："白马的白，没有什么区别于白人的白；但不知道你对老马的怜悯心，和你对年长人的尊敬心，是否也没有什么不同呢？再说，是认为长者那里存在义呢，还是尊敬他的人那里存在义呢？"

告子说："是我弟弟，我就爱他；是秦国人的弟弟，就不爱他，这是由我决定爱谁的，所以说仁是生自内心的。尊敬楚国人中的长者，也尊敬我自己的长者，这是由对方年长决定的，所以说义是外因引起的。"

孟子说："爱吃秦国人烧的肉，同爱吃自己烧的肉是没有什么区别的，其他事物也有这种情况，那么爱吃肉也是由外因引起的吗？"

【义理评析】

天性到底是什么？法家认为"性恶"，儒家则认为"性善"，这都是道德的评价。墨家学者告子认为，人的天性无所谓善恶，只有求生的本能罢了。孟子等儒家学者认为，人有仁义礼智，而动物没有，这就是所谓的"人禽之别"，所以他用"归谬法"反驳告子。

【跟进解读】

人性本来是善的

人的天性是什么？这历来都是个颇具争议的问题。告子将人的天性定义人生来就有的东西，是试图探讨人性的问题。而孟子却试图说明天生的禀赋是不一样的，不论是白羽之白、白雪之白还是白玉之白，都是天生的禀赋，然而它们的本质却是不一样的，所以孟子导论出狗之性、牛之性和人之性，虽然都是动物，但却是不一样的。这就好比孟子论水一样，水的本性是流下，但也可以使其"跃之"过颡、"行之"在山；人的本性也是善，但形势可以迫使人性之善变为恶，就像白羽之白、白雪之白及白玉之白，都可以染成其他颜色，而狗牛羊马及人的本性也可以使之变善为恶。所以，本来的东西都是可以改变的，所以，人性本来是善的，但因时代和环境的变化就会变成恶的了。

孟子全编

恻隐之心众人皆有

【原典欣赏】

孟季子①问公都子曰："何以谓义内也？"

曰："行吾敬，故谓之内也。"

曰："敬兄。"

"酌则谁先？"曰："先酌乡人。"

"所敬在此，所长在彼，果在外，非由内也。"

公都子不能答，以告孟子。

孟子曰："敬叔父乎，敬弟乎？彼将曰，'敬叔父。'曰，'弟为尸②，则谁敬？'彼将曰，'敬弟。'子曰，'恶在其敬叔父也？'彼将曰，'在位故也。'子亦曰，'在位故也。庸敬在兄，斯须之敬在乡人。'"

季子闻之，曰："敬叔父则敬，敬弟则敬，果在外，非由内也。"

公都子③曰："冬日则饮汤，夏日则饮水，然则饮食亦在外也？"

公都子曰："告子曰：'性无善无不善也。'或曰：'性可以为善，可以为不善；是故文武兴，则民好善；幽厉兴，则民好暴。'或曰：'有性善，有性不善。是故以尧为君而有象，以瞽瞍④为父而有舜，以纣为兄之子，且以为君，而有微子启、王子比干。'今曰'性善'，然则彼皆非与？"

孟子曰："乃若⑤其情，则可以为善矣，乃所谓善也。若夫为不善，非才之罪也。恻隐之心，人皆有之；羞恶之心，人皆有之；恭敬之心，人皆有之；是非之心，人皆有之。恻隐之心，仁也；羞恶之心，义也；恭敬之心，礼也；是非之心智也。仁义礼智，非由外铄⑥我也，我固有之也，弗思耳矣。故曰：'求则得之，舍则失之。'或相倍蓰⑦而无算者，不能尽其才者也。《诗》曰：'天生蒸民，有物有则。民之秉彝，好是懿德。'孔子曰：'为此诗者，其知道乎！故有物必有则；民之秉彝也，故好是懿德。'"

【玄义注释】

①孟季子：朱熹云："疑是孟仲子之弟也。"或说为任国国君之弟季任。②尸：指祭祀时代表死者受祭的人。③公都子：孟子的学生。④瞽（gǔ）瞍（sǒu）：舜的父亲，品行不善。⑤乃若：转折连词，大致相当于"至于"等。⑥铄（shuò）：授予。⑦蓰（xǐ）：五倍。

【白话翻译】

孟季子问公都子说："为什么说行为方式是内在的呢？"

公都子说："对人表达内心的敬意，所以说是内在的。"

孟季子问："有一个乡里的人比你兄长大一岁，该尊敬谁呢？"

公都子说："尊敬兄长。"

孟季子问："倒酒时先给谁斟呢？"

公都子说："先给乡里人。"

孟季子说："你内心尊敬的是兄长，所表现出的却是恭敬对待他人，可见行为方式是外在的，不是由内心发出的。"

公都子不能回答，把这事儿告诉了孟子。

孟子说："应该尊敬叔父呢，还是尊敬弟弟？他会说，'尊敬叔父。'你再问，'弟弟充当了受祭的代理人，那该尊敬谁？'他会说，'尊敬弟弟。'你就再问，'尊敬叔叔又体现在哪里呢？'他会说，'因为弟弟处在受祭代理人地位的缘故。'你也就说，'因为地位的缘故，平时尊敬的是大哥，像喝酒这咱场合该尊敬的是同乡人。'"

孟季子听说了这番话，说："该尊敬叔父时就尊敬叔父，该尊敬弟弟时就尊敬弟弟，（可见义）果然在于外因，不是生自内心的。"

公都子说："冬天要喝热水，夏天要喝凉水，那么需要吃喝，也在于外因吗？"

公都子说："告子认为：'人性本没有善也没有不善。'有人说：'人性可以为善，也可以为不善；所以文王、武王兴起，人民就喜好善；幽王、厉王兴起，人民就喜好暴行。也有人说：'有的人本性善良，有的人本性不善良。所以虽然有尧这样善良的人做天子却有象这样不善良的臣民；虽然有瞽瞍这样不善良的父亲却有舜这样善良的儿子；虽然有殷纣王这样不

善良的侄儿，并且做了天子，却也有微子启、王子比干这样善良的长辈和贤臣。'如今老师说'人性本善'，那么他们都说错了吗？"

孟子说："至于人本来的性情，则是可以为善的，这就是我所说的人性本善。至于有的人行为不善，不是人本质的过错。同情心，人人都有；羞耻心，人人都有；恭敬心，人人都有；是非心，人人都有。同情心属于仁；羞耻心属于义；恭敬心属于礼；是非心属于智。这仁义礼智都不是由外在的因素加给我的，而是我本身固有的，只不过平时没有去想它因而不觉得罢了。所以说：'探求就可以得到，放弃便会失去。'人与人之间有相差一倍、五倍甚至无数倍的，正是由于没有充分发挥他们的天生资质的缘故。《诗经》说：'上天生育了人类，万事万物都有法则。老百姓掌握了这些法则，就会崇尚美好的品德。'孔子说：'写这首诗的人真懂得道啊！有事物就一定有法则；老百姓掌握了这些法则，所以崇尚美好的品德。'"

【义理评析】

在本节中，孟子再次强调"人性本善"，认为恻隐、羞恶、恭敬、是非之心是人类本来就有的，而不是"圣王兴，则民好善"。因为，没有圣王以前，人民也是好善的。

【跟进解读】

从自身寻找和发现"四说"

到底人性是如孟子的看法天生善良，还是如荀子的看法天生邪恶，或者如告子等人的看法无所谓善也无所谓恶，这是一个很难说得清的问题。学者们往往也莫衷一是，各执一端。

这一次，孟子没有以诘难或推谬的方式进行辩论，而是正面阐述了自己关于人性本善的看法。说是阐述，其实也是重申，因为其主要内客，即关于恻隐、羞恶、恭敬、是非"四心"以及它们与仁、义、礼、智之间的内在联系。

值得我们注意的是，孟子在这里进一步提出了"求则得之，舍得失之"的问题。按照孟子的看法，不仅人性本善，人性本来有"四心"，就连仁义礼智这四种品质道德，也都是"我固有之也，"只不过平时我们没有去想它因而不觉得罢了。所以，现在我们应该做的就是要从自己的身上，自己的本性之中去发现仁义礼智，"尽其才"，充分发挥自己的天生资质。

古往今来，多少人在寻求仁义礼智、世间公道，却原来都是背着娃娃找娃娃。孟子向我们猛击一掌说：娃娃不就在你的身上吗？他提醒我们要反省自身，在自己的身上，自己的本性中去寻求仁义礼智的善的根苗，加以培养，使之茁壮成长。

善良之心需要时常滋养

【原典欣赏】

孟子曰："富岁，子弟多赖①；凶岁，子弟多暴。非天之降才尔殊②也，其所以陷溺其心者然也。今夫麰麦③，播种而耰④之，其地同，树⑤之时又同，浡然⑥而生，至于日至⑦之时，皆熟矣。虽有不同，则地有肥硗⑧，雨露之养、人事之不齐也。故凡同类者，举相似也，何独至于人而疑之？圣人，与我同类者。故龙子⑨曰：'不知足而为屦，我知其不为蒉也。'屦之相似，天下之足同也。口之于味，有同耆也。易牙先得我口之所喜者也。如使口之于味也，其性与人殊，若犬马之与我不同类也，则天下何耆皆从易牙之于味也？至于味，天下期于易牙，是天下之口相似也。惟耳亦然。至于声，天下期于师旷，是天下之耳相似也。惟目亦然。至于子都，天下莫不知其姣也。不知子都之姣者，无目者也。故曰，口之于味也，有同耆焉；耳之于声也，有同听焉；目之于色也，有同美焉。至于心，独无所同然乎？心之所同然者何也？谓理也，义也。圣人先得我心之所同然耳。故理义之悦我心，犹刍豢之悦我口。"

孟子曰："牛山之木尝美矣，以其郊于大国也，斧斤伐之，可以为美乎？是其日夜之所息，雨露之所润，非无萌蘖⑩之生焉，牛羊又从而牧之，是以若彼濯濯也。人见其濯濯也，以为未尝有材焉，此岂山之性也哉？虽存乎人者，岂无仁义之心哉？其所以放其良心者，亦犹斧斤之于木也，旦旦而伐之，可以为美乎？其日夜之所息，平旦之气，其好恶与人相近也者几希，则其旦昼之所为，有梏亡之矣。梏之反复，则其

孟子全编

夜气不足以存；夜气不足以存，则其违禽兽不远矣。人见其禽兽也，而以为未尝有才焉者，是岂人之情也哉？故苟得其养，无物不长；苟失其养，无物不消。孔子曰：'操则存，舍则亡；出入无时，莫知其乡。'惟心之谓与？"

【玄义注释】

①赖：同"懒"。②尔殊：尔：这样，如此。殊：不同。③䅻（móu）麦：大麦，亦泛指麦类谷物。④耰（yōu）："本意是古代的一种农具，弄碎土块，平整田地用，亦指覆种、播种之意。⑤树：动词，种植。⑥浡：旺盛。⑦日至：即夏至。⑧硗（qiāo）：土地贫瘠，不肥沃。⑨龙子：古代的贤人。⑩萌蘖（niè）：草木萌生的新芽。

【白话翻译】

孟子说："丰收年景，少年子弟多半懒惰；灾荒年景，少年子弟多半横暴。不是天生资质这样不同，而是由于外部环境使他们的心有所陷溺。以大麦而论，播种后用土把种子覆盖好，同样的土地，同样的播种时间，它们蓬勃地生长，到了夏至时，全都成熟了。尽管有收获多少的不同，但那是由于土地有肥瘠，雨水有多少，人工有勤惰而造成的。所以凡是同类的事物，其主要的方面都是相似的，为什么一说到人就发生疑问了呢？圣人，与我是同类的人嘛。所以龙子说：'不用知道脚的长短去编一双鞋，我也知道是绝不会编成一个筐子的。'草鞋的相近，是因为天下人的脚都大致相同。口对于味道，有相同的嗜好，易牙就是先掌握了我们的共同嗜好的人。假如口对于味道，每个人都根本不同，就像狗、马与我们完全不同类一样，那么天下的人怎么会都喜欢易牙烹调出来的味道呢？一说到口味，天下的人都期望做到易牙那样，这说明天下人的口味都是相近的。对耳朵来说也是这样，一提到音乐，天下的人都期望做到师旷那样，这说明天下人的听觉都是相近的。对眼睛来说也是这样，一提到子都，天下人没有不认为他美的。不认为子都美丽的，是没有眼睛的人。所以说，口对于味道，有相同的嗜好；耳朵对于声音，有相同的听觉；眼睛对于颜色，有相同的美感。一说到心，难道就偏偏没有相同的地方了吗？心相同的地方在哪里？在理，在义。圣人不过就是先掌握了我们内心相同的东西罢了。所以理义使我的心高兴，就像猪狗牛羊肉使我觉得味美一样。"

孟子说："牛山上的树木曾经长得很茂盛，因为它长在大都市的郊外，经常被刀斧砍伐，怎能保持其茂美呢？虽然它日夜生长，有雨露滋润，并非没有新枝嫩芽生长出来，但牛羊又紧接着在山上放牧，所以牛山就变得那样光秃秃的了。人们看见它光秃秃的，便以为牛山从来也不曾有过高大的树木，这难道是牛山的本性吗？即使在一些人身上也是如此，难道没仁义之心吗？他们的放任良心失去，也像用斧头砍伐树木一样，天天砍伐，还可以保持茂盛吗？他们日日夜夜的生息，在天刚亮时的清明之气，这些在他心里所产生出来的好恶与一般人相近的也有那么一点点，可到了第二天，他们的所作所为，又把它们窒息而消亡了。反复窒息的结果，便使他们夜晚的息养之气不足以存在了，夜晚的息养之气不足以存在，也就和禽兽差不多了。人们见到这些人的所作所为和禽兽差不多，还以为他们从来就没有过天生的资质。这难道是人的本性如此吗？所以，假如得到滋养，没有什么东西不生长；假如失去滋养，没有什么东西不消亡。孔子说过：'把握住就存在，放弃就失去；进出没有一定的时候，也不知道它去向何方。'这就是指人心而言的吧？"

孟子全编

【义理评析】

孟子再次强调"人性本善"，并以山举例说明，任何一座山都能长草木，但为什么很多山是光秃秃的呢？那是人们砍伐的结果！任何一个人都有善心，但为什么很多人变成坏人了呢？那是社会环境的束缚、社会行为规范的束缚所造成的！

【跟进解读】

人性主要靠自己把持

孟子继续强调"人性本善"的理论，只不过侧重于后天的滋养保持一方面罢了。人性虽然本来善良，但如果不加以滋养，而是放任自己被丑恶吞噬，那就会像用斧头天天去砍伐树木一样，即便是再茂盛的森林也会被砍成光秃秃的。而一旦良心失去，心灵失去把持，还会以为原本就不存在。

实际上，按照孟子翻来覆去的阐述，精神的家园或故乡根本就无他处可寻，而就在我们自己的身上，就在我们自己的本性之中。所以，关键是自我把持，自我滋养，加以发扬光大，而不要到身外去寻求。

鱼与熊掌不可兼得

【原典欣赏】

孟子曰："无或^①乎王之不智也。虽有天下易生之物也，一日暴^②之，十日寒之，未有能生者也。吾见亦罕矣，吾退而寒之者至矣，吾如有萌焉何哉？今夫弈^③之为数^④，小数也；不专心致志。则不得也。弈秋，通国之善弈者也。使弈秋诲二人弈，其一人专心致志，惟弈秋之为听。一人虽听之，一心以为有鸿鹄^⑤将至，思援弓缴^⑥而射之，虽与之俱学，弗若之矣，为是其智弗若与？曰：非然也。"

孟子曰："鱼，我所欲也，熊掌亦我所欲也；二者不可得兼，舍鱼而取熊掌者也。生亦我所欲也，义亦我所欲也；二者不可得兼，舍生而取义者也。生亦我所欲，所欲有甚于生者，故不为苟得也；死亦我所恶，所恶有甚于死者，故患有所不辟^⑦也。如使人所欲莫甚于生，则凡可以得生者，何不用也？使人之所恶莫甚于死者，则凡可以辟患者，何不为也？由是则生而有不用也，由是则可以辟患而有不为也。是故所欲有甚于生者，所恶有甚于死者。非独贤者有是心也，人皆有之，贤者能勿丧耳。一箪食，一豆^⑧羹，得之则生，弗得则死，呼尔而与之，行道之人弗受；蹴尔^⑨而与之，乞人不屑也。万钟则不辨礼义而受之。万钟于我何加焉？为宫室之美、妻妾之奉、所识穷乏者得^⑩我与？乡为身死而不受，今为宫室之美为之；乡为身死而不受，今为妻妾之奉为之；乡为身死而不受，今为所识穷乏者得我而为之，是亦不可以已乎？此之谓失其本心。"

【玄义注释】

①或：同"惑"，迷惑的意思。②暴（pù）：同"曝"，晒。③弈：围棋。④数：方法、技巧。⑤鸿鹄（hú）：天鹅。⑥缴（zhuó）：系在箭上的绳，代指箭。⑦辟：同"避"。⑧豆：古代一种盛食物的器皿。⑨蹴（cù）尔：以脚践踏。⑩得：通"德"，这里指以我为德，即感激的意思。

【白话翻译】

　　孟子说："不要迷惑于君王的不明智，即使有天下最容易生长的植物，让它曝晒一天，寒冻十天，那也是没有能够生长的。我和大王相见的时候也太少了。我一离开大王，那些'冻'他的奸邪之人就去了，他即使有一点善良之心的萌芽也被他们冻杀了，我有什么办法呢？比如下棋作为一种技艺，只是一种小技艺；但如果不专心致志地学习，也是学不会的。弈秋是全国闻名的下棋能手，叫弈秋同时教两个人下棋，其中一个专心致志，只听弈秋的话；另一个虽然也在听，但心里面却老是觉得有天鹅要飞来，一心想着如何张弓搭箭去射击它。这个人虽然与专心致志的那个人一起学习，却比不上那个人。这是因为他的智力比不上吗？回答说，不是这样的。"

　　孟子说："鱼是我喜欢吃的，熊掌也是我喜欢吃的；如果不两样都吃，我就舍弃鱼而吃熊掌。生命是我想拥有的，正义也是我想拥有的；如果不能两样都拥有，我就舍弃生命而坚持正义。生命是我想要的，但我想要的还有超过生命的东西，我就不想去随随便便地得到。死亡亦是我所厌恶的，但所厌恶的东西超过了死亡，所以光害怕是避开不了的。如果使人们所想要的不超过生命，那么所有求生的手段，有何不可用呢？如果让人厌恶的没有超过死亡的，那么，只要是可以逃避死亡的祸患，什么事情干不出来呢？但也有些人，照此做就可以拥有生命，却不照此做；照此做就可以逃避死亡的祸患，却不照此做。由此可知，的确有比生命更使人想拥有的东西，也的确有比死亡更使人厌恶的东西。这种心原本不只是贤人才有，而是人人都有，只不过贤人能够保持它罢了。一篮子饭，一碗汤，吃了便可以活下去，不吃就要饿死。如果轻蔑地吆喝着给人吃，过路的人虽然饿着肚子也不会接受；如果用脚踩踏后再给人吃，就是乞丐也不屑于接受。可是现在，万钟的俸禄却有人不问合乎礼义与否就接受了。万钟的俸禄对我有什么好处呢？为了住宅的华丽、妻妾的奉养以及我所认识的穷苦人感激我吗？过去宁肯死亡都不接受的，现在却为了住宅的华丽而接受了；过去宁肯死亡都不接受的，现在却为了妻妾的奉养而接受了；过去宁肯死亡都不接受的，现在却为了我所认识的穷苦人感激我而接受了。这些不是可以停止的吗？这种做法叫做丧失了本性。"

【义理评析】

　　"鱼与熊掌"的确是我们的生命历程中经常遇到的二难选择。大而言之，想名又想利；想做官的权势又想不做官的潇洒自由。小而言之，想读书又想玩耍；想工作又想休闲。如此等等，不一而足。之所以难，难在舍不得，难在那不可得兼的东西都是"我所欲也"，甚至，也是人人所欲的。不然的话，也就没有什么可难的了。

【跟进解读】

公仪休嗜鱼而不受鱼

春秋时期鲁国的相国公仪休嗜鱼如命，无鱼不吃饭，在其上任相国时，亲宾姻戚，甚至素不相识者都买鱼送他。但公仪有着很高的道德修养，对于所送之鱼他一概予以谢绝，以至那些送鱼的人总是有所望而来，扫其兴而归。

有一学生闻其老师当了相国，特地买了几尾时鲜大鱼登门恭贺，公仪休一如既往，拒不收纳。

学生深感奇怪，问道："老师素来喜食鱼，却因何不受？"

公仪休回答说："时人投我所好，送鱼者纷至沓来，我身为相国，居于群臣之首，理应以廉为宗，故虽嗜鱼而始终不敢受人一鱼。"

学生想了想，复劝道："我送鱼是尽师生之谊，别无所求，请老师通融一次。"

公仪休连连摇头说："入仕为官，贵在不贪，受礼纳贿，败坏吏治，污浊官场，此戒万不可开。如今我居相位，有俸禄可买鱼吃，若因贪赃枉法而丢了官职，自己无钱买鱼，别人也不会再送鱼来，到时倒真吃不到鱼了。你是我的学生。既是爱师，还是爱我以德为好。"

学生听了，只好持鱼而归，从此对老师更加钦佩了，公仪休嗜鱼而不受鱼的故事也在当地被传为佳话。

"鱼与熊掌不可兼得"，公仪休纵然嗜鱼，但他能够清醒地把握自我，舍弃个人私欲，而选择道义操守，这在今天仍有深刻而现实的教育意义。

善良之心不能丢弃

【原典欣赏】

孟子曰："仁，人心也；义，人路也。舍其路而不知求，哀哉！人有鸡犬放，则知求之；有放①心而不知求。学问之道无他，求其放心而已矣。"

孟子曰："今有无名之指屈而不信②，非疾痛害事也，如有能信之者，则不远秦楚之路，为指之不若人也。指不若人，则知恶之；心不若人，则不知恶。此之谓不知类③也。"

孟子曰："拱把之桐梓，人苟欲生之，皆知所以养之者。至于身，而不知所以养之者，岂爱身不若桐梓哉？弗思甚也。"

孟子曰："人之于身也，兼所爱。兼所爱，则兼所养也。无尺寸之肤不爱焉，则无尺寸之肤不养也。所以考其善不善者，岂有他哉？于己取之而已矣。体有贵贱，有小大。无以小害大，无以贱害贵。养其小者为小人，养其大者为大人。今有场师，舍其梧槚④，养其樲棘⑤，则为贱场师焉。养其一指而失其后背，而不知也，则为狼疾人也。饮食之人，则人贱之矣，为其养小以失大也。饮食之人无有失也，则口腹岂适为尺寸之肤哉？"

【玄义注释】

①放：放任，失去。②信：同"伸"，舒展、伸直的意思。③不知类：不知轻重，舍本逐末。④梧槚：果木名，梧桐树和山楸树，两者皆良木，所以并称，比喻良才。⑤樲（er）棘：果木名，即酸枣和荆棘，两者皆无用之木，所以并称，比喻贱才。

【白话翻译】

孟子说："与人相互亲爱，是人本质的良心；最佳行为方式，是人生的道路；舍弃人生的道路而不走，放弃人生的良心而不知求回，太悲哀了！人们的鸡狗丢了倒晓得去找回来，本心失去了却不晓得去寻求。学问之道没有别的什么，不过就是把那失去了的本心找回来罢了。"

孟子说："现在有人，他的无名指弯曲而不能伸直，虽然并不疼痛，也不妨碍做事情，但只要有人能使它伸直，就是到秦国、楚国去，也不会嫌远，为的是无名指不如别人。无名指不如别人，就知道厌恶；心不如别人，却不知道厌恶。这叫做不知轻重，舍本逐末。"

孟子说："一两把粗的桐树梓树，人们要想让它们生长，都知道该怎样去培养。而对于自己的身体，却不知道怎样保养。难道爱护自己的身体还比不上爱护桐树梓树吗？真是太不会考虑问题了。"

孟子说："人对于身体，哪一部分都爱护。都爱护，便都保养。没有一尺一寸的肌肤不爱护，便没有一尺一寸的肌肤不保养。考察他护养得好不好，难道有别的方法吗？不过是看他注重的是身体的哪一部分罢了。身体有重要的部分，有次要的部分；有小的部分，也有大的部分。不要因为小的部分而损害大的部分，不要因为次要部分而损害重要的部分。护养小的部分的是小人，护养大的部分的是君子。如果有一位园艺师，舍弃梧桐楸树，却去培养酸枣荆棘，那就是一位很糟糕的园艺师。如果有人为护养一根指头而失去整个肩背，自己还不明白，那便是个糊涂透顶的人。那种只晓得吃吃喝喝的人之所以受到人们的鄙视，就因为他护养了小的部分而失去了大的部分。如果说他没有失去什么的话，那么，一个人的吃喝难道就只是为了护养那一尺一寸的肌肤吗？"

【义理评析】

人本有仁义的天性，却因环境的影响而使这一天性丧失。丧失了仁义的天性却不知去寻找回来，确实可悲。孟子认为，学问之道没别的，无非是把那丧失的善良之心找回来罢了。

【跟进解读】

找回善良的心

孟子又一次强调"性本善"，并且强调了最佳行为方式是人生必然要走的道路。其实每个人在其有所作为时，都会考虑选择最佳行为方式，但很多人往往选择不到最佳行为方式，而选择了很不好的行为方式。

譬如一小筐饭，一小碗汤，践踏过再给人，连乞丐都不屑一顾；这就是一般人选择的行为方式。因为这谁都知道，这是对人格的侮辱。可是在面临财富、名誉、地位时，很多人就丧失了本质的良心，以至于所追求的东西超过了生命的价值。这些都是因为缺乏文化知识、缺乏素质修养所导致的，因此，孟子探讨行为方式的目的也就在于此了。

　　用诚信，用智慧，遵守一定的社会行为规范，选择到最佳行为方式，才能建立起人与人之间相互亲爱的关系。懂得这些，便是没有丢弃良心，不懂得这些，便是丢弃了良心。丢弃了不要紧，赶紧找回来也就是了。

分清主次才不会误入歧途

【原典欣赏】

　　公都子问曰："钧是人也，或为大人，或为小人，何也？"

　　孟子曰："从其大体为大人，从其小体为小人。"

　　曰："钧是人也，或从其大体，或从其小体，何也？"

　　曰："耳目之官不思，而蔽于物。物交物，则引之而已矣。心之官则思，思则得之，不思则不得也。此天之所与我者。先拉乎其大者，则其小者弗能夺也。此为大人而已矣。"

　　孟子曰："有天爵者，有人爵者。仁义忠信，乐善不倦，此天爵也；公卿大夫，此人爵也。古之人修其天爵，而人爵从之。今之人修其天爵，以要人爵，既得人爵，而弃其天爵，则惑之甚者也，终亦必亡而已矣。"

　　孟子曰："欲贵者，人之同心也。人人有贵于己者，弗思耳。人之所贵者，非良贵也。赵孟①之所贵，赵孟能贱之。《诗》云：'既醉以酒，既饱以德。'而饱乎仁义也，所以不愿人之膏粱②之味也；令闻广誉施于身，所以不愿人之文绣③也。"

　　孟子曰："仁之胜不仁也，犹水胜火。今之为仁者，犹以一杯械一车薪之火也；不熄，则谓之水不胜火。此又与①于不仁之甚者也，亦终必亡而已矣。"

　　孟子曰："五谷者，种之美者也，苟为不熟，不如荑稗①。夫仁，亦在乎熟之而已矣。"

　　孟子曰："羿之教人射，必志于彀①，学者亦必志于彀。大匠诲人必以规矩，学者亦必以规矩。"

【玄义注释】

①赵孟：人名，晋国的执政大臣。②膏粱：肥肉叫膏；精细色白的小米叫粱，而不是指今日的高粱。③文绣：刺绣精美的丝织品或衣服。④稗（bai）：即稗草。一年生禾草，叶似稻，杂生于稻田中，有害于稻子的生长。⑤彀（gòu）：拉满弓。

【白话翻译】

公都子问道："同样是人，有的成为君子，有的成为小人，这是为什么呢？"

孟子说："注重身体重要部分的成为君子，注重身体次要部分的成为小人。"

公都子说："同样是人，有的人注重身体重要部分，有的人注重身体次要部分，这又是为什么呢？"

孟子说："眼睛耳朵这类器官不会思考，所以被外物所蒙蔽，一与外物相接触，便容易被引入迷途。心这个器官则有思考的能力，一思考就会有所得，不思考就得不到。这是上天特意赋予我们人类的。所以，首先把心这个身体的重要部分树立起来，其他次要部分就不会被引入迷途。这样便可以成为君子了。"

孟子说："有天然的爵位等级，有人间的爵位等级。建立人与人之间相互亲爱的关系、选择最佳行为方式、忠实、诚信，乐于帮助别人而不厌倦，这是天然的爵位等级。做到了公、卿、大夫等职位，这是人间的爵位等级。古代的人着重修养天然的爵位等级，人间的爵位等级也就会随之而来。如今的人着重修养天然的爵位等级，目的是为了获得人间的爵位等级。一旦取得了人间的爵位等级，就抛弃了天然的爵位等级，真是糊涂透顶了，结果必然把一切都葬送掉。"

孟子说："希望尊贵，这是人们的共同心理。不过，每个人自己其实都有可尊贵的东西，只不过平时没有去想到它罢了。别人所给予的尊贵，并不是真正的尊贵。赵孟使你尊贵，赵孟也同样可以使你下贱。《诗经》说：'畅饮美酒醉酩酊，饱受仁德获深情。'这是说仁义道德很充实，也就不羡慕别人的美味佳肴了；四方传播的好名声在我身上，也就不羡慕别人的绣花衣裳了。"

孟子说："仁胜过不仁，就像水可以灭火一样。但如今奉行仁道的人，就像用一杯水去灭一车柴草所燃烧的大火一样；灭不了，就说是水不能够灭火。这样的说法正好又大大助长了那些不仁之徒，结果连他们原本奉行的一点点仁道也必然会最终失去。"

孟子说："五谷是庄稼中的好品种，但如果不成熟，那还不如稗子之类野草。仁，也要讲究使它成熟才行。"

孟子说："羿教人射箭，一定要射者把弓拉满，学射箭的人也一定要把弓拉满。高明的工匠教人手艺必定依照一定的规矩，学的人也就必定依照一定的规矩。"

【义理评析】

这一结从正面来说怎样树立"大"的问题。孟子看来，"心"是体之大者，也是体之贵者；其他器官如眼睛、耳朵等都只是体之小者，体之贱者。所以，只要心的统帅作用树立起来，其他感官也就不会被外物所蒙蔽而误入歧途了。

【跟进解读】

心智起着决定作用

考虑大事者，其所作所为的行为方式一般人都能看出来；考虑小事者，其所作所为的行为方式就是斤斤计较，这一般人也都能看出来。所以大人与小人的区别，从外表看是看其行为方式，但其实真正的大人与小人的区别是看其心智。

眼耳鼻舌身都能看听嗅尝触到各种物体，但它们却不能识别，真正起识别作用的是"心"！是"意"！所以古人把"知"和"识"是分开讲的，知，即是认知，看、听、闻、尝、嗅；识，即是识别、分别。比如看见白色的，要识别这是一种什么白色，然后要识别这是白色的什么东西，什么质地，是动物还是植物？或者是什么物体？这就要靠心，靠意识。如果没有心，没有意识，虽然看见了白色，但却不能识别这是什么东西。所以，学，即是学知学识，同时能认知能识别，才能称为有知识。如果光是知而不能识别，所学的就不能称为知识。

孟子全编

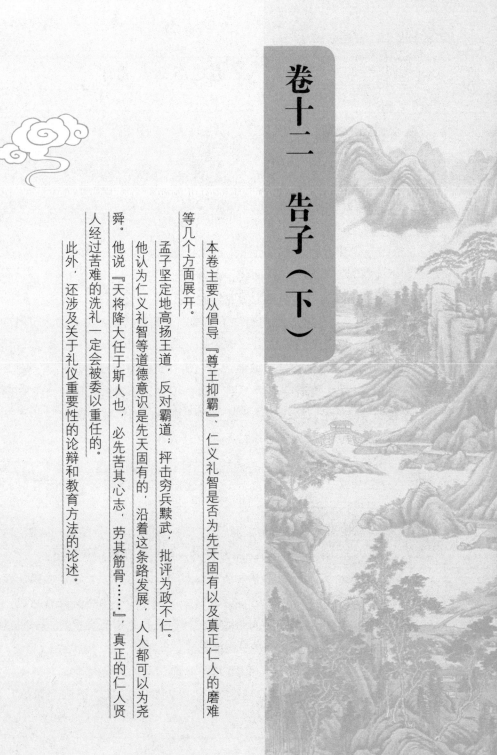

卷十二 告子（下）

本卷主要从倡导『尊王抑霸』、仁义礼智是否为先天固有以及真正仁人的磨难等几个方面展开。

孟子坚定地高扬王道，反对霸道；抨击穷兵黩武，批评为政不仁。

他认为仁义礼智等道德意识是先天固有的，沿着这条路发展，人人都可以为尧舜。他说『天将降大任于斯人也，必先苦其心志，劳其筋骨⋯⋯』，真正的仁人贤人经过苦难的洗礼一定会被委以重任的。

此外，还涉及关于礼仪重要性的论辩和教育方法的论述。

以其人之道还治其人之身

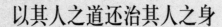

【原典欣赏】

任①人有问屋庐子②曰："礼与食孰重？"

曰："礼重。"

"色与礼孰重？"

曰："礼重。"

曰："以礼食，则饥而死；不以礼食，则得食，必以礼乎？亲迎③，则不得得妻；不亲迎，则得妻，必亲迎乎？"

屋庐子不能对，明日之邹以告孟子。

孟子曰："于答是也何有？不揣其本，而齐其末，方寸之木可使高于岑楼④。金重于羽者，岂谓一钩金与一舆羽之谓哉？取食之重者与礼之轻者而比之，奚翅食重？取色之重者与礼之轻者而比之，奚翅色重？往应之曰：'兄之臂而夺之食，则得食；不，则不得食，则将之乎？逾东家墙而搂其处子，则得妻；不搂，则不得妻，则将搂之乎？'"

曹交⑤问曰："人皆可以为尧舜，有诸？"

孟子曰："然。"

"交闻文王十尺，汤九尺，今交九尺四寸以长，食粟而已，如何则可？"

曰："奚有于是？亦为之而已矣。有人于此，力不能胜一匹雏⑥，则为无力人矣；今日举百钧，则为有力人矣。然则举乌获⑦之任，是亦为乌获而已矣。夫人岂以不胜为患哉？弗为耳。徐行后长者谓之弟，疾行先长者谓之不弟。夫徐行者，岂人所不能哉？所不为也。尧舜之道，孝弟而已矣。子服尧之服，诵尧之言，行尧之行，是尧而已矣。子服桀之服，诵桀之言，行桀之行，是桀而已矣。"

曰："交得见于邹君，可以假馆⑧，愿留而受业于门。"

曰："夫道若大路然，岂难知哉？人病不求耳。子归而求之，有余师。"

孟子全编

①任：古国名，在今山东济宁境内。②屋庐子：人名，孟子的学生。③亲迎：古代婚姻制度，新郎亲迎新娘。这里代指按礼制娶亲。④岑楼：尖顶高楼。⑤曹交：赵岐注认为是曹君的弟弟，名交。⑥雏：小鸡。⑦乌获：古代传说中的大力士。⑧假馆：借客舍，意为找一个住处。

【白话翻译】

有个任国人问屋庐子说："礼和食哪样重要？"

屋庐子说："礼重要。"

那人问："娶妻和礼哪样重要？"

屋庐子说："礼重要。"

那人又问："如果非要按照礼节才吃，就只有饿死；不按照礼节而吃，就可以得到吃的，那还是一定要按照礼节吗？如果非要按照'亲迎'的礼节娶妻，就娶不到妻子；不按照'亲迎'的礼节娶妻，就可以娶到妻子，那还一定要'亲迎'吗？"

屋庐子不能回答这个问题，第二天便到邹国去告诉孟子。

孟子说："回答这个问题有什么困难呢？如果不比较基础的高低是否一致，只比较顶端，那么，一块一寸见方的木头可以使它高过尖顶高楼。我们说金属比羽毛重，难道是说一个衣带钩的金属比一车羽毛还重吗？拿吃的重

要方面和礼的细节相比较，何止于吃的重要？拿娶妻的重要方面和礼的细节相比较，何止于娶妻重要？你去这样答复他：'扭折哥哥的胳膊，抢夺他的食物，就可以得到吃的；不扭，便得不到吃的，那会去扭吗？爬过东边人家的墙壁去搂抱人家的处女，就可以得到妻子；不去搂抱，便得不到妻子，那会去搂抱吗？'"

曹交问道："人人都可以成为尧舜，有这样的说法吗？"

孟子说："有的。"

曹交说："我听说周文王身高十尺，成汤王身高九尺，如今我曹交身高九尺四寸，同样是吃粮食而已，要怎样才能成为尧、舜呢？"

孟子说："这和身高有什么关系呢？有所行为也就是了。要是有人，自以为他连一只小鸡都提不起来，那他便是一个没有力气的人。如果有人说自己能够举起三千斤，那他就是一个很有力气的人。同样的道理，举得起乌获所举的重量的，也就是乌获了。人难道以不能胜任为忧患吗？只是不去做罢了。比如说，慢一点走，让在长者之后叫做悌；快一点走，抢在长者之前叫做不悌。那慢一点走难道是人做不到的吗？不那样做而已。尧舜之道，不过就是孝和悌罢了。你穿尧的衣服，说尧的话，做尧的事，你便是尧了。你穿桀的衣服，说桀的话，做桀的事，你便是桀了。"

曹交说："我准备去拜见邹君，向他借个住处，情愿留在您的门下做学生。"

孟子说："道就像大路一样，难道难于了解吗？只怕人不去寻求罢了。你回去自己寻求吧，老师多得很呢。"

【义理评析】

以诡辩对诡辩，以极端对极端，这是孟子在这里所采用的论辩方法。孟子认为，比较应该让比较的对象双方在同一水平线上，同一基准上，而不应该把一个对象推到极端来和另一个对象的细节相比较。这样比较出来的结果，当然是错误而荒谬的了。所以，孟子以其人之道还治其人之身，教给学生以诡辩对诡辩的说法，从而战胜论辩的对方。

孟子全编

【跟进解读】

请君入瓮

唐朝武则天时期，有人告密说文昌右丞周兴和丘神勣串通谋反，武则天便命令来俊臣审查这个案子。来俊臣知道周兴是个狡猾奸诈之徒，没有确凿的证据恐怕难以让他说出实话，于是他想出一条妙计。

来俊臣准备了一桌丰盛的酒席，把周兴请到自己家里。两个人你劝我喝，边喝边聊。酒过三巡，来俊臣叹口气说："兄弟我平日办案，常遇到一些犯人死不认罪，不知老兄有何办法？"周兴得意地说："这还不好办！"说着端起酒杯抿了一口。来俊臣立刻装出很恳切的样子说："哦，请快快指教。"周兴阴笑着说："你找一个大瓮，四周用炭火烤热，再让犯人进到瓮里，你想想，还有什么犯人不招供呢？"来俊臣连连点头称是，随即命人抬来一口大瓮，按周兴说的那样，在四周点上炭火，然后回头对周兴说："宫里有人密告你谋反，上边命我严查。对不起，现在就请老兄自己钻进瓮里吧。"周兴一听，吓得连忙磕头认罪。

这个故事出自《资治通鉴》，成语"请君入瓮"由此而来，比喻用某人的方法整治他自己，正是以其人之道，还治其人之身。

和平的前提不是利害关系

【原典欣赏】

公孙丑问曰："高子①曰：《小弁》，小人之诗也。"

孟子曰："何以言之？"

曰："怨。"

曰："固哉，高叟之为诗也！有人于此，越人关弓而射之，则己谈笑而道之；无他，疏之也。其兄关弓而射之，则己垂涕泣而道之；无他，戚之也。《小弁》之怨，亲亲也；亲亲，仁也。固矣夫，高叟之为诗也！"

曰："《凯风》何以不怨？"

曰："《凯风》，亲之过小者也；《小弁》，亲之过大者也。亲之过大而不怨，是愈疏也；亲之过小而怨，是不可矶②也。愈疏，不孝也；不可矶，亦不孝也。孔子曰：'舜其至孝矣，五十而慕。'"

宋牼③将之楚，孟子遇于石丘④，曰："先生将何之？"

曰："吾闻秦楚构兵，我将见楚王说而罢之。楚王不悦，我将见秦王说而罢之。二王我将有所遇焉。"

曰："轲也请无问其详，愿闻其指。说之将何如？"

曰："我将言其不利也。"

曰："先生之志则大矣，先生之号则不可。先生以利说秦楚之王，秦楚之王悦于利，以罢三军之师，是三军之士乐罢而悦于利也。为人臣者怀利以事其君，为人子者怀利以事其父，为人弟者怀利以事其兄，是君臣、父子、兄弟终去仁义，怀利以相接，然而不亡者，未之有也。先生以仁义说秦楚之王，秦楚之王悦于仁义，而罢三军之师，是三军之士乐罢而悦于仁义也。为人臣者怀仁义以事其君，为人子者怀仁义以事其父，为人弟者怀仁义以事其兄，是君臣、父子、兄弟去利，怀仁义以相接也，然而不王者，未之有也。何必曰利？"

【玄义注释】

①高子：生平不详。②矶：本义为大石激水，水冲击岩石。引申为激怒、触犯之意。③宋牼（kēng）：人名，又称宋荣，宋荣子，宋国人，和尹文齐名，是宋尹学派的代表人物。主张宽恕和均平。④石丘：地名，其址不详。

【白话翻译】

公孙丑问道："高子说：《小弁》是小人（所作）的诗。（对吗？）"

孟子说："凭什么这么说呢？"

公孙丑说："因为诗中有怨恨。"

孟子说："真是固执啊，高老先生这样解诗。假如有个人在此，越国人弯弓张箭射他，他自己可以谈笑风生地讲述这件事；没有别的原因，是因为自己跟越国人关系疏远。如果是自己的兄长弯弓张箭而射人，那么自己就会落下眼泪来讲述这件事；没有别的原因，是因为兄长是自己的亲戚。《小弁》

诗中的忧怨，正是亲近亲人。亲近亲人，就是相互亲爱。真是固执啊，高老先生这样解诗。"

公孙丑问："《凯风》这首诗为什么没有怨恨情绪？"

孟子说："《凯风》这首诗，是写母亲的小过错；《小弁》所写的是父亲的大过错。父母过错大而不怨恨，这是更加疏远父母；父母过错小而怨恨，这是一点都不能受刺激。更加疏远父母，这是不孝；不能受（父母）一点刺激，也是不孝。孔子说过：'舜是最孝顺的了，到了五十岁还眷念着父母。'"

宋牼准备到楚国去，孟子在石丘这个地方遇上了他。孟子问："先生准备到哪里去？"

宋牼说："我听说秦楚两国交战，我准备去见楚王，劝说他罢兵。如果楚王不听，我准备去见秦王，劝说他罢兵。在两个国王中，我总会说通一个。"

孟子说："我不想问得太详细，只想知道你的大意，你准备怎样去劝说他们呢？"

宋牼说："我将告诉他们，交战是很不利的。"

孟子说："先生的动机是很好的，可是先生的提法却不行。先生用利去劝说秦王楚王，秦王楚王因为有利而高兴，于是停止军事行动；军队的官兵也因为有利而高兴，于是乐于罢兵。做臣下的心怀利害关系来侍奉君主，做儿子的心怀利害关系来侍奉父亲，做弟弟的心怀利害关系来侍奉哥哥，这就会使君臣之间、父子之间、兄弟之间都完全去掉仁义，心怀利害关系来互相对待，这样不使国家灭亡的，是没有的。若是先生以仁义的道理去劝说秦王楚王，秦王楚王因仁义而高兴，于是停止军事行动；军队的官兵也因仁义而高兴，于是乐于罢兵。做臣下的心怀仁义来侍奉君主，做儿子的心怀仁义来侍奉父亲，做弟弟的心怀仁义来侍奉哥哥，这就会使君臣之间、父子之间、兄弟之间都完全去掉利害关系，心怀仁义来互相对待，这样还不能够使天下归服的，是没有的。何必要去谈论'利'呢？"

【义理评析】

在本节中，孟子谈论了战争与和平的问题。在孟子看来，和平当然是很重要的，所以，他也非常支持宋　维护和平的行为。但是和平的前提是仁义，而不是利害关系。如果用利害关系去换得一时的和平，早晚也会失去和平，甚至会失去国家，失去天下。

【跟进解读】

和平应以仁义为前提

在孟子看来，和平的前提是仁义，而不是利害关系。如果用利害关系去换得一时的和平，早晚也会失去。因为，基于利害关系的和平，实际上隐伏着很多不和平的因素，因为人与人之间都以利害关系相互对待，一旦利害关系发生冲突，必然导致争斗，失去稳定与和平。相反，如果以仁义为前提赢得和平，则会保持长久的稳定与发展。

应该认为，从理论上说，孟子的学说是很有道理的，也是能够自圆其说的。但是，从历史和现实的实践来看，无论是战争还是和平，既然有军事行动发生，就不可能没有利害关系在内，也不可能有纯粹为抽象的仁义道德而战的战争和纯粹为抽象的仁义道德而罢兵停战的和平出现。在孟子所处的战国时代，尤其没有这种可能。

所以，以仁义为前提的和平，在孟子的时代只能是一种理想，正如以仁义为前提的战争只能是一种理想一样。

孟子全编

不要忽略礼节的重要性

【原典欣赏】

孟子居邹，季任①为任处守，以币交，受之而不报。处于平陆②，储子为相，以币交，受之而不报。他日，由邹之任，见季子；由平陆之齐，不见储子。屋庐子喜曰："连③得间矣。"问曰："夫子之任，见季子；之齐，不见储子，为其为相与？"曰："非也。《书》曰：'享多仪，仪不及物曰不享，惟不役志于享。'为其不成享也。"或问之，屋庐子曰："季子不得之邹，储子得之平陆。"

淳于髡④曰："先名实者，为人也；后名实者，自为也。夫子在三卿⑤之中，名实未加于上下而去之，仁者固如此乎？"

孟子曰："居下位，不以贤事不肖者，伯夷也；五就汤，五就桀者，伊尹也；不恶污君，不辞小官者，柳下惠也。三子者不同道，其趋一也。一者何也？曰，仁也。君子亦仁而已矣，何必同？"

曰："鲁缪公之时，公仪子⑥为政，子柳、子思⑦为臣，鲁之削也滋甚，若是乎，贤者之无益于国也！"

曰："虞不用百里奚而亡，秦穆公用之而霸。不用贤则亡，削何可得与？"曰："昔者王豹处于淇，而河西善讴；绵驹处于高唐，而齐右善歌；华周、杞梁之妻善哭其夫而变国俗。有诸内，必形诸外。为其事而无其功者，髡未尝睹之也。是故无贤者也，有则髡必识之。"

曰："孔子为鲁司寇，不用，从而祭，燔肉不至，不税冕而行。不知者以为为肉也，其知者以为为无礼也。乃孔子则欲以微罪行，不欲为苟去。君子之所为，众人固不识也。"

①季任：任国国君的弟弟。②平陆：齐国地名，即今山东省汶上县。③连：屋庐子的名。④淳于髡：人名，战国时期齐国学者，以博学著称。⑤三卿：指上卿、亚卿、下卿，都是爵位。⑥公仪子：即公仪休，曾任鲁国的相。⑦子柳、子思：子柳，即泄柳，曾任鲁缪公的卿。子思，孔子之孙，名伋。

【白话翻译】

孟子居住在邹国的时候，季任正在任国代理国政，送礼物来结交孟子，孟子收了礼物却不回谢。孟子居住在平陆的时候，储子担任齐国的相，送礼物来结交孟子，孟子收了礼也不回谢。后来，孟子从邹国到了任国，拜访了季子；从平陆到了齐国，却不拜访储子。屋庐子高兴地说："我发现老师的差错了。"问道："老师到了任国，拜访了季子；到了齐国，不拜访储子，是因为储子只是担任相吗？"孟子说："不是的。《尚书》里说：'享献之礼多仪节，仪节不够，礼物再多也只能认为没有贡献，因为进献的人并没有把心思放在进献上。'就因为储子不成享献的规矩。"屋庐子很愉快。有人问他，他说："季任不能擅自到邹国，储子可以随便到平陆去。"

淳于髡说："重视名望功业的，是为了天下的人；轻视名望功业的，是为了自己。先生的地位在齐国的三卿之中，但就名望功业来说，上不能匡正君主，下不能拯救百姓，就辞职而去了，仁人本该就是这样的吗？"

孟子说："处在低下的地位，不以贤人的身份侍奉不贤的君主，这是伯夷的态度；五次到汤那里做事，五次到桀那里做事，这是伊尹的态度；不讨厌昏庸的君主，不拒绝微小的官职，这是柳下惠的态度。三个人做法不同，方向是一致的。一致的是什么？就是仁。君子只要仁就行了，何必要处处相同？"

淳于髡说："鲁缪公的时候，公仪子掌管政事，子柳、子思也在朝做臣，然而鲁国疆土被别国侵夺却更加严重，贤人无益于国家就像这样的呀！"

孟子说："虞国当年不用百里奚后来就灭亡了，秦穆公重用百里奚后就成了霸主。不用贤能就灭亡，就是想日渐削弱也能得到吗？"

淳于髡说："从前王豹居住在淇水边，河西的人因此而善于唱歌；绵驹居住在高唐，齐国西部的人因此而善于唱歌；华周、杞梁的妻子，为丈夫的死而哭得异常伤心，因而改变了一国的风气。内心有什么，必然会显露在外面。做了那件事而不见那件事的功效，我还没有见过这种情况呢。所以现在是没有贤人，要有，我一定会知道的。"

孟子说："孔子做了鲁国的司寇，不被重用，跟随国君去祭祀，祭祀的肉也没有得到，于是不脱帽子就离开了。不知者以为孔子是为了一块祭祀的肉，知道内情的人则认为这祭祀不符合社会行为规范。而孔子本人想以承担轻微的罪而离开，不愿意随便离去。君子的所作所为，本来一般人就很难认识到。"

【义理评析】

这一章重点强调了人际间礼仪与礼节的重要性。古代如此，现实生活中也一样，尤其我国是一个重尚礼仪的国度，尤其是越来越国际化的今天，注重礼仪与礼节显得尤为重要。

【跟进解读】

礼仪礼节要注重

季任和储子都派人送礼物给孟子，借以沟通和交往。而孟子到任国去拜见了季任回礼，到齐国却不去拜见储子回礼，这是为什么呢？屋庐子弄不明白，还自以为是找到了孟子的漏洞了，这其实是屋庐子不懂得社会行为规范和选择最佳行为方式之间的关系。

孟子举了《尚书》的例子，借以说明，享献仪式是以礼仪为主，而不是以礼物为主，虽然礼物够多够丰厚，但没有了仪式，这享献还有什么意义呢？储子所犯的就是这个错误。屋庐子最后弄明白了，原来季任为国君，镇守一方，有保民守土之责，不能随便到什么地方去，因此他派人送礼是可以的。而储子是臣，可以因为国事而去任何地方，但储子也是派人送礼，而不亲自去送礼，这就缺乏相交往的诚意。既然他缺乏诚意，也就没有必要回报于他了。这就是孟子以社会行为规范为标准而选择的行为方式。

人心归附才能拥有天下

【原典欣赏】

孟子曰："五霸①者，三王之罪人也；今之诸侯，五霸之罪人也；今之大夫，今之诸侯之罪人也。天子适诸侯曰巡狩，诸侯朝于天子曰述职。春省耕而补不足，秋省敛而助不给。入其疆，土地辟，田野治，养老尊贤，俊杰在位，则有庆，庆以地。入其疆，土地荒芜，遗老失贤，掊克在位，则有让。一不朝，则贬其爵；再不朝，则削其地；三不朝，则六师移之。是故天子讨而不伐，诸侯伐而不讨。五霸者，搂诸侯以伐诸侯者也，故曰，五霸者，三王之罪人也。五霸，桓公为盛。葵丘之会②，诸侯束牲载书而不歃血③。初命曰，诛不孝，无易树子，无以妾为妻。再命曰，尊贤育才，以彰有德。三命曰，敬老慈幼，无忘宾旅。四命曰，士无世官，官事无摄，取士必得，无专杀大夫。五命曰，无曲防，无遏籴，无有封而不告。曰，凡我同盟之人，既盟之后，言归于好。今之诸侯皆犯此五禁，故曰，今之诸侯，五霸之罪人也。长君之恶其罪小，逢君之恶其罪大。今之大夫皆逢君之恶，故曰，今之大夫，今之诸侯之罪人也。"

鲁欲使慎子④为将军。孟子曰："不教民而用之，谓之殃民。殃民者，不容于尧舜之世。一战胜齐，遂有南阳⑤，然且不可。"

慎子勃然不悦曰："此则滑厘所不识也。"

曰："吾明告子。天子之地方千里；不千里，不足以待诸侯。诸侯之地方百里；不百里，不足以守宗庙之典籍⑥。周公之封于鲁，为方百里也；地非不足，而俭于百里。太公之封于齐也，亦为方百里；地非不足也，而俭于百里。今鲁方百里者五，子以为有王者作，则鲁在所损乎，在所益乎？徒取诸彼以与此，然且仁者不为，况于杀人以求之乎？君子之事君也，务引其君以当道，志于仁而已。"

【玄义注释】

①五霸：指春秋时期先后称霸的五个诸侯。即齐桓公、晋文公、楚庄王、秦穆公、宋襄公。②葵丘之会：葵丘，地名，在今河南兰考县东。会，盟会，古代诸侯间聚会而结盟。盟会时要用牛做祭品，或杀，或不杀。③歃（shà）血：古人盟会时微饮牲血，或含于口中，或涂于口旁，以示信守誓言。④慎子：名滑厘，据说是一个善于用兵的人。⑤南阳：地名，在泰山西南面，本属于鲁，后被齐侵夺。⑥典籍：这里指记载先祖典章法度的文册。

孟子全编

【白话翻译】

孟子说："所谓的五霸，是三个圣王的罪人。如今的诸侯，亦是五霸的罪人。如今的大夫，是如今诸侯的罪人。天子出来到各诸侯国，称为巡狩。诸侯君主去朝见天子，称为述职。春天视察春耕补助困难的人，秋季视察收藏情况而帮助不够的人。进入到诸侯封地，如果土地是开辟的，田野是治理的，人民养老尊贤，有才

能的人在位，就奖励，奖励其以土地。进入到诸侯封地，如果土地是荒芜的，遗弃老人失去贤才，搜括掠夺的人在位，就责备。第一次不朝觐，就贬损其爵位，再不朝觐就削减其土地，第三次不朝觐就派六师兵力移到他的封地上。所以天子声讨他而不征伐他，诸侯则是征伐而不声讨。所谓的五霸，是拉拢一部分诸侯去征伐另一部分诸侯。所以说，五霸者，是三个圣王的罪人。五霸中齐桓公最势力最大，在葵丘盟会诸侯，捆束牲畜，文字为盟书而不用牲畜血。第一次盟会，就共同宣称：'诛杀不孝，不轻易改变太子，不以妾为正妻。'第二次盟会就共同宣称：'尊敬贤能，培育贤才，表彰有道德的人。'第二次盟会就共同宣称：'尊敬老人，慈爱儿童，不轻慢宾客旅人。'第四次盟会就共同宣称：'读书人的官职不世袭，公职不兼摄，选拔读书人要合格，不要专横杀戮大夫官员。'第五次盟会就共同宣称：'不随意修筑堤防，不制止互购粮食，不能有封爵而不报告。'还宣誓：'凡是一起参加盟誓的，既然签了盟约之后，恢复平常的和平友好。'如今的诸侯都违反了这五条盟誓。所以说，如今的诸侯，都是五霸的罪人。助长国君的恶行，其罪还小；迎合国君的恶行，罪就大了。如今的大夫，都是在迎合国君的恶行，所以说，如今的大夫，都是如今诸侯的罪人。"

鲁国想叫慎子担任将军。孟子说："不先训练百姓就用他们打仗，这叫坑害百姓。坑害百姓的人，在尧、舜时代是不容许存身的。现在即使鲁国一仗就打赢了齐国，收回了南阳，这样也还是不行。"

慎子顿时不高兴地说："这真是我慎滑厘所不明白的了。"

孟子说："我来明白地告诉你。天子的土地千里见方；不到千里见方，就不够条件接待诸侯。诸侯的土地百里见方；不足百里见方，就不够条件奉守宗庙里的典籍。当年周公分封在鲁地，是百里见方的一块；土地不是不够，但也只不过百里见方。太公分封在齐地，也是百里见方的一块；也不是土地不够，却只不过百里见方。现在鲁国的土地有五个百里见方那么大，你认为，如果有圣王出现，那么鲁国是在土地应该削减之列呢，还是在应该增加之列呢？不费力就把那里的土地取来并入这里，这样的事仁人尚且不干，何况用杀人来求取土地呢？君子侍奉君主，只该专心一意地引导君主走正道，立志在仁上罢了。"

【义理评析】

在本节中，孟子所说的土地方圆百里，"地非不足，而俭于百里"，就是西周时期的一种社会行为规范。这个意思是说，并非没有土地，也不是土地不够分封，之所以一个诸侯只分封百里之地，其目的就是要使诸侯们不能够拥有太多的土地和人民。

【跟进解读】

靠侵略无法得到天下

君主没有给诸侯分封太多的土地，就是要使诸侯们不要有太多的权力。然而随着经济的发展，人们私有欲的提高，至春秋时期，诸侯们已不满足于方圆百里的国土了。所以他们趁着周王室的日益衰微，拼命扩张自己的国土，做强做大。

然而仁者为什么不为呢？像夏禹王、商汤王、周文王这三王如果不为，能统一天下吗？这似乎有些矛盾，这也是当年诸侯们没有弄懂的地方。其实，孟子的意思是，想要做强做大，并不是坏事，但不能靠侵略、掠夺和剥削来使自己富强。而是要依靠"仁、义、礼、智、信"的原则，爱民、遵守一定的社会行为规范，选择最佳行为方式、用智慧、用诚信，那么，老百姓就会主动来依附你，整个天下的人就都依附你了，土地难道还不是你的吗？

以邻为壑的行为不可取

【原典欣赏】

孟子曰："今之事君者皆曰：'我能为君辟土地，充府库。'今之所谓良臣，古之所谓民贼也。君不乡道①，不志于仁，而求富之，是富桀也。'我能为君约与国②，战必克。'今之所谓良臣，古之所谓民贼也。君不乡道，不志于仁，而求为之强战，是辅桀也。由今之道，无变今之俗，虽与之天下，不能一朝居也。"

白圭③曰："吾欲二十而取一，何如？"

孟子曰："子之道，貉④道也。万室之国，一人陶，则可乎？"

曰："不可，器不足用也。"

曰："夫貉，五谷不生，惟黍生之；无城郭、宫室、宗庙、祭祀之礼，无诸侯币帛饔飧[5]，无百官有司，故二十取一而足也。今居中国，去人伦，无君子[6]，如之何其可也？陶以寡，且不可以为国，况无君子乎？欲轻之于尧舜之道者，大貉小貉也；欲重之于尧舜之道者，大桀小桀也。"

白圭曰："丹之治水[7]也愈于禹。"

孟子曰："子过矣。禹之治水，水之道也，是故禹以四海为壑[8]。今吾子以邻国为壑。水逆付谓之洚[9]水，洚水者，洪水也洚人之所恶也。吾子过矣。"

【玄义注释】

①乡道：向往道德。乡，同"向"，向往。②与国：盟国。

③白圭：人名，姓白名丹，周王室之臣。④貉（mò）：又作"貊"，古代北方的一个小国。⑤饔飧：饔（yōng）：早餐。飧（sūn）：晚餐。这里以饔飧代指请客吃饭的礼节。⑥去人伦，无君子：去人伦指无君臣、祭祀、交际的礼节；无君子指无百官有司。⑦丹之治水：白圭治水的方法，据《韩非子·喻老篇》记载，主要在于筑堤塞穴，所以孟子要指责他"以邻国为壑"。⑧壑（hè）：本义为沟壑，这里扩大指受水处。⑨洚（jiàng）：大水泛滥。

【白话翻译】

孟子说："如今侍奉君主的人都说：'我能替君主开拓疆土，充实府库。'如今所谓的良臣，就是古时候的民贼。君主不走过去的道路，不立志于爱民，而是求富贵，就等于是富有的夏桀王。又说：'我能够替国君邀约盟国，每战一定胜利。'如今所说的好臣子，正是古代所说的残害百姓的人。国君不向往道德，不立志行仁，却去想法让他武力强大，这等于是去帮助夏桀从如今这样的道路走下去。不改变如今的风俗习气，即便把整个天下给他，也是一天都坐不稳的。"

白圭说："我想定税率为二十抽一，怎么样？"

孟子说："你所走的道路，是北方少数民族的道路。有万家人口的都城，只有一个人制作陶器，可以吗？"

白圭说："不可以，因为陶器会不够用。"

孟子说："貉国，五谷不能生长，只能长黍子；没有城墙、宫廷、祖庙和祭祖的礼节，没有诸侯之间的往来送礼和宴饮，也没有各种衙署和官吏，所以二十抽一便够了。如今在中原国家，取消社会伦常，不要各种官吏，那怎么能行呢？做陶器的人太少，尚且不能够使一个国家搞好，何况没有官吏呢？想要比尧舜十分抽一的税率更轻的，是大貉小貉；想要比尧舜十分抽一的税率更重的，是大桀小桀。"

白圭说："我治理水比大禹还强。"

孟子说："你错了。大禹治水，是遵循水的道路，所以大禹以四海为畜水的沟壑。如今先生你却把邻国当作畜水的沟壑。水逆向而行，就称之为洚水，所谓洚水，就是洪水，是爱民的人所厌恶的。你搞错了"

【义理评析】

从白圭治水"以邻国为壑"联想到我们生活中"以邻为壑"的现象，如商家之间的竞争，政治斗争中的你死我活，"以邻为壑"的手段更是无所不用其极。你知道"以邻为壑"，人家也同样知道"以邻为壑"，结果是人人都成了"邻"，成了"壑"，最终结果是害人害己。

【跟进解读】

孟子全编

以邻为壑是一种损人利己的行为

从方法上说，大禹治水顺应水性，重在疏导；白圭治水却高筑堤防，重在堵塞。从效果上说，大禹最终将水导入四海，而白圭却把水堵塞后流向邻国。导入四海造福人民而于人无害，流向邻国则是损人利己，仁者厌恶的行为。所以孟子一再说："你错了。"并不承认白圭治水有什么了不起，更不用说超过大禹了。

从白圭治水"以邻国为壑"联想到我们生活中"以邻为壑"的现象，那可真是比比皆是，举不胜举的了。比如说，一个普遍现象是，自己家里装修得非常豪华舒适，干净得一尘不染，但却把垃圾桶垃圾袋放在与邻居共用的楼道里；自己家里的花岗石地面或木地板或纯羊毛地毯要保持清洁，却把一家人乃至客人的臭鞋子都堆在门外楼道上摆展览，让上上下下的邻居都在鞋阵中捂鼻而行。总而言之，以邻为壑就是一种损人利己，嫁祸于人的行为。

集思广益才能治理好天下

【原典欣赏】

孟子曰："君子不亮①，恶乎执？"

鲁欲使乐正子①为政。孟了曰："吾闻之，喜而不寐。"

公孙丑曰："乐正子强乎？"

曰："否。"

"有知虑乎？"

曰："否。"

"多闻识乎？"

曰："否。"

"然则奚为喜而不寐？"

曰："其为人也好善②。"

"好善足乎？"

曰："好善优于天下③，而况鲁国乎？夫苟好善，则四海之内皆将轻④千里而来告之以善；夫苟不好善，则人将曰：'訑訑⑤，予既已知之矣。'之声音颜色，距人于千里之外。士止于千里之外，则谗谄面谀之人至矣。与谗谄面谀之人居，国欲治，可得乎？"

【玄义注释】

①亮：同"谅"，诚信。①乐正子：人名，姓乐正，名克，鲁国人。②好善：这里特指喜欢听取善言。③优于天下：优于治天下的意思。优，充足。④轻：易，容易，不以为难。⑤'訑訑（yí）：自满的样子。

【白话翻译】

孟子说："君子不讲信用，怎么能够有操守呢？"

鲁国君想让乐正子执政。孟子说："我听说这个消息，高兴得一晚上都没有睡觉。"

公孙丑问："乐正子能力很强吗？"

孟子说："不。"

公孙丑问："有智慧有远见吗？"

孟子说："不。"

公孙丑问："见多识广吗？"

孟子说："不。"

公孙丑问："那您为什么高兴得睡不着觉呢？"

孟子回答说："他为人喜欢听取善言。"

公孙丑问："喜欢听取善言就够了吗？"

孟子说："喜欢听取善言足以治理天下，何况治理鲁国呢？假如喜欢听取善言，四面八方的人从千里之外都会赶来把善言告诉他；假如不喜欢听取善言，那别人就会模仿他说：'呵呵，我都已经知道了！''呵呵'的声音和脸色就会把别人拒绝于千里之外。士人在千里之外停止不来，那些进谗言的阿谀奉承之人就会来到。与那些进谗言的阿谀奉承之人住在一起，要想治理好国家，办得到吗？"

【义理评析】

在孟子看来，治理好一个国家并不单靠执政者个人的能力、智慧和学识，而应当广泛听取和采纳别人的意见，集思广益。这样，就会吸引天下的有识之士，治理国家，乃至于治理天下就会游刃有余了。

【跟进解读】

邹忌讽齐王纳谏

邹忌是齐威王时期的相国。一天，他经过一番精心打扮后，对镜自赏，颇为满意，便问他的妻、妾以及求他办事的客人：我与城北的徐公相比究竟谁更漂亮？城北徐公是齐国有名的美男子，但他的妻、妾、客人却异口同声地称赞说：您比徐公漂亮。第二天，恰巧徐公前来拜访，邹忌暗地里一比较，便发现其实自己远不如徐公长得漂亮。晚上，他辗转反侧，苦苦思考，终于得出结论：妻子偏爱他，妾害怕他，而客人有求于他，他们都各自怀有私心，因此都不敢说真话，而作了违心的称赞。恍然大悟的邹忌以此劝谏齐王集思广益，广开言路，公开纳谏。齐王采纳了他的建议，终使齐国迎来政治开明的国之大治。

生于忧患，死于安乐

【原典欣赏】

陈子①曰："古之君子何如则仕？"

孟子曰："所就三，所去二。迎之致敬以有礼；言，将行其言也，则就之。礼貌未衰，言弗行也，则去之。其次，虽未行其言也，迎之致敬以有礼，则就之。礼貌衰，则去之。其下，朝不食，夕不食，饥饿不能出门户，君闻之，曰，'吾大者不能行其道，又不能从其言也，使饥饿于我土地，吾耻之。'周之。亦可受也，免死而已矣。"

孟子曰："舜发于畎亩①之中，傅说②举于版筑③之间，胶鬲(3)举于鱼盐之中，管夷吾举于士，孙叔敖举于海，百里奚举于市。故天将降大任于斯人也，必先苦其心志，劳其筋骨，饿其体肤，空乏其身，行拂乱其所为，所以动心忍性，曾益其所不能。人恒过，然后能改；困于心，衡于虑，而后作；征于色，发于声，而后喻。入则无法家拂士，出则无敌国外患者，国恒亡。然后知生于忧患而死于安乐也。"

孟子曰："教亦多术矣。予不屑之教诲也者，是亦教诲之而已矣。"

【玄义注释】

①陈子：即陈臻，孟子的学生。①畎（quǎn）亩：田间，田地。②傅说（yuè）：人名，其原在傅岩地方作建筑工人，为人筑墙，殷王武丁访寻他，用为宰相。③版筑：一种筑墙工作，在两块墙版中，填入泥土夯实。④胶鬲（gé）：殷纣王时人，曾以贩卖鱼、盐为生，周文王把他举荐给纣，后辅佐周武王。

【白话翻译】

陈子问："古时候的君子在什么情况下才做官？"

孟子说："去做官有三种情况，辞去官职有三种情况。迎接时恭敬而且有礼貌、合礼仪，表示将要实行他的主张，就可以去就职。礼貌没有衰减，却不再按他说的去做了，那就辞去官职。其次，虽然没有按他说的去做，但也恭敬礼貌地迎接他去，那就去做官。一旦礼貌也衰减了，那就辞去官职。最差的是，早上没饭吃，晚上也没饭吃，饿得出不了门；君主知道后说，'我在大政方针上不能实行他的主张，又不能听取他的言论，致使他在我的国土上又饥又饿，对此我感到耻辱。'于是周济他。这也是可以接受的，是为了免于饿死罢了。"

孟子说："舜从田间劳动中成长起来，傅说从筑墙的工作中被选拔出来，胶鬲被选拔于鱼盐的买卖之中，管仲被提拔于囚犯的位置上，孙叔敖从海边被发现，百里奚从市场上被选拔。所以，上天将要把重大使命降落到某人身上，一定要先使他的意志受到磨炼，使他的筋骨受到劳累，使他的身体忍饥挨饿，使他备受穷困之苦，做事总是不能顺利。这样来震动他的心志，坚韧他的性情，增长他的才能。人总是要经常犯错误，然后才能改正错误；心气郁结，殚精竭虑，然后才能奋发而起；显露在脸色上，表达在声音中，然后才能被人了解。一个国家，内没有守法的大臣和辅佐的贤士，外没有敌对国家的忧患，往往容易亡国。由此可以知道，忧患使人生存，安逸享乐却足以使人败亡。"

孟子说："教育也有多种多样的方法，我不屑于给予教诲，也是一种教育的方法。"

【义理评析】

本节是《孟子》最著名的篇章之一，所谓"天将降大任于斯人也，必先苦其心志……"云云，后人常引以为座右铭，激励了无数志士仁人在逆境中

孟子全编

奋起。其实对人的一生来说，逆境和忧患不一定是坏事，生命说到底是一种体验。

【跟进解读】

"五羖大夫"百里奚

百里奚饱读诗书，才学过人，可是家境贫困，加上楚国宗法制度森严，身为平民的他根本没有希望入仕为官。妻子杜氏是个很有见识的女子，深知自己丈夫是旷世奇才，于是就鼓励百里奚出游列国求仕。

百里奚从南阳出游求仕后，历经宋国、齐国等国家，都没有得到录用。在陷入困境之时，曾一度沿街乞讨。后来在齐国铚地，他遇见了蹇叔，两人一番高谈阔论，结为知己。

不久，百里奚在蹇叔的举荐下做了虞国大夫。但没过多久，虞国就被晋国所灭，百里奚被俘，后来逃到楚国，楚成王命他为自己养牛。

刚当上秦国国君的秦穆公是一位胸有大志的国君，他听说百里奚是个人才，就想重金赎回百里奚。秦穆公的谋臣公子絷说："楚成王不知道百里奚的才能，才让百里奚养牛。若用重金赎他，不就等于告诉人家百里奚是千载

难遇的人才吗？"

秦穆公问："那我该怎么样才能得到百里奚？"

公子絷说："可以贵物贱买，用一个奴隶的市价，也就是五张黑公羊皮来换百里奚，那样楚成王就一定不会怀疑了。"

楚国就答应了这笔交易，交出百里奚，这时百里奚已经七十多岁。当百里奚被押回秦国后，秦穆公亲自接见了他。百里奚说："我是亡国之臣，哪里值得国君垂询！"

穆公说："虞君不用你，才使你被掳，并不是你的过错。"

秦穆公亲自解除了他的奴隶身份，并向他讨教国家大事，两人一谈就是三天。秦穆公十分钦佩百里奚的政略，拜其为上大夫，委以国政，并把秦国的军政大全都交给了百里奚。

百里奚"生于忧患"，饱尝艰辛，最后终于熬出头，使自己的才能得到了发挥，他辅佐秦穆公称霸，对以后秦国兼并六国结束分裂局面奠定了坚实的基础。

孟子全编

卷十三 尽心（上）

本卷内容涉及自身修养、仁政的实行、民本思想、君子之道等多个方面，其核心为『尽心』、『知性』、『知天』的思想。孟子认为心、性、天是三位一体的，三者是一个完整的统一体。这是本卷的纲领性命题，也是孟子哲学思想体系的基石。

他强调士人应以行道为己任，应超出常人，不为富贵、地位所诱惑；并力主王道，肯定圣人的教化作用，以及『善教』在社会生活中的作用。

同时，还指出『仁』、『义』是与生俱来的良知、良能，人们只要不断提高修养，就能拥有它，圣人与常人的不同以及追求圣人之道的方式，并论及君子之道，包括教育之道，如提倡因材施教，告诫学者要诚心诚意等：包括处事之道，如坚守原则，与道共进退，亲疏有别，分清轻重缓急等。

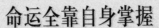

命运全靠自身掌握

【原典欣赏】

孟子曰："尽其心者，知其性也。知其性，则知天矣。存其心，养其性，所以事天也。夭寿不贰，修身以俟之，所以立命也。"

孟子曰："莫非命也，顺受其正。是故知命者不立乎岩墙之下。尽道而死者，正命也；桎梏死者，非正命也。"

孟子曰："求则得之，舍则失之，是求有益于得也，求在我者也求之有道，得之有命，是求无益于得也，求在外者也。"

孟子曰："万物皆备于我矣。反身而诚，乐莫大焉。强恕而行求仁莫近焉。"

孟子曰："行之而不著焉，习矣而不察焉，终身由之而不知其道者，众也。"

孟子曰："人不可以无耻。无耻之耻，无耻矣。"

孟子曰："耻之于人大矣！为机变之巧者，无所用耻焉。不耻不若人，何若人有？"

孟子曰："古之贤王好善而忘势；古之贤士何独不然？乐则而忘人之势。故王公不致敬尽礼，则不得亟见之。见且由不得亟；而况得而臣之乎？"

【白话翻译】

孟子说："充分运用心灵思考的人，是知道人的本性的人。知道人的本性，就知道天命。保持心灵的思考，涵养本性，这就是对待天命的方法。无论短命还是长寿都一心一意地修身以等待天命，这就是安身立命的方法。"

孟子说："一切都是命运，顺应它就承受正常的命运。所以知道命运的人不站在危险的墙下。尽力行道而死的人，所承受的是正常的命运；犯罪受刑而死的人，所承受的是非正常的命运。"

孟子说："求索就能得到，放弃便会失去，这种求索有益于得到，因为所求的东西就在我自身。求索有一定的方法，能否得到却决定于天命，这种求索无益于得到，因为所求的东西是身外之物。"

孟子说："万物我都具备了。反躬自问诚实无欺，便是最大的快乐。尽力按恕道办事，便是最接近仁德的道路。"

孟子说："做一件事不明白为什么要做，习惯了不想想为什么习惯，一辈子随波逐流不知去向何方，这样的人是平庸的人。"

孟子说："人不可以没有羞耻心，没有羞耻心所带来的耻辱，那才叫无耻。"

孟子说："羞耻之心对于人至关重要！搞阴谋诡计的人是不知羞耻的。不以自己不如别人为羞耻，怎么赶得上别人呢？"

孟子说："古代的贤明君王喜欢听取善言，不把自己的权势放在心上。古代的贤能之士又何尝不是这样呢？乐于自己的学说，不把他人的权势放在心上。所以，即使是王公贵人，如果不对他恭敬地尽到礼数，也不能够多次和他相见。相见的次数尚且不能够多，何况要他做臣下呢？"

【义理评析】

现代许多人一谈到命运就误解，认为这是宿命论，其实不然，万事万物都有命运，这个命运不是别的，就是现代人所谓的规律。孟子认为，知道了天的道路和规律，知道了人的道路和规律，才会有可能知道未来，才能选择到最佳行为方式。

【跟进解读】

加强思想修养至关重要

孟子谈天命，谈人的本性，没有消极被动的神秘色彩。用我们今天的话来说，就是要加强知识学习和思想修养，充实自己的心灵。

"一切都是命运"，用我们今天通行的看法，这似乎是一种消极的宿命论思想。但实际上，孟子的立足点是在"顺受其正"上，顺理而行，顺应命运，也就是说，一生做自己应该做的事，走正道；行正义，也就是正常的命运；相反，犯罪而死，则死于非命，不是正常的命运了。一句话，是精神的自我完善。身外之物则是金钱富贵，名誉地位。

世上万事万物只要坚持追求，便可以一分耕耘，一分收获，种瓜得瓜，种豆得豆。所以叫"求则得之，舍则失之。"当然谋事在人，成事在天，并不是所有的事物你一厢情愿地追求就可以得到的。所谓身外之物，生不带来，死不带去，何必看得那么要紧呢？

所谓"万物皆备于我"并不是像有些人所理解的那样，说是"万物都为我而存在"，而是孟子所表达的天地万物我都能够思考和认识到。

穷则独善其身，达则兼济天下

孟子全编

【原典欣赏】

孟子谓宋勾践①曰："子好游②乎？吾语子游：人知之，亦嚣嚣③；人不知，亦嚣嚣。"

曰："何如斯可以嚣嚣矣？"

曰："尊德乐义，则可以嚣嚣矣。故士穷不失义，达不离道。穷不失义，故士得己④焉；达不离道，故民不失望焉。古之人，得志，泽加于民；不得志，修身见于世。穷则独善其身，达则兼善天下。"

孟子曰："待文王而后兴者，凡民也。若夫豪杰之士，虽无文王犹兴。"

孟子曰："附之以韩魏之家⑤，如其自视欿⑥然，则过人远矣。"

孟子曰："以佚道使民，虽劳不怨。以生道杀民，虽死不怨杀者。"

孟子曰："霸者之民虞如也，王者之民皞皞如也。杀之而不怨，利之而不庸，民日迁善而不知为之者。夫君子所过者化，所存者神，上下与天地同流，岂曰小补之哉？"

【玄义注释】

①宋勾践：人名，姓宋，名勾践，生平不详。②游：指游说。③嚣嚣：安详自得的样子。④得己：即自得。⑤韩魏之家：指春秋末期晋国六卿中的韩魏两家。这两家当时拥有很大的权势和很多的财产。⑥欿（kǎn）："坎"的假借字，视盈若虚的意思。

【白话翻译】

孟子对宋勾践说："你喜欢游说各国的君主吗？我告诉你游说的态度：别人理解也安详自得，别人不理解也安详自得。"

宋勾践问："怎样才能做到安详自得呢？"

孟子说："尊崇道德，喜爱仁义，就可以安详自得了。所以士人穷困时不失去仁义；显达时不背离道德。穷困时不失去仁义，所以安详自得；显达时不背离道德，所以老百姓不失望。古代的人，得志时恩惠施于百姓；不得志时修养自身以显现于世。穷困时独善其身，显达时兼善天下。"

孟子说："一定要等待有周文王那样的人出现后才奋发的，是平庸的人，至于豪杰之士，即使没有周文王那样的人出现，自己也能奋发有为。"

孟子说："把韩魏两大家的财富增加给他，如果他还自认为没有什么，那他就远远超过一般人了。"

孟子说："依据让百姓安逸的原则去役使百姓，百姓即使劳累也不怨恨；依据让百姓生存的原则去杀人，被杀的人虽死也不怨恨杀他的人。"

孟子说："霸主的百姓愉快欢乐，圣王的百姓心旷神怡。圣王的百姓被杀而不怨恨谁，得了好处而不报答谁，一天天趋向于善，却不知道谁使他们这样。圣人经过哪里，哪里就受感化；住在哪里，哪里就有神奇的变化，造化之功上与天齐下与地同，难道说只是小小的补益吗？"

【义理评析】

穷达都是身外事，只有道义才是根本，所以能穷不失义，达不能离道。这句"穷则独善其身，达则兼济天下"，与孔子所说"用之则行，舍之则藏"一样，成为两千多年来中国知识分子立身处世的座右铭，无论对他人还是对自身，都起到了积极地指引作用。

【跟进解读】

再穷困也不向"乡里小儿"折腰

陶渊明是东晋后期的大诗人、文学家，他生性淡泊，在家境贫困、入不敷出的情况下仍然坚持读书作诗。出任江州祭酒时，由于看不惯官场上的那一套恶劣作风，就辞职回家了，随后州里又来召他作主簿，他也辞谢了。

后来，他陆续做过一些官职，但由于淡泊功名，为官清正，不愿与腐败官场同流合污，因而过着时隐时仕的生活。

陶渊明最后一次做官，是义熙元年（405年）。那一年，已过"不惑之年"的陶渊明在朋友的劝说下，再次出任彭泽县令。到任八十一天，碰到浔阳郡派遣督邮来检查公务，浔阳郡的督邮刘云，以凶狠贪婪远近闻名。每年两次以巡视为名向辖县索要贿赂，每次都是满载而归，否则栽赃陷害。而这种贿赂行为一向为陶渊明所不齿，如果要那样做，实在是大违他的本性。县吏对陶渊明说："当束带迎之。"就是应当穿戴整齐、备好礼品、恭恭敬敬地去迎接督邮。陶渊明叹道："我岂能为五斗米向乡里小儿折腰。"意思是我怎能为了县令的五斗薪俸，就低声下气去向这些小人贿赂献殷勤。说完，挂冠而去。从此隐居不仕，直至终老。

"不为五斗米折腰"显示的是一种气节，更体现出陶渊明的一种"穷则独善其身"的高尚操守，他用亲身经历深深地教育后人不要趋炎附势，不要为世上任何名利浮华改变自己高洁的品性。

用良好的教育来感化百姓

【原典欣赏】

　　孟子曰："仁言不如仁声之入人深也，善政不如善教之得民也。善政，民畏之；善教，民爱之。善政得民财，善教得民心。"

　　孟子曰："人之所不学而能者，其良能也；所不虑而知者，其良知也①。孩提之童②无不知爱其亲者，及其长也，无不知敬其兄也。亲亲，仁也；敬长，义也。无他，达之天下也。"

　　孟子曰："舜之居深山之中，与木石居，与鹿豕游，其所以异于深山之野人者几希。及其闻一善言，见一善行，若决江河，沛然莫之能御也。"

　　孟子曰："无为其所不为，无欲其所不欲，如此而已矣。"

　　孟子曰："人之有德、慧、术、知者，恒存乎疢疾③。独孤臣孽子④，其操心也危，其虑患也深，故达。"

孟子曰："有事君人者，事是君则为容悦者也。有安社稷臣者，以安社稷为悦者也。有天民者，达可行于天下而后行之者也。有大人者，正己而物正者也。"

【玄义注释】

①良：指本能的，天然的。良能、良知已作为专门的哲学术语，以不译为妥。②孩提之童：指两三岁之间的小孩子。③疢（chèn）疾：义同灾患。④孤臣孽子：孤臣，受疏远的臣；孽子，非嫡妻所生之子。

【白话翻译】

孟子说："仁德的言语不如仁德的声望那样深入人心，好的政令不如好的教育那样赢得民众。好的政令，百姓畏服；好的教育，百姓喜爱。好的政令得到百姓的财富，好的教育得到百姓的心。"

孟子说："人不用学习就能的，是良能；不用思考就知道的，是良知。两三岁的小孩子没有不知道亲爱他父母的，等到他长大，没有不知道尊敬他兄长的。亲爱父母是仁；尊敬兄长是义。没有其他原因，因为这两种品德是通行天下的。"

孟子说："舜居住在深山之中，与树木石头同住，与鹿和野猪同游，他之所以不同于深山野人的地方很少。但凡他听说有一句善良的话，见到有善良的行为，就立刻身体力行像江河决堤，气势充沛得没有任何东西可以阻挡。"

孟子说："不要让他干不想干的事，不要让他想不想得的东西，这就行了。"

孟子说："有德行、智慧、谋略、见识的人，常常是因为他生活在忧患之中。只有那些孤臣和孽子，他们持有警惧不安的心理，考虑忧患很深远，所以通达事理。"

孟子说："有侍奉君主的人，专以讨得君主的欢心为喜悦；有安定国家的大臣，以安定国家为喜悦；有顺应天理的人，当他的主张能行于天下时，他才去实行；有伟大的人，端正自己，天下万物便随之端正。"

【义理评析】

"仁言"即是霸者之道，"仁声"却是王者之道。"仁言"，爱民的语言可以说得天花乱坠；"仁声"却是对爱民者的称颂，那是非常实际的。所以，爱民的言说不如爱民的称颂那样深入人心。

【跟进解读】

儒家重教化

在本节中，孟子在讲了四个概念：仁言与仁声，善政与善教。他认为，仁德之言可教化百姓，但若为政者自己有仁德之实，而不仅仅用言语教育别人，老百姓才会真心向往仁德。良好的政治会使老百姓害怕而按时交税，故国家可以得民财，但若用良好的教育感化百姓，就会得到老百姓的衷心拥护。

那么，什么样的教育才是最好的教育呢？是仁德，即为政者由仁德之实而获得的仁德声誉。儒家重教育德治，德治治心，治心心服，以儒者的眼光来看，心服才是真服。

孟子全编

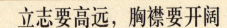

立志要高远，胸襟要开阔

【原典欣赏】

孟子曰："君子有三乐，而王天下不与存焉。父母俱存，兄弟无故①，一乐也；仰不愧于天，俯不怍②于人，二乐也；得天下英才而教育之，三乐也。君子有三乐，而王天下不与存焉。"

孟子曰："广土众民，君子欲之，所乐不存焉；中天下而立，定四海之民，君子乐之，所性不存焉。君子所性，虽大行③不加焉，虽穷居不损焉，分定故也。君子所性，仁义礼智根于心，其生色也睟然④，见于面，盎⑤于背，施于四体，四体不言而喻。"

孟子曰："形色，天性也；惟圣人然后可以践形。"

孟子曰："伯夷辟纣，居北海之滨，闻文王作，兴曰：'盍归乎来，吾闻西伯善养老者。'太公辟纣，居东海之滨，闻文王作，兴曰：'盍归乎来，吾闻西伯善养老者。'天下有善养老，则仁人以为己归矣。五亩之宅，树墙下以桑，匹妇蚕之，则老者足以衣帛矣。五母鸡，二母彘，无失其时，老者足以无失肉矣。百亩之田，匹夫耕之，八口之家足以无饥矣。所谓西伯善养老者，制其田里，教之树畜，导其妻子使养其老。五十非帛不暖，七十非肉不饱。不暖不饱，谓之冻馁。文王之民无冻馁之老者，此之谓也。"

孟子曰："易其田畴，薄其税敛，民可使富也。食之以时，用或礼，财不叮胜用也。民非水火不生活，昏暮叩人之门户求水大，无弗与者，至足矣。圣人治天下，使有菽粟如水火。菽粟如水火，而民焉有不仁者乎？"

孟子曰："孔子登东山⑥而小鲁，登泰山而小天下。故观于海者难为水，游于圣人之厂工者难为言。观水有术，必观其澜。日月有明，容光⑦必照焉。流水之为物也，不盈科不行；君子之志于道也，不成章不达。"

【玄义注释】

①故：事故，指灾患病丧。②怍（zuò）：惭愧。③大行：指理想、抱负行于天下。④睟（suì）然：颜色润泽。⑤盎（àng）：显露。⑥东山：即蒙山，在今山东蒙阴县南。⑦容光：指能够容纳光线的小缝隙。

【白话翻译】

孟子说："君子有三大快乐，以德服天下不在其中。父母健在，兄弟平安，这是第一大快乐；上不愧对于天，下不愧对于人，这是第二大快乐；得到天下优秀的人才进行教育，这是第三大快乐。君子有三大快乐，以德服天下不在其中。"

孟子说："拥有广阔的土地、众多的人民，这是君子所想望的，但却不是他的快乐所在；立于天下的中央，安定天下的百姓，这是君子的快乐，但却不是他的本性所在。君子的本性，纵使他的抱负实现也不会增加，纵使他穷困也不会减少，因为他的本分已经固定。君子的本性，仁义礼智植根于内心，外表神色清和润泽，呈现于脸面，流溢于肩背，充实于四肢，四肢的动作，不用言语，别人也能理解。"

孟子说："形体容貌是天生的，只有成了圣人才能无愧于他的形体容貌。"

孟子说："伯夷躲避纣王，隐居在北海之滨，听说文王兴盛起来了，就说：'何不归到他那里去呢，我听说西伯善于奉养老人。'姜太公躲避纣王，隐居在东海之滨，听说文王兴盛起来了，就说：'何不归到他那里去呢，我听说西伯善于奉养老人。'天下有善于奉养老人的人，仁人便把他当作自己要投奔的人了。五亩的住宅地，墙下栽上桑树，妇女用它养蚕，老人就完全能穿上丝衣了。养五只母鸡、两只母猪，不错过它们的繁殖时期，老人就完全不会缺肉吃了。一百亩的耕地，由男子耕种，八口之家就完全不会有饥饿了。所谓周文王善于赡养老人，就是他制定了田亩制度，教导人们种植桑树和畜养家禽，教诲百姓的妻子儿女使他们赡养老人。五十岁的老人不穿丝帛就不暖和，七十岁的老人不吃肉就不饱。吃不饱，穿不暖，叫做忍饥受冻。文王的百姓没有忍饥受冻的老人，说的就是这个意思。"

孟子说："搞好耕种，减轻税收，可以使老百姓富足。饮食有一定时候，费用有一定节制，财物便用之不尽。老百姓离开了水与火就不能够生活，可是，当有人黄昏夜晚敲别人的门求水与火时，没有不给予的。为什么呢？因为水火都很充足。圣人治理天下，使百姓的粮食像水与火一样充足。粮食像水与火一样充足了，老百姓哪有不仁慈的呢？"

孟子说："孔子登上东山，就觉得鲁国变小了；登上泰山，就觉得整个天下都变小了。所以，观看过大海的人，便难以被其他水所吸引了；在圣人门下学习过的人，便难以被其他言论所吸引了。观看水有一定的方法，一定要观看它壮阔的波澜。太阳月亮有光辉，不放过每条小缝隙；流水有规律，不把坑坑洼洼填满不向前流；君子立志于道，不到一定的程度不能通达。"

孟子全编

"登东山而小鲁，登泰山而小天下。"这是胸襟的拓展，境界的升华。登山如此，观水也如此，所以有"曾经沧海难为水"一说，既然大海都看过了，其他小河小沟的水还有什么看头呢？在这里，孟子想告诉人们立志要高远，胸襟要开阔。

【跟进解读】

姜太公胸怀大志

姜尚出身低微，但却满腹经纶、胸怀大志。他的前半生因未遇到正直的明主，所以一直都是蛰伏不出。直到听说西伯姬昌尊贤纳士、广施仁政，年逾七旬的他才千里迢迢投奔西歧。但是来到西歧后，他不是迫不及待地前去毛遂自荐，而是来到渭水北岸的磻溪住了下来。此后，他每日垂钓于渭水之上，等待圣明君主的到来。

姜尚的钓法奇特，短干长线，线系直钩，不用诱饵之食，钓竿也不垂到水里，离水面有三尺高。一个叫武吉的樵夫，看到姜太公不挂鱼饵的直鱼钩，嘲讽道："像你这样钓鱼，就是一百年，也钓不到一条鱼。"姜尚说："曲中取鱼不是大丈夫所为，我宁愿在直中取，而不向曲中求。我的鱼钩不是为了钓鱼，而是要钓王与侯。"

后来，他果然钓到了周文王姬昌。姬昌兴周伐纣迫切需要人才，得知年已古稀的姜尚很有才干，他斋食三日，沐浴整衣，抬着聘礼，亲自前往磻溪拜访，并拜姜尚为相。姜尚辅佐文王，兴邦立国，帮助姬昌之子周武王姬发，灭掉了商朝。自己也被武王封于齐地，实现了建功立业的愿望。

未雨绸缪是最佳的解决方式

【原典欣赏】

孟子曰："鸡鸣而起，孳孳[①]为善者，舜之徒也；鸡鸣而起，孳孳利者，蹠[②]之徒也。欲知舜与路之分，无他，利与善之间[③]也。"

孟子曰："杨子④取为我，拔一毛而利天下，不为也。墨子兼爱，摩顶放踵⑤利天下，为之。子莫⑥执中。执中为近之。执中无权，犹执一也。所恶执一者，为其贼道也，举一而废百也。"

孟子曰："饥者甘食，渴者甘饮。是未得饮食之正也，饥渴害之也。岂惟口腹饥渴之害？人心亦皆有害。人能无以饥渴之害为心害，则不及人不为忧矣。"

孟子曰："柳下惠不以三公易其介。"

孟子曰："有为者辟若掘井，掘井九仞而不及泉，犹为弃井也。"

孟子全编

【玄义注释】

①孳孳（zī）：同"孜孜"，勤勉不懈。②蹠（zhí）：通常作"跖"，相传为柳下惠的弟弟，春秋时的大盗，所以又称"盗跖"。③间（jiàn）：区别，差异。④杨子：战国初期哲学家，名朱，魏国人。⑤摩顶放（fǎng）踵：从头顶到脚跟都磨伤，形容不畏劳苦，不畏劳苦，不顾头破体伤。放，到。⑥子莫：战国时鲁国人，其事迹已不可考。

【白话翻译】

孟子说："鸡叫便起床，孜孜不倦地行善的人，是舜一类的人物；鸡叫便起床，孜孜不倦地求利的人，是盗跖一类的人物。要想知道舜和跖有什么区别，没有别的，利和善的不同罢了。"

孟子说："杨朱主张为自己，即使拔一根毫毛而有利于天下，他都不肯干。墨子主张兼爱，即便是从头顶到脚跟都磨伤，只要是对天下有利，他都肯干。子莫则主张中道。主张中道本来是不错的，但如果只知中道而不知道权变，那也就和只执于一点一样了。为什么厌恶只执着于一点呢？因为它会损害真正的道，只是坚持一点而废弃了其余很多方面。"

孟子说："饥饿的人觉得任何食物都是美味的，干渴的人觉得任何饮料都是可口的。他们不能够吃喝出饮料和食物的正常滋味，是由于饥饿和干渴的妨害。难道只有嘴巴和肚子有饥饿和干渴的妨害吗？心灵也同样有妨害。一个人能够不让饥饿和干渴那样的妨害去妨害心灵，那就不会以自己不及别人为忧虑了。"

孟子说："柳下惠不会因为做大官而改变他的操守。"

孟子说："做事好比掘井一样，掘到六七丈深还没有见水，仍然只是一口废井。"

【义理评析】

很多人是因为感到饥饿了才觅求饮食，这样做是不对的。正确的饮食方法是定时定量，到时候就吃，而且不暴饮暴食，这样才不会被饥饿所害。人们做事也同样如此，"书到用时方恨少"、"临时抱佛脚"的做法不仅无利，反而有害。因此，我们一定要学会提前进准备充分，做到未雨绸缪。

【跟进解读】

"亡羊补牢"不如"未雨绸缪"

从前，有人养了一圈羊。一天早晨，他发现少了一只羊，仔细一查，原来羊圈破了个窟窿，夜间狼钻进来，把羊叼走了一只。邻居劝他说："赶快把羊圈修一修，堵上窟窿吧！"那个人不肯接受劝告，回答说："羊已经丢了，还修羊圈干什么？"第二天早上，他发现羊又少了一只。原来，狼又从窟窿中钻进来，叼走了一只羊。他很后悔自己没有听从邻居的劝告，便赶快堵上窟窿，修好了羊圈。从此，狼再也不能钻进羊圈叼羊了。

"亡羊补牢"这个成语的意思是事情发生错误以后，如果赶紧去挽救，还不为迟。但其实更明智的做法是"未雨绸缪"，在事情将要发生错误之前就发现问题，解决问题，这才是最正确的解决方式。

行仁义之举才是正确的做法

【原典欣赏】

孟子曰："尧、舜，性之也；汤、武，身之也；五霸，假之也。久假而不归，恶知其非有也？"

公孙丑曰："伊尹曰：'予不狎于不顺，放太甲于桐，民大悦。太甲贤，又反之，民大悦。'贤者之为人臣也，其君不贤，则固可放与？"

孟子曰："有伊尹之志，则可；无伊尹之志，则篡也。"

公孙丑曰："《诗》曰：'不素餐兮！'君子之不耕而食，何也？

孟子曰："君子居是国也，其君用之，则安富尊荣；其子弟从之，则孝悌忠信。'不素餐兮[①]！'孰大于是？"

王子垫[②]问曰："士何事？"

孟子曰："尚志。"

曰："何谓尚志？"

曰："仁义而已矣。杀一无罪非仁也，非其有而取之非义也。居恶在？仁是也；路恶在？义是也。居仁由义，大人之事备矣。"

【玄义注释】

①素餐：引自《诗经·魏风·伐檀》。素餐，白吃饭。②王子垫：齐王的儿子，名垫。

【白话翻译】

孟子说："尧、舜是本性具备仁义，汤王、武王是亲身实践仁义，五霸是假借仁义。假借久了而不归还，哪能知道他们本来是没有仁义的呢？"

公孙丑说："伊尹说：'我不亲近不遵循仁义的人，把太甲放逐到桐邑，百姓非常高兴；太甲变好了，又让他回来作君主，百姓非常高兴。'贤人作为臣，君主不好，本来就可以将他放逐的吗？"孟子说："有伊尹那样的意图，就可以；没有伊尹那样的意图，那就是篡位了。"

公孙丑说："《诗经》说：'不白吃饭啊！'可君子不种庄稼也吃饭，为什么呢？"孟子说："君子居住在一个国家，国君用他，就会安定富足，尊贵荣耀；学生们跟随他，就会孝敬父母，尊敬兄长，忠诚而守信用。'不白吃饭啊！'还有谁比他的贡献更大呢？"

王子垫问道："士做什么事？"

孟子说："使志行高尚。"

王子垫问："使志行高尚指的是什么？"

孟子说："仁和义罢了。杀死一个无罪的人，是不仁；不是自己的东西却去占有，是不义。居住的地方在哪里？仁便是；道路在哪里？义便是。居于仁而行于义，大人的事便齐备了。"

【义理评析】

从本节中我们可以看出，伊尹的行为方式亦是尽心知命，因此，如果不是这样尽心、尽本性，就不能采取这样的行为方式，如果采取了，就不对了。所以，五霸的行为方式不是尽心、尽本性的！而不尽心、尽本性的行为方式，是不对的。

行仁义

孟子认为，尧舜行仁，是出乎他们仁义的本作；商汤和周武王行仁，是因为亲身体验到了仁；而春秋五霸齐桓公晋文公之类用仁义，不过是假借仁义之名而行谋取霸权之实罢了。因此孟子多次批评五霸，认为他们是三王的罪人。但他同时又指出，五霸行仁义，虽是假借先王之仁义名，但因其久借不还，怎么会知道他们不弄假成真而真的拥有仁义了呢？

学会正确处理公与私的问题

【原典欣赏】

孟子曰："仲子，不义与之齐国而弗受，人皆信之，是舍箪食豆羹之义也。人莫大焉亡亲戚君臣上下。以其小者信其大者，奚可哉？"

桃应①问曰："舜为天子，皋陶为士，瞽瞍杀人，则如之何？"

孟子曰："执之而已矣。""然则舜不禁与？"

曰："夫舜恶得而禁之？夫有所受之也。"

"然则舜如之何？"

曰："舜视弃天下犹弃敝屣②也。窃负而逃，通海滨而处，终身䜣然③，乐而忘天下。"

【玄义注释】

①桃应：孟子的学生。②敝屣（xǐ）：破鞋子。③䜣（xīn）：同"欣"。

【白话翻译】

孟子说："陈仲子这个人，如果不是用最佳行为方式而把整个齐国都给他，他也不会接受，人们都相信他，这好像就是舍弃一箪食、一豆汤的行为。人最大的过错是不要亲戚、君臣、上下的关系。因为小的行为而相信他大的行为，怎么能行呢？"

桃应问道："舜做天子，皋陶做法官，假如舜的父亲瞽瞍杀了人，那怎么办？"

孟子说："把他逮起来就是了。"

桃应问："难道舜不阻止吗？"

孟子说："舜怎么能够阻止呢？皋陶是按所受职责办事。"

桃应问："那么，舜该怎么办呢？"孟子说："舜把抛弃天子之位看得像抛弃破鞋子一样。他偷偷地背负父亲逃走，沿着海滨住下来，终身逍遥，快乐得把曾经做过天子的事情忘掉。"

【义理评析】

"舜视弃天下犹弃敝屣"，连天子之位都不要做了，弃官救父，隐居海滨。在孟子看来，的确只有这样做才能做到公孝两全。我们今天在很大程度上已把个体行为的"孝"归结为私人问题了。所以，"公孝不能两全"就成了"公私不能两全"，既然如此，那也就不难解决了。虽然在情感上仍然难，但至少在理论上是不难的了。

【跟进解读】

公私不能两全

瞽瞍杀人，这种行为方式肯定不对；皋陶执行法律，逮捕瞽瞍，这种行为方式就对了；那么舜的行为方式就只有两种，一是按国家法律惩处父亲瞽瞍，另一种行为方式就是背着父亲逃跑。

如果按照国家法律惩处父亲，舜就要担负不孝的罪名；如果背着父亲逃跑，那就违背了这个国家的法律。这个问题看起来似乎不难解决，法大于情嘛，"大义灭亲"，乃是一种维护国家法律的最佳行为方式。其实，这是后来的人都搞错了。

法律、法规、法度起源于维护人与人之间的亲情，如果人与人之间都没有亲情了，人与人之间相互的关系都不需要维护了，还要这些法律法规法度干什么？所以孟子认为，一个人首先要尽到亲情的责任，才符合法律法规法

孟子全编

度和社会行为规范的要求。如果一点亲情都不顾了，那也不符合法律法规法度和社会行为规范的要求。所以，尽心知命即是要了解最根本的东西，根据最根本的才能选择到最佳行为方式。

生活环境会影响人的气度

【原典欣赏】

孟子自范①之齐，望见齐王之子，喟然叹曰："居移气，养移体，大哉居乎！夫非尽人之子与？"

孟子曰："王子宫室、车马、衣服多与人同，而王子若彼者，赔使之然也；况居天下之广居②者乎？鲁君之宋，呼于垤泽之门③。守者曰：'此非吾君也，何其声之似我君也？'此无他，居相似也。"

孟子曰："食④而弗爱，豕交之也；爱而不敬，兽畜之也。恭敬者，币之未将⑤者也。恭敬而无实，君子不可虚拘。"

孟子曰："形色，天性也；惟圣人，然后可以践形。"

【玄义注释】

①范：地名，故城在今山东范县东南二十里，是魏国与齐国之间的要道。②广居：孟子的"广居"指仁。③垤（dié）泽之门：宋国城门。④食：动词，使之食，引申为奉养。⑤币之未将：币：指礼物。将：送。

【白话翻译】

孟子从范邑到齐都，远远地望见了齐王的儿子，非常感叹地说："地位改变气度，奉养改变体质，地位是多么重要啊！他不也是人的儿子吗？"

孟子说："王子的住处、车马、衣服多半与他人相同，而王子不是那个样子，是他的地位使他那样的。何况那处在天下最广大地位上的人呢？鲁国的国君到宋国去，在宋国的城门下呼喊。守门的人说：'这人不是我们的国君，他的声音怎么这样像我们的国君呢？'这没有别的原因，他们的地位相似罢了。"

孟子说："只是养活而不爱，那就如猪一样；只是爱而不恭敬，那就如养鸟儿、养爱犬等一样。恭敬之心是在送出礼物之前有了的。徒具形式的恭敬，君子不可虚留。"

孟子说："人的形体、容貌，是天赋予的。唯有圣人知道这种天性后才可以踩踏出形迹。"

【义理评析】

鲁国国君到宋国，在垤泽门大声喊叫，就是用的国君的以上临下的腔调，但垤泽的守门人却会辨别每个人口音的不同，所以知道这不是宋国的国君，但是他知道这是一个统治者。这是因为环境地位对人的气质、气度的确具有很重要的影响。

【跟进解读】

床头捉刀人才是真英雄

这天，魏武帝曹操正在帐中歇息，忽然得快马来报，匈奴国派使来访。曹操心想："外族番邦欲犯我中原，可叹我形象不够威猛，实难一镇匈奴，树我国威蛰可如何是好？"他沉吟半晌，终于想到一个计策。

匈奴使者至，曹操便派大将崔琰代为接见。这崔琰生的眉目疏朗、须长四尺、甚有威严。曹操则扮作侍卫持刀立于崔的身旁，以便观察匈奴使者是何许人也。匈奴使者进厅，见当中正座者威猛强悍，仪表堂堂，以为魏国国君，忙上前朝拜。整个会谈过程中，曹操对崔琰的言谈举止都非常满意，但却不知对匈奴使者是否奏效，便派人追之问其端详。

派去的人扮作布衣百姓乘快骑急追，追至匈奴使者，问："在下欲到嵌黎镇，不知取道何方？"匈奴使者道："我是匈奴国子民，作为使节来访魏国国君，对贵地甚为陌生，实难相告，请你问别人吧。"问路人一听，眼睛一亮："怎么，你见到救百姓于水火的魏王，幸甚！幸甚！不知你对鄙国国君是何感觉？"匈奴使者若有所思，答道："贵国国君相貌堂堂，威武强悍，形象甚佳，但与其身旁之人相比，差之甚远。那床头捉刀人，实乃真英雄也。"

曹操担心自己相貌不够威武出众，就选了一个相貌好的人代替自己会见使者，殊不知他无论如何掩饰自己的身份，那种君临天下的帝王气度是不会变的。

因材施教是最好的教育方法

【原典欣赏】

齐宣王欲短丧。公孙丑曰："为期之丧，犹愈于已乎？"

孟子曰："是犹或紾其兄之臂，子谓之姑徐徐云尔，亦教之孝悌而已矣。"

王子有其母死者，其傅为之请数月之丧。公孙丑曰："若此者何如也？"

曰："是欲终之而不可得也。虽加一日愈于已，谓夫莫之禁而弗为者也。"

孟子曰："君子之所以教者五：有如时雨化之者，有成德者，有达财[1]者，有答问者，有私淑艾者。此五者，君子之所以教也。"

公孙丑曰："道则高矣，美矣，宜若登天然，似不可及也；何不使彼为可几及而日孳孳也？"孟子曰："大匠不为拙工改废绳墨，羿不为拙射变其彀率[2]。君子引而不发，跃如也。中道而立，能者从之。"

孟子曰："天下有道，以道殉身；天下无道，以身殉道。未闻以道殉乎人者也。"

孟子曰："于不可已而已者，无所不已。于所厚者薄，无所不薄也。其进锐者，其退速。"

【玄义注释】

①财：通"材"。②彀率：拉开弓的标准。

【白话翻译】

齐宣王想缩短服丧的期限。公孙丑说："为父母服丧一年，总还比不服丧好吧？"

孟子说："这就像有人在扭他哥哥的胳膊，你却对他说暂且慢慢扭之类的话，能有什么用呢？你只要用孝父母、敬兄长的道理去教育他就行了。"

有个王子的生母死了，他的老师为他去请求君主，允许他服丧几个月。

公孙丑问（孟子）道："像这样的事该怎样看？"

孟子说："这是想服丧三年而无法办到的缘故。即使多服丧一天也总比不服丧好，这是针对那些没有谁禁止他，而他自己不肯服丧的人说的。"

孟子说："君子教育人的方式有五种：有像及时雨一样滋润化育的；有成全品德的；有培养才能的；有解答疑问的；有以学识风范感化他人使之成为私淑弟子的。这五种，就是君子教育人的方式。"

公孙丑说："道倒是很高很好的，但就像登天一样，似乎高不可攀。为什么不使它成为可以攀及的因而叫人每天都去勤勉努力呢？"孟子说："高明的工匠不因为拙劣的工人而改变或者废弃规矩，绝不因为拙劣的射手而改变拉弓的标准。君子张满了弓而不发箭，只做出要射的样子。他恰到好处地做出样子，有能力学习的人便跟着他做。"

孟子说："天下政治清明的时候，用道义随身行事；天下政治黑暗的时候，用生命捍卫道义。没有听说过牺牲道义而屈从于他人的。"

孟子说："对于不应该停止的却停止了，那就没有什么不可以停止。对于应该厚待的却薄待了，那就没有什么不可以薄待。前进太猛的人，后退也会快。"

【义理评析】

在教育方面，大多数教师不能尽心知命，也就是说，大多数教师没有自己的思想，只会照本宣科，人云亦云，所以不能因材施教。而不能因材施教，也就是没有选择到、也不可能选择到最佳行为方式。

【跟进解读】

因材施教最得法

有一句俗话："为人师表"，表达的是什么？就是教师的外在表现，也就是行为方式。"如时雨化之者"，就是一种潜移默化的教育方法；这靠的就是教师的一言一行。所以，在尽心知命上，在选择最佳行为方式上，为人师者更要懂得这个道理。

这里既谈了教育方式问题，又谈到学习方法的问题。

关于教育方式已包括了德育、智育等各方面，但严格说来，它并不是一个全面的教学体系，各种方式之间也没有严密的逻辑关系，而只是一种列举

孟子全编

的性质。尽管如此，我们还是可以看到，这些不同的教育方式，是根据学生们本身的不同情况，因材施教而总结出来的经验。如果不是从理论方面做系统的要求，而是从教学实际情况出发，把它们引入教学实践，即使是在两千多年后的今天，也仍然是有推广与应用价值的。

避免让自己因小失大

【原典欣赏】

公都子曰："滕更①之在门也，若在所礼，而不答，何也？"

孟子曰："挟②贵而问，挟贤而问，挟长而问，挟有勋劳而问，挟故而问，皆所不答也。滕更有二焉。"

孟子曰："君子之于物也，爱之而弗仁；于民也，仁之而弗亲。亲亲而仁民，仁民而爱物。"

孟子曰："知者无不知也，当务之为急；仁者无不爱也，急亲贤之为务。尧、舜之知而不遍物，急先务也；尧、舜之仁不遍爱人，急亲贤也。不能三年之丧，而缌①小功②之察③；放饭流歠④，而无齿决，是之谓不知务。"

【玄义注释】

①滕更：滕国国君的弟弟，曾向孟子求学。②挟（xié）：倚仗。①缌（sī）：细麻布，这里代指服丧三个月的孝服。②小功：服丧五个月的孝服，是五种孝服中次轻的一种，如外孙为外祖父母服孝就用这种。③察：指仔细讲求。④放饭流歠（chuò）：大吃猛喝。

【白话翻译】

公都子说："滕更在您门下学习，似乎应该在以礼相待之列，可是您却不回答他的问题，为什么呢？"

孟子说："倚仗着自己的权势来发问，倚仗着自己贤能来发问，倚仗着自己年长来发问，倚仗着自己有功劳来发问，倚仗着自己是老交情来发问，都是我所不回答的。滕更有这五种中的两种。"

孟子说："君子对于万物，爱惜它，但谈不上仁爱；对于百姓，仁爱，但谈不上亲爱。亲爱亲人而仁爱百姓。仁爱百姓而爱惜万物。"

孟子说："智者没有什么事物不该知道，但是急于知道当前最重要的事情；仁者没有什么不该爱，但是急于爱德才兼备的贤人。以尧舜的智慧尚且不能够知道一切事物，因为他们急于知道对他们最重要的事情；以尧舜的仁德尚且不能够爱所有的人，因为他们急于爱德才兼备的贤人。如果不能够实行该行三年的丧礼，却对三个月、五个月的丧礼仔细讲求；在尊长者面前大吃猛喝，却讲求不要用牙齿啃干肉，这就叫做不知道什么是最重要的事物。"

【义理评析】

俗话说："丢了西瓜拣芝麻。"抓住了小的却失去了大的，抓住了次要的却失去了主要的，因小失大，舍本逐末，这就叫做"不知务"。凡事总有轻重缓急，因此，要抓住当前急切应办的事先做，这就是孟子对为政者当知要务的主导思想。

【跟进解读】

别丢了西瓜拣芝麻

孟子在此以尧和舜的例子提示，要以当前的事务为先，也就是说，当前什么问题最重要就来解决什么问题。

这个理论应用在社会交往方面，就是教导我们要学会去爱所有的人，要与所有的人建立起相互亲爱的关系，但要分出先后、主次，这才能叫尽心知命。如果不分先后主次地去爱所有人，那显然是错误的做法。

孟子说，大吃猛喝，明明伤胃，可是很多人不怕伤胃却害怕损伤牙齿，这就叫主次不分，因小失大，丢了西瓜拣芝麻。而先后不分、主次不分，也就不能选择到最佳行为方式。而选择不到最佳行为方式，也就办不好一切事情，也就不能成为一个完整的人。

孟子全编

卷十四 尽心（下）

本卷围绕『尽心』、『知性』、『知天』的思想做了进一步的阐释和发挥。在孟子看来，仁人、『圣人』是社会的中流砥柱；有了仁人、『圣人』，就有了仁政；有了仁人、『圣人』施行仁政，社会就会安宁，国家就会繁荣昌盛。并提出了重民的主张：『民为贵，社稷次之君为轻。』

同时，还指出君子应以大道为立身之本，严于律己，减少欲望，确保修养目的的纯正性。对于追求大道的态度，指出对大道应不断讲求、不可间断；鼓励人们勇于追求大道，不管天意如何，都当孜孜以求。

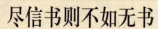

尽信书则不如无书

【原典欣赏】

孟子曰："不仁哉梁惠王也！仁者以其所爱及其所不爱，不仁者以其所不爱及其所爱。"

公孙丑问曰："何谓也？"

"梁惠王以土地之故，糜烂其民而战之，大败，将复之，恐不能胜，故驱其所爱子弟以殉之，是之谓以其所不爱及其所爱也。"

孟子曰："春秋无义战。彼善于此，则有之矣。征者，上伐下也，敌国不相征也。"

孟子曰："尽信《书》，则不如无《书》。吾于《武成》①，取二三策②而已矣。仁人无敌于天下，以至仁伐至不仁，而何其血之流杵也？"

【玄义注释】

①《武成》：《尚书》篇名，早已亡佚。东汉王充《论衡·艺增》上说："夫《武成》之篇，言武王伐纣，血流浮杵，助战者多，故至血流如此。"②策：竹简。

【白话翻译】

孟子说："梁惠王真不仁啊！仁人把给予他所爱的人的恩德推及到他所不爱的人，不仁者把带给他所不爱的人的祸害推及到他所爱的人。"

公孙丑问道："为什么这么说呢？"

孟子说："梁惠王因为土地的缘故，糟蹋百姓的生命驱使他们去打仗，大败后准备再打，担心不能取胜，所以又驱使他所爱的子弟去为他送死，这就叫把带给他所不爱的人的祸害推及到他所爱的人。"

孟子说："春秋时期没有最佳行为方式的战争。但某个君主善于选择最佳行为方式，是有的。所谓的征伐，是上级征伐下级，相对的诸侯国是不能相互征伐的。"

孟子全编

孟子说："完全相信《尚书》，不如没有《尚书》。我对于（《尚书》中的）《武成》篇，就只取其中二三处罢了。仁人无敌于天下，凭（武王那样）最仁的人去讨伐（商纣那样）最不仁的人，怎么会血流得把春米的木棒都漂起来呢？"

【义理评析】

"尽信书，则不如无书。"这是精辟透脱的读书法，要求读者善于独立思考问题。古往今来，人们关于书已不知有过多少礼赞。的确，书是我们人类拥有专利的恩物，对很多人来说，还是他们崇拜的神圣对象。但是，如果我们完全信书，唯书本是从，轻则使个人成为书呆子，重则形成所谓"本本主义"、"教条主义"和"唯书"的作风，误人子弟，贻害无穷。

【跟进解读】

按图索骥

秦国有个叫孙阳的人，相传是我国古代最著名的相马专家，他一眼就能看出一匹马的好坏，被人们称为伯乐。

据说，伯乐把自己丰富的识马经验，编写成一本《相马经》，在书上，他写了各种各样的千里马的特征，并画了不少插图，供人们作识马的参考。

伯乐有个儿子，智质很差，他看了父亲的《相马经》，也很想出去找千里马。他看到《相马经》上说："千里马的主要特征是，高脑门，大眼睛，蹄子像摞起来的酒曲块"，便拿看书，往外走去，想试试自

己的眼力。

走了不远，他看到一只大癞蛤蟆，心想："这家伙的额头隆起来，眼睛又大又亮，不正是一匹千里马么？"于是捉回去告诉他父亲说："我找到了匹好马，和你那本《相马经》上说的差不多，只是蹄子不像摞起来的酒曲块！"

伯乐看了看儿子手里的大癞蛤蟆，被他气得笑了起来，说："你找到的马太爱跳了，不能骑啊！"

"尽信书，不如无书"，前人传下来的书本知识，应该努力学习，虚心继承，但是，一定要注重实践，在实践中切实验证、牢固掌握，并加以发展，这才是正确的态度。"

孟子全编

用仁爱之心去感召对方

【原典欣赏】

孟子曰："有人曰，'我善为陈①，我善为战。'大罪也。国君好仁，天下无敌焉。南面而征，北狄怨；东面而征，西夷怨，曰：'奚为后我？'武王之伐殷也，革车三百辆，虎贲三千人。王曰：'无畏！宁尔也，非敌百姓也。'若崩厥角稽首。征之为言正也，各欲正己也，焉用战？"

【白话翻译】

孟子说："有人说，'我善于布阵，我善于打仗。'这是大罪恶。国君爱好仁，就会天下无敌。（商汤）征伐南方，北方的民族就埋怨；征伐东方，西方的民族就埋怨。埋怨说：'为什么把我们放在后边？'武王讨伐殷商，有战车三百辆、勇士三千人。武王（向殷商的百姓）说：'不要害怕，（我们是来）安抚你们的，不是来同百姓为敌的。'（殷商的百姓都跪倒叩头，）额角碰地的声音，像山岩崩塌一般。'征'就是'正'的意思。如果各国都有端正自己的打算，哪还用得着打仗？"

【义理评析】

本节所提及的"南面而征"之事，在《梁惠王下》里孟子就说过，本章重提，乃是借以说明真正的做到"爱民"，能尽心知命的"爱民"，也就能选择到最佳行为方式。而这种行为方式不是进行战争，而是用爱的感召力和兵强马壮的威慑力去征服对方。

【跟进解读】

仁的力量无穷

君子认为，国君好仁，则本国人民无不富足，无不用命。可以说，孟子"仁者无敌"的观点有一定的道理，但它实际上有一个先决条件，就是"仁者"必须是"至仁"，"不仁者"必须是"至不仁"。但在实际生活中，能满足这种条件的恐怕不多，即使是"至不仁"的国君，其军队和百姓未必都会倒戈。

孟子的这段话，是对过去历史经验的总结。各个诸侯国的开国君主，往往是仁者，其后子孙或仁或不仁，故有不仁得国者。但孟子的总结有缺陷，大禹之孙夏济、商汤之子商纣、周文王之子周幽王，何尝没有得到天下。所以，只有好的社会制度才能确保"仁者"管理国家，并把"不仁者"赶下台。

老百姓才是最重要的

【原典欣赏】

孟子曰："梓匠轮舆能与人规矩，不能使人巧。"

孟子曰："舜之饭糗茹草也^①，若将终身焉；及其为天子也，被袗衣，鼓琴，二女果^②，若固有之。"

孟子曰："吾今而后知杀人亲之重也：杀人之父，人亦杀其父；杀人之兄，人亦杀其兄。然则非自杀之也，一间耳。"

孟子曰："古之为关也，将以御暴；今之为关也，将以为暴。"

孟子曰："身不行道，不行于妻子；使人不以道，不能行于妻子。"

孟子曰："周于利者凶年不能杀，周于德者邪世不能乱。"

孟子曰："好名之人能让千乘之国，苟非其人，箪食豆羹见于色。"

孟子曰："不信仁贤，则国空虚；无礼义，则上下乱；无政事，则财用不足。"

孟子曰："不仁而得国者，有之矣；不仁而得天下者，未之有也。"

孟子曰："民为贵，社稷次之，君为轻。是故得乎丘民而为天子③，得乎天子为诸侯，得乎诸侯为大夫。诸侯危社稷，则变置。牺牲既成，粢④盛既洁，祭祀以时，然而旱干水溢，则变置社稷。"

【玄义注释】

①饭糗（qiǔ）：饭，动词，吃。糗，干粮。②果：通"婐（wǒ）"，侍女，这里是侍候的意思。③丘民：众民；丘，众。④粢（zī）：供祭祀用的谷物。

【白话翻译】

孟子说："木匠和车匠能教给人圆规、曲尺的使用方法，却不能使人技术精巧，那是要自己努力掌握的。"

孟子说："舜在吃干粮咽野菜的时候，就像打算终身这么过日子似的。到他做了天子后，穿着葛布衣服，弹着琴，尧的两个女儿侍候着，又像本来就享有这种生活似的。"

孟子说："我现在才知道杀害别人亲人的严重性：杀了人家的父亲，人家也会杀他父亲；杀了人家的哥哥，人家也会杀他哥哥。虽然不是他自己杀了父亲和哥哥，但差别也不大了。"

孟子说："古时候设立关卡，是要用它抵御残暴；而现在设立关卡，却是想用它来施行残暴。"

孟子说："自己不按道行事，道在他妻子儿女身上也实行不了，更不说对别人了；不按道去使唤人，那就连妻子儿女也使唤不了，更不要说使唤别人了。"

孟子说："富于财利的人荒年不能使他困窘，富于道德的人乱世不能使他迷乱。"

孟子全编

孟子说："爱名声的人，能够让出大国国君的位置，如果不是这样的人，就是让出一小筐饭，一碗汤，脸色也会显出不高兴。"

　　孟子说："如果不信任仁人贤士，国家实力就会空虚；没有礼义，上下等级关系就会混乱；没有政事，国家财用就会不足。"

　　孟子说："不仁的人得到一个国家，有这样的情况；不仁的人却得到天下，是从来没有过的。"

　　孟子说："百姓是最重要的，土谷之神次于百姓，君主的地位更要轻些。所以得到许多百姓的拥护就能做天子，得到天子信任就能做诸侯，得到诸侯信任就能做大夫。诸侯危害了土谷之神，那就改立诸侯。祭祀用的牲畜是肥壮的，谷物是清洁的，又是按时祭祀的，然而还是干旱水涝，那就改立土谷之神。"

【义理评析】

　　孟子认为，得到人民拥护才能做天下，得到天子的欢心才能做诸侯，得到诸侯的欢心才能当大夫。这就是说，没有老百姓的拥护和认可，就谈不上什么天子，什么诸侯，什么大夫。这是从正面论证"民贵君轻"。

【跟进解读】

民贵君轻

　　诸侯们、大夫们有一种误解，认为只有社稷国家才是最重要的，一切的一切都是围绕着维护社稷国家而行为。孟子认为这种看法和做法都是错误的，因为一个国家如果没有人民，或者说没有群聚的人民，是不成其为一个国家的。

　　只有很少的人民散居在山野，能叫社稷国家吗？所以，一切的一切都应该围绕着人民而行为。只有这样爱民，人民才能群聚而居，才能形成一个国家。所以，"社稷次之，君为轻。"这种思想也就与现代提出的"人民的公仆"是同一个意思。

　　人民是主人，统治者、领导人才是人民的仆人，怎么能把仆人的位置摆在重要的地位上呢？因此，诸侯危害到社稷国家，就要另外改换，因为诸侯只是一个人，只是人民的公仆，是可以改换的，而人民却是不可改换的。所以，百姓最为重要。

百代之师高风亮节

孟子全编

【原典欣赏】

孟子曰："圣人，百世之师也，伯夷、柳下惠是也。故闻伯夷之风者，顽夫廉，懦夫有立志；闻柳下惠之风者，薄夫敦，鄙夫宽。奋乎百世之上，百世之下闻者莫不兴起也。非圣人而能若是乎？而况于亲炙之者乎？"

孟子曰："仁也者，人也。合而言之，道也。"

孟子曰："孔子之去鲁，曰：'迟迟吾行也，去父母国之道也。'去齐，接淅而行，去他国之道也。"

孟子曰："君子之厄于陈蔡之间，无上下之交也。"

【白话翻译】

孟子说："圣人，是百世人民的老师，伯夷、柳下惠就是这样的圣人。因此，听到伯夷高风亮节的人，贪婪者都会变得廉洁，懦弱的人也会长志气。听到柳下惠高风亮节的人，刻薄者也会变得敦厚，见识浅薄者也会变得宽宏大量。百世以前奋发进取，百世以后，听说这些的人无不感动振作。如果不是圣人，谁能够有如此的作为？何况是那些亲自受到圣人熏陶的人呢？"

孟子说："所谓仁，意思就是人。人和仁结合起来，就是所说的道。"

孟子说："孔子离开鲁国时，说道：'我要慢慢地走啊，这是离开祖国的态度。'离开齐国时，将淘好了的米捞起来就走，这是离开别的国家时的态度。"

孟子说："孔子在陈国、蔡国之间遭围困，是由于跟这两国的君臣没有什么交情。"

【义理评析】

孟子说，伯夷、柳下惠虽然在百代之前奋发而为，但在百代之后，闻其风者莫不感动奋发。相隔百代，闻其风者尚且如此，何况亲自接受圣人教育的人呢？所以说，圣人是具有高风亮节的人，是人们心目中的偶像，是百代之师。

【跟进解读】

爱民才能受万民拥护

圣人之所以为圣人，就是在于他们爱民，无私地爱民。舜是真正地弄懂了"爱民"的意思，他不遗余力地爱民，无私无我地爱民，尽心知命地爱民，才赢得尧的信任和人民的拥护。而得到尧的信仕和人民的拥护，舜才得到"被袗衣，鼓琴，二女果，若固有之"的最好结局。如果舜不爱民，会有这些吗？所以，做到尽心知命地去爱民，也就能选择到最佳行为方式，最后也就能得到人民的拥护。

冰冻三尺非一日之寒

【原典欣赏】

貉稽①曰："稽大不理于口。"

孟子曰："无伤也。士憎兹多口。《诗》云：'忧心悄悄，愠于群小。'孔子也。'肆不殄厥愠，亦不陨厥问。'文王也。"

孟子曰："贤者以其昭昭使人昭昭，今以其昏昏使人昭昭。"

孟子谓高子曰："山径之蹊，间介然用之而成路；为间不用，则茅塞之矣。今茅塞子之心矣。"

高子曰："禹之声尚文王之声。"

孟子曰："何以言之？"

曰："以追蠡②。"

曰："是奚足哉？城门之轨，两马之力与？"

齐饥。陈臻曰："国人皆以夫子将复为发棠，殆不可复？"

孟子曰："是为冯妇也。晋人有冯妇者，善搏虎，卒为善，士则之。

野有众逐虎，虎负嵎，莫之敢撄。望见冯妇，趋而迎之。冯妇攘臂下车。众皆悦之，其为士者笑之。"

孟子曰："口之于味也，目之于色也，耳之于声也，鼻之于臭也，四肢之于安佚也，性也，有命焉，君子不谓性也。仁之于父子也，义之于君臣也，礼之于宾主也，知之于贤者也，圣人之于天道也，命也，有性焉，君子不谓命也。"

【玄义注释】

①貉稽：人名，生世不详。②追（duī）蠡（lǐ）：追，钟钮；蠡，要断的样子。

【白话翻译】

貉稽说："我貉稽被人家说了很多坏话。"

孟子说："这没有什么妨碍。读书人都憎恶这种众人的议论。《诗经》上说：'内心很忧愁，被那些小人所怨恨。'孔子就是这样的。《诗经》上又说：'展现而不断绝他的怨恨，也不失去对他的问候。'周文王就是这样的。"

孟子说："贤人用自己清楚明白的道理使别人也清楚明白，现在的人却要用连他自己都糊里糊涂的道理企图使他人清楚明白。"

孟子对高子说："山坡上的小路，一段时间内经常去走才能成为路；只要有一段时间不走它，茅草就会堵塞住它。现在，'茅草'堵塞住你的心了。"

高子说："禹的音乐胜过文王的音乐。"

孟子问："凭什么这么说？"

高子说："因为禹传下来的钟钮都快断了。"

孟子说："这哪足以说明问题呢？城门下的车迹很深，是一二匹马的力量造成的吗？是因为天长日久车马经过造成的呀。"

齐国饥荒。陈臻说："国内的人都以为你还会再一次劝说齐王打开棠邑仓库救济灾民，你大概不会再这样做了吧。"

孟子说："这样就成冯妇了。晋国有个人叫冯妇，青年时善于跟虎搏斗，老年时成为很善良的读书人。一次他到郊外，有很多人在追逐一只老虎。老虎凭借着山势弯曲险阻的地方，没有人敢去触犯。众人看见冯妇来了，都上前迎接。冯妇挽起袖子下车，大家都很高兴，只有读书的人们讥笑他。"

孟子说："口舌对于味道，眼睛对于颜色，耳朵对于声音，鼻子对于嗅觉，手脚四肢对于安逸与否，都是人的本性，但各有命运，君子不称它们是本性。仁爱对于父子，行为方式对于君臣，社会行为规范对于宾客和主人，知识对于贤能的人，圣人对于天的道路，是命运，这其中也有人的本性，但君子不称它们是命运。"

【义理评析】

本章用一个很形象化的故事说明了时间可以改变一切，以另一个角度讲，也隐喻了要想成就某作为，必得经天长日久的工夫，含冰冻三尺非一日之寒之意。

【跟进解读】

王献之依缸习字

王献之是王羲之的第七个儿子，他自幼聪明好学，七八岁就开始学习书法。有一次，王羲之看献之正聚精会神地练习书法，便悄悄走到背后，突然伸手去抽献之手中的毛笔，献之握笔很牢，没被抽掉。父亲很高兴，夸赞道："此儿后当复有大名。"

一天，王献之问母亲郗氏："我只要再写三年就能赶上父亲了吧？"妈妈摇摇头。"五年总行了吧？"妈妈又摇摇头。王献之急了，冲着妈妈说："那您说究竟要多长时间？"母亲指着院内的一口大缸说"写完院里这18缸水，你的字才会有筋有骨，才会站得稳。"

王献之暗下决心一定要把字写好，于是一咬牙又练了5年。他把一大堆写好的字给父亲看，希望听到几句表扬的话。谁知，王羲之一张张掀过，一个劲地摇头。掀到一个"大"字，父亲现出了较满意的表情，随手在"大"字下填了一个点，然后把字稿全部退还给献之。

王献之心中仍然不服，又将全部习字抱给母亲看，母亲认真地看了一遍，最后指着王羲之在"大"字下加的那个点儿，叹了口气说："吾儿磨尽三缸水，惟有一点似羲之。"王献之听后泄气地说："这样下去，啥时候才能有好结果呢？"母亲鼓励他说："只要那你坚持下去，就没有过不去的河、翻不过的山。你只要像这几年一样坚持不懈地练下去，就一定会练出好字来的！"

于是，王献之又锲而不舍地练下去。功夫不负有心人，经过长时间的沉淀，他终于领悟了书法的精要。后来，王献之的字和父亲王羲之并列，被人们称为"二王"。

冰冻三尺，非一日之寒。书法之道，向来无捷径可循。唯有勤学苦练，才能技艺精深。

为政者最忌讳玩物丧志

【原典欣赏】

浩生不害问曰[①]："乐正子何人也？"

孟子曰："善人也，信人也。"

"何谓善？何谓信？"

曰："可欲之谓善，有诸已之谓信，充实之谓美，充实而有光辉之谓大，大而化之之谓圣，圣而不可知之之谓神。乐正子，二之中、四之下也。"

孟子曰："逃墨必归于杨，逃杨必归于儒。归，斯受之而已矣。今之与杨、墨辩者，如追放豚，既入其苙，又从而招之。"

孟子曰："有布缕之征，粟米之征，力役之征。君子用其一，缓其二。用其二而民有殍，用其三而父子离。"

孟子曰："诸侯之宝三：土地，人民，政事。宝珠玉者，殃必及身。"

盆成括[②]仕于齐。孟子曰："死矣，盆成括！"

盆成括见杀，门人问曰："夫子何以知其将见杀？"

曰："其为人也小有才，未闻君子之大道也，则足以杀其躯而已矣。"

孟子之滕，馆于上宫。有业屦于牖上，馆人求之弗得。或问之曰："若是乎从者之廋也？"

曰："子以是为窃屦来与？"

曰："殆非也。夫子之设科也，往者不追，来者不拒。苟以是心至，斯受之而已矣。"

孟子全编

①浩生不害：姓浩生，名不害，齐国人。②盆成括：姓盆成，名括。

浩生不害问："乐正子是个什么样的人？"

孟子说："是个善良的人，是个诚信的人。"

浩生不害问："什么叫善良？什么叫诚信呢？"

孟子说："心怀喜爱的就称为善良，有自己本性的就称为诚信，内心很充实的就称为美好，内心充实而且又散发光辉的就称为大，大而且能融化贯通的就称为圣，圣而又高深莫测的就称为神。乐正子这个人，只有其中的两项，在四种之下。"

孟子说："避开墨子这一派，必定会归入杨朱这一派；避开杨朱这一派，必定会回归到儒家这一派。回归了，接纳就是了。而现在同杨朱、墨子辩论的人，好像在追跑掉的猪，已经追回、赶入猪圈了，还要接着把它的脚拴住。"

孟子说："有对布帛的征税，有对粮食的征税，有征发劳力的赋税。君子采用其中的一种，缓和另外两种。采用两种而人民就会有饿死的，采用三种征赋父子就要分离了。"

孟子说："诸侯的宝物有三样：土地，人民，政事。把珍珠美玉当作宝物的，灾祸必将落到他身上。"

盆成括在齐国做官。孟子说："盆成括要丧命了！"

盆成括被杀，学生问道："老师怎么会知道他将被杀？"

孟子说："他有点小才智，但不懂君子的大道理，那就足以招来杀身之祸了。"

孟子到了滕国，住在上宫。有一双还没织好的草鞋放在窗台上，旅馆里的人来找而没有找到。有人问孟子："跟随你来的人怎么竟像这样乱藏人家东西呢？"

孟子说："你以为这些人是为了偷鞋子而来这里的吗？"

那人说："大概不是的。先生订了规章条例，对走了的不追究，后来的不拒绝。只要凭着求学愿望来的，就接收他罢了。"

【义理评析】

本章论为政者当减轻赋税和杜绝玩物丧志。孟子多次讲过减轻赋税的问题，甚至说超过了十抽一的税率，就相当于夏桀。同时，当政者玩物丧志，以致丧政、丧国的历史依据不胜枚举。开明的统治者所珍视的，应是国力的强大，民生的福祉。玩物丧志，必无好下场。只有有效地遏制上述两点，才能保一方民众安乐。

【跟进解读】

玩物丧志的下场

卫懿公是卫惠公的儿子，名赤，世称公子赤。他爱好养鹤，如痴如迷，不恤国政。不论是苑囿还是宫廷，到处有丹顶白胸的仙鹤昂首阔步。许多人投其所好，纷纷进献仙鹤，以求重赏。

卫懿公把鹤编队起名，由专人训练它们鸣叫，训练和乐舞蹈。他还把鹤封有品位，供给俸禄，上等的供给与大夫一样的俸粮，养鹤训鹤的人也均加官进爵。每逢出游，其鹤也分班随从，前呼后拥，有的鹤还乘有豪华的轿车。为了养鹤，每年耗费大量的资财，为此向老百姓加派粮款，民众饥寒交迫，怨声载道。

周惠王十七年，北狄人聚两万骑兵向南进犯，直逼朝歌。卫懿公正欲载鹤出游，听到敌军压境的消息，惊恐万状，急忙下令招兵抵抗。老百姓纷纷躲藏起来，不肯充军。众大臣说："君主启用一种东西，就足以抵御狄兵了，哪里用得着我们？"卫懿公问"什么东西？"众人齐声说："鹤"。卫懿公说："鹤怎么能打仗御敌呢？"众人说："鹤既然不能打仗，没有什么用处，为什

孟子全编

么君主给鹤加封供俸，而不顾老百姓死活呢？"卫懿公悔恨交加，只好亲自出马迎敌，最后兵败被杀。

有忠心的臣子在身边却不予重用，反而玩物丧志，不顾天下人的死活，这样做势必会冷掉天下人的心。等到真正需要臣民们的时候才认识错误，临时改过，这不是太迟了吗？

正人先正己才能服人

【原典欣赏】

孟子曰："人皆有所不忍，达之于其所忍，仁也；人皆有所不为，达之于其所为，义也。人能充无欲害人之心，而仁不可胜用也；人能充无穿逾之心，而义不可胜用也；人能充无受尔汝①之实，无所往而不为义也。士未可以言而言，是以言餂之也②；可以言而不言，是以不言餂之也，是皆穿逾之类也。"

孟子曰："言近而指远者，善言也；守约而施博者，善道也。君子之言也，不下带③而道存焉；君子之守，修其身而天下平。人病舍其田而芸人之田，所求于人者重，而所以自任者轻。"

孟子曰："尧、舜，性者也；汤、武，反之也。动容周旋中礼者，盛德之至也。哭死而哀，非为生者也。经德不回，非以干禄也。言语必信，非以正行也。君子行法，以俟命而已矣。"

【玄义注释】

①尔汝：尔、汝，都是第二人称代词，古代尊长称呼卑幼时用如果平辈之间用来称呼，则是对对方的轻视。②餂（tiǎn）：取。③不下带：带，腰带。古人视不下带，即只视带之上。此处比喻注意眼前常见之事。

【白话翻译】

孟子说："人都有所不忍心干的事，如果能达到能忍住的程度，就是仁爱了。人都有所不愿意做的事，如果能达到不去做的程度，那就是最佳行为方式了。人们心里如果能充满不想害人的念头，仁爱之心就用之不尽了。人们心里如果能充满不穿墙打洞偷盗的念头，那最佳行为方式就用之不尽了。人们心里如果能充满不接受卑贱的称呼的念头，无论去到哪里都不会不行为于最佳行为方式的。读书人不可以和他言谈而又言谈的，是以言谈诱取他；可以言谈而不言谈的，是以不言谈来诱取他，这些都属于穿墙打洞的小偷之类的行为。"

孟子说："言语浅近而含义深远，这是善言；把握住的十分简要，而施行时效用广大，这是善道。君子所说的，虽然是眼前近事，而道却蕴含在其中；君子所把握住的，是修养自己，却能使天下太平。常人的毛病在于荒弃自己的田地，却要人家锄好田地，要求别人的很重，而加给自己的责任却很轻。"

孟子说："尧、舜的仁德，是出自本性；汤王、武王的仁德，是经过修身回复到本性。动作容貌等一切方面都符合礼，这是美德的最高表现。为死者哭得悲哀，不是做给活人看的。遵循道德而不违背，不是用来求官做的。言语必求信实，不是用来修正自己的品行的。君子遵循天然的道理去做，以此等待命运的安排罢了。"

【义理评析】

孟子指出，言语浅近而意旨深远的，是善言；操持简约而恩泽博大的，是善道。君子的言谈，讲的是眼前的事，然而道却蕴含其中；君子的操守，从修身养性开始，却可以平定天下。孟子之意，是强调君子要首先修身养性，从自己做起，从眼前的事做起，从小事做起。

【跟进解读】

曹操割发代首

三国时期，曹操发兵宛城时规定："大小将校，凡过麦田，但有践踏者，并皆斩首。"曹操的官兵在经过麦田时，都下马用手扶着麦秆，小心地蹬过麦子，这样一个接着一个，相互传递着走过麦地，没一个敢践踏麦子的。老百姓看见了，没有不称颂的。

有一天，曹操骑马正在走路，田野里飞起一只鸟儿，惊吓了他的马。他的马一下子蹿入田地，踏坏了一片麦田，曹操立即叫来随行的官员，要求治自己践踏麦田的罪行。

官员说："怎么能给丞相治罪呢？"曹操说："我亲口说的话都不遵守，还会有谁心甘情愿地遵守呢？一个不守信用的人，怎么能统领成千上万的士兵呢？"随即抽出腰间的佩剑要自刎，众人连忙拦住。

这时，大臣郭嘉走上前说："古书《春秋》上说，法不加于尊。丞相统领大军，重任在身，怎么能自杀呢？"曹操沉思了好久说："既然古书《春秋》上有'法不加于尊'的说法，我又肩负着天子交给我的重要任务，那就暂且免去一死吧。但是，我不能说话不算话。我犯了错误也应该受罚。"于是，他就用剑割断自己的头发说："那么，我就割掉头发代替我的头吧。"

曹操又派人传令三军：丞相践踏麦田，本该斩首示众，因为肩负重任，割掉头发替罪。于是三军悚然，无不禀遵军令。

古人讲究身体发肤受之父母不可毁伤，割发可以算是不孝之大罪，所以曹操就在军前割发代首以明军纪。正人先正己，教化下属要以身作则，这样才算是合格的领导。

以仁治天下则天下大治

【原典欣赏】

孟子曰："说大人，则藐之，勿视其巍巍然。堂高数仞，榱题①数尺，我得志，弗为也。食前方丈，侍妾数百人，我得志，弗为也。般乐饮酒，驱骋田猎，后车千乘，我得志，弗为也。在彼者，皆我所不为也；在我者，皆古之制也，吾何畏彼哉？"

孟子曰："养心莫善于寡欲。其为人也寡欲，虽有不存焉者，寡矣；其为人也多欲，虽有存焉者，寡矣。"

曾皙嗜羊枣②，而曾子不忍食羊枣。公孙丑问曰："脍炙与羊枣孰美？"

孟子曰："脍炙哉！"

公孙丑曰："然则曾子何为食脍炙而不食羊枣？"

曰："脍炙所同也，羊枣所独也。讳名不讳姓，姓所同也，名所独也。"

【玄义注释】

①榱（cuī）题：屋檐下的椽子头，这里借指屋檐。②羊枣：即黑枣，因形状色泽似羊屎，故称羊枣。

【白话翻译】

孟子说："向权贵进言，要藐视他，不要看他那副高高在上的样子。殿堂几丈高，屋檐几尺宽，我要得志了，就不这么干。面前摆满美味佳肴，侍妾有数百人，我要得志了，就不这么干。饮酒作乐，驰骋打猎，让成千辆车子跟随着，我要得志了，就不这么干。他们的所作所为，都是我所不愿干的；我所愿干的，都是符合古代制度的，我为什么要怕他们呢？"

孟子说："修养善心的方法，没有比减少求利的欲望更好的了。一个人求利的欲望少，那么即使善心有些丧失，丧失的也是很少的；一个人求利的欲望多，那么即使善心有所保存，保存的也一定是很少的。"

曾皙爱吃羊枣，而曾子却不忍心吃羊枣。公孙丑问道："烤肉和羊枣哪一种好吃？"

孟子说："当然是烤肉。"

公孙丑说："那么曾子为什么吃烤肉而不吃羊枣呢？"

孟子说："烤肉是人人都爱吃的，羊枣却是个别人爱吃的。正像避讳时只讳名不讳姓一样，姓是很多人共有的，而名是一个人独有的。"

【义理评析】

孟子多次说，如果他做诸侯会如何如何，他为什么会这样说呢？其思想武器就在于"在彼者，皆我所不为也"。由此可见，孟子之所以不把诸侯放在眼里，是因为他知道自己是仁德之人，而诸侯不是。他坚信，以仁治天下，必使天下大治，这也是仁者无敌的意思。

【跟进解读】

执政者要有爱民之心

孟子和孔子一样，从心底里是瞧不起那些当官的，因此孔、孟都不是为了当官而周游列国，游说诸侯。只是情势需要时，他们才当一当官员，改革一下国政。他们的主要兴趣在教育上，尤其是在普及全民教育上，所以对于吃喝玩乐、花天酒地他们不感兴趣，而且他们也认识到，过度的奢靡的生活方式是违反天地的道路和规律的，也是违反人生的道路和规律的。而只有中等的需要和需求的生活方式，才是正确的人生的道路和规律。所以他们致力于"中庸"的生活方式，以爱心对一切人，对天下人。他们这种无私的爱民的胸怀，确实少有，但确实值得所有人学习和仿效。

好好先生做不得

【原典欣赏】

万章问曰："孔子在陈曰：'盍归乎来！吾党之小子狂简，进取，不忘其初。'孔子在陈，何思鲁之狂士？"

孟子曰："孔子'不得中道而与之，必也狂狷乎！狂者进取，狷者有所不为也'。孔子岂不欲中道哉？不可必得，故思其次也。"

"敢问何如斯可谓狂矣？"

曰："如琴张、曾皙、牧皮①者，孔子之所谓狂矣。"

"何以谓之狂也？"

曰："其志嘐嘐②然，曰'古之人，古之人'。夷考其行，而不掩焉者也。狂者又不可得，欲得不屑不洁之士而与之，是獧③也，是又其次也。孔子曰：'过我门而不入我室，我不憾焉者，其惟乡原④乎！乡原，德之贼也。'"

曰："何如斯可谓之乡原矣？"

曰："何以是嘤嘤也？言不顾行，行不顾言，则曰'古之人，古之人。''行何为踽踽凉凉⑤？生斯世也，为斯世也，善斯可矣。'阉然媚于世也者，是乡原也。"

万子曰："一乡皆称原人焉，无所往而不为原人，孔子以为德之贼，何哉？"

曰："非之无举也，刺之无刺也，同乎流俗，合乎污世，居之似忠信，行之似廉洁，众皆悦之，自以为是，而不可与入尧舜之道，故曰'德之贼'也。孔子曰，恶似而非者：恶莠，恐其乱苗也；恶佞，恐其乱义也；恶利口，恐其乱信也；恶郑声，恐其乱乐也；恶紫，恐其乱朱也；恶乡原，恐其乱德也。君子反经而已矣。经正，则庶民兴；庶民兴，斯无邪慝矣。"

孟子曰："由尧、舜至于汤，五百有余岁，若禹、皋陶，则见而知之；若汤，则闻而知之。由汤至于文王，五百有余岁，若伊尹、莱朱⑥，则见而知之；若文王，则闻而知之。由文王至于孔子，五百有余岁，若太公望、散宜生⑦，则见而知之；若孔子，则闻而知之。由孔子而来至于今，百有余岁，去圣人之世若此其未远也，近圣人之居若此其甚也，然而无有乎尔，则亦无有乎尔！"

【玄义注释】

①琴张、牧皮：都是人名，身世不详；有人说是孔子的学生。②嘤嘤（xiāo）：志向远大、口气不凡。③獧：同"狷"。④乡原：指看起来恭谨忠厚，实质上却没有是非原则。⑤踽踽凉凉：踽（jǔ），孤独的样子。⑥莱朱：传说是商汤的贤臣，一说就是仲虺（huì），商汤的相。⑦太公望、散宜生：太公望：即吕尚。散宜生：姓散宜，名生，周文王的贤臣。

【白话翻译】

万章问道："孔子在陈国说：'为什么不回去呢？我的那些学生弟子狂放不羁然而却倨傲怠慢，不断进取却没有忘掉根本。'孔子在陈国，怎么会想到在鲁国的那些狂士呢？"

孟子说："孔子认为'如果不能得到言行不过激也不保守的相从方法，那必然只好狂放不羁或者是拘谨正直？狂放不羁者有进取精神，拘谨正直者有所不为也。'"孔子难道不想言行不过激也不保守的相从方法吗？因为不可

孟子全编

以必然得到，所以取其次。"

万章问："请问怎样的人能称作狂放的人？"

孟子说："像琴张、曾皙、牧皮，就是孔子所说的狂放的人。"

"为什么说他们狂放呢？"

孟子说："他们志向大而自满，动不动就说'古代的人怎样，古代的人怎样。'用常道考察他们的行为却发现他们的言谈掩盖不了他们的行为。真正狂放不羁的行为他们又得不到，想得到那些不屑于不洁之士做朋友，就是拘谨正直，这比狂放不羁又差一等了。孔子说：'路过我家门口而不进我的房中，我并不感到遗憾，这些人只是满足于乡镇里的愿望，是对天地、国家发展规律的伤害。'"

万章问："什么样的人能称他为乡原呢？"

孟子说："什么是志向大而自满？就是言谈不顾及行为，行为不顾及言论，他们动不动就说：'古代的人怎样，古代的人怎样。'他们自己的行为却为什么如此孤独冷漠呢？生在这个世界上，行为于这个世界上，好好地活着就可以了。曲意逢迎献媚于世俗的人，就是只有乡镇里的愿望的人。"

万章问："全乡镇里的人都称赞有愿望的人，所到之处无人不是有愿望的人，孔子却认为他们是对天地对国家发展规律的伤害，这是为什么呢？"

孟子说："想否定他们却举不出什么过错，想讽刺他们却无法讽刺，他们和同于市俗，融合于污浊的社会，住在那里好像是忠实诚信，行为方式好像是很廉洁，大家都喜欢，自以为是，但却进入不了尧、舜的人生道路，所以称他们是'对天地对国家发展规律的伤害'的人。孔子说：'我羞耻于似是而非的人，羞耻于莠草，害怕它们混淆了真正的禾苗；羞耻于巧言令色的人，害怕他们混淆了最佳行为方式；羞耻于尖酸刻薄巧言善辩的人，害怕他们混淆了真正的诚信；也羞耻于那郑国的音乐，害怕搅乱了真正的雅乐。我羞耻于那紫色，害怕它们抢夺了朱红色的地位。也羞耻于只有乡镇里的愿望的人，害怕它们伤害了国家发展的规律。'君子只要返回到治理的根本上就行了。治理正确了，那么百姓就会兴盛起来，百姓兴盛起来，就不会有邪恶的念头了。"

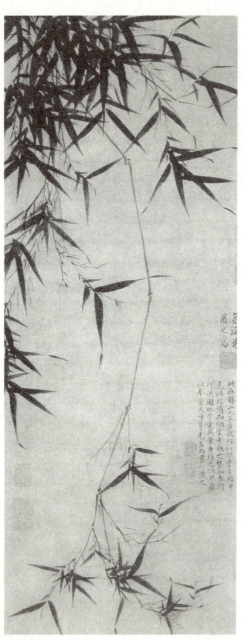

孟子说："从尧、舜到商汤，有五百多年，像禹和皋陶，是亲眼见到过而知道尧、舜的；至于商汤，则是听了传说才知道的。从商汤到文王，有五百多年，像伊尹和莱朱，是亲眼见过而知道商汤的；至于文王，则是听了传说才知道的。从文王到孔子，又有五百多年，像太公望和散宜生，是亲眼见过而知道文王的；至于孔子，则是听了传说才知道的。从孔子到现在，有一百多年，离圣人的时代是这样的不远，离圣人的家乡是这样的近，这样的条件下还没有继承的人，那也就不会有继承的人了！"

【义理评析】

狂者、狷者毛病都很突出，让人一眼可以看出，没有迷惑性，何况，他们也各有可取的一面。好好先生却正好相反，初看什么毛病也没有，很得人心，因而具有极大的迷惑性，实际上却是欺世盗名。所以，孔子说好好先生是偷道德的贼，深恶痛绝。

【跟进解读】

教育应由贤士来做

孔子、孟子都想得到天下的贤士来培养教育，但有些弟子就比较次一等，如"狂士"，其特点是志气大，口气更大，但如果考察他们的行为，却不与言语相合。还有比"狂士"次一等的"狷士"，其特点是不屑于做"不洁"的事。

孔子最讨厌的人是"乡原"，也就是欺世盗名的好好先生，称他们是偷道德的贼。乡原的特点是，乍一看似乎没什么毛病，他们同流合污，貌似忠信廉洁，众人也都喜欢他，他也自以为正确，却不入于尧舜之大道，孔子之所以特别厌恶"乡原"，是怕他们把真正的仁道搞乱了。

在本节中，孟子把狂者、狷者和好好先生这几种人集中在一起来加以比较，以帮助我们更为深刻地认识和理解的作用，同时也具有儒家学说史的重要资料价值。

参考文献

[1] 陈才俊. 孟子[M]. 北京：海潮出版社，2008.

[2] 刘珏欣. 经典可以这样读——孟子[M]. 合肥：安徽文艺出版社，2008.

[3] 杜海泓. 四书五经[M]. 北京：华文出版社，2009.

[4] 孟宪婷. 孔孟的智慧[M]. 呼和浩特：远方出版社，2009.

[5] 于文斌. 孟子类解[M]. 长春：吉林文史出版社，2009.

[6] 杨伯峻. 孟子译注[M]. 北京：中华书局，2010.

[7] 吴天明，程继松. 经典诵读孟子[M]. 武汉：崇文书局，2004.

孟子全编